الخطوط الكبرى في

الاقتصاد الوضعي

الخطوط الكبرى في

الاقتصاد الوضعي

الدكتور
رضا صاحب أبو حمد

الطبعة الأولى

1427هـ - 2006م

المملكة الأردنية الهاشمية رقم الإيداع لدى الدائرة الوطنية (2006/3/498)

رقم الإجازة المتسلسل لدى دائرة المطبوعات والنشر (2006/2/395)

330

أبو حمد، رضا صاحب

الخطوط الكبرى في الاقتصاد الوضعي / رضا صاحب أبو حمد. _عمان: دار مجدلاوي، 2006.

( ) ص.

ر.أ: (2006/3/498)

الواصفات: /الاقتصاد/

* تم إعداد بيانات الفهرسة والتصنيف الأولية من قبل دائرة المكتبة الوطنية

ISBN 9957-02-237-7 (ردمك)

Dar Majdalawi Pub.& Dis.

Telefax: 5349497 - 5349499

P.O.Box: 1758 Code 11941

Amman- Jordan

دار مجدلاوي للنشر والتوزيع

تليفاكس: ٥٣٤٩٤٩٧ - ٥٣٤٩٤٩٩

ص. ب ١٧٥٨ الرمز ١١٩٤١

عمان - الأردن

www.majdalawibooks.com

E-mail: customer@majdalawibooks.com

الآراء الواردة في هذا الكتاب لا تعبر بالضرورة عن وجهة نظر الدار الناشره.

بسم الله الرحمن الرحيم

﴿ٱلحمد لله رب ٱلعٰلمين ٭ ٱلرحمٰن ٱلرحيم ٭ مٰلك يوم ٱلدين ٭ إياك نعبد
وإياك نستعين ٭ ٱهدنا ٱلصراط ٱلمستقيم ٭ صراط ٱلذين أنعمت عليهم غير
ٱلمغضوب عليهم ولا ٱلضآلين ٭ ﴾

الأهداء

إلى من شاركتني أفراحي وأحزاني

زوجتي

وإلى من عبث بأوراقي بناتي الحبيبات

تقى وآمنة وغدير

رضا أبو حمد

المحتويات

9

فهرست الاشكال

فهرست الجداول

بسم الله الرحمن الرحيم

مقدمة

الحمد لله رب العالمين، والصلاة والسلام على سيد المرسلين، محمد بن عبد الله، خاتم النبيين والمرسلين، من بعثه الله بشيرا ونذيرا وسراجا منيرا، بعد ان انطمس وجه الحق، عميت السبل وضل الناس، وهذا حالنا اليوم، وبعد ..

لقد تناولنا في هذا الكتاب الخطوط الكبرى للاقتصاد الذي وضعه الانسان، الذي من صفاته انه يخطئ ولا يتصف بالكمال، والذي يثبت ذلك، هو ان نظريات علم الاقتصاد ومبادئه وافكاره، دائما وابدا عرضه للتغيير والتعديل والتحديد، يعكس الاقتصاد الاسلامي، الذي هو اقتصاد رباني، له من المبادئ والافكار والقواعد ما تجعله اقتصادا ونظاما متكاملا وفريدا من نوعه ليصلح لكل زمان ومكان، هدفه اسعاد العباد والبلاد.

وحتى تكتمل الصورة لدى القارئ الكريم ومن ثم المقارنة بين الاقتصاد الاسلامي والاقتصاد الوضعي، قمنا بدراسة الخطوط الكبرى للاقتصاد الوضعي من مفهوم وخصائص واهداف ونظريات، سواء أكان المتعلق منها بالاقتصاد الجزئي او الاقتصاد الكلي، بعد ان درسنا الخطوط الكبرى للاقتصاد الاسلامي.

وختاما، نسأل الله عزوجل، ان يتقبل هذا العمل، وان يجعله عملا ينفع الناس، ليمكث في الارض ولا يذهب جفاء، كما نسأله جل جلاله، ان يوفقنا لما فيه خير وصلاح، انه سميع قريب مجيب الدعاء.

والحمد لله رب العالمين و الله الموفق ..

د. رضا ابو حمد

الفصل الأول

علم الاقتصاد ومنهجيته

وكيفية حل المشاكل الاقتصادية في الانظمة الاقتصادية

- المبحث الأول: علم الاقتصاد إطار عام

- المبحث الثاني: طرق البحث والتحليل في الاقتصاد

- المبحث الثالث: المشكلة الاقتصادية وكيفية حلها في الأنظمة الاقتصادية

المبحث الأول: علم الاقتصاد ... إطار عام

أولاً: طبيعة علم الاقتصاد

يعد علم الاقتصاد من العلوم الاجتماعية التي تهتم بدراسة السلوك الإنساني، أي كيف يحصل الإنسان على وسائل عيشه واستمرار وجوده.

لذا يمكن القول ان السلوك الاقتصادي صاحب الإنسان منذ ظهوره الأول، إذ سعى الإنسان ومنذ القدم الى، ايجاد الوسائل التي تكفل عيشه واستمرار وجوده، تلك الوسائل التي تتمثل بحصوله على الغذاء والملابس والماوى والأمان بشكلها البدائي.

ومع تطور الحياة وتعقدها تدريجيا وتكون المجتمعات ثم ظهور التنظيمات السياسية والاجتماعية، والتي كان من مهمتها الأولى إيجاد الوسائل التي تكفل معيشة أفرادها، ومع بساطة المشكلة الاقتصادية التي واجهت الإنسان في المجتمعات القديمة إلا إن أساس تلك المشكلة الاقتصادية هو نفسه الذي يواجه الإنسان في الوقت الحاضر، وهذا يعني ان الإنسان يجتهد في البيئة والمحيط الذي يعيش فيه لعلاج مشكلته الاقتصادية والتي رافقت الإنسان مع نشأته والتي أصبحت الشغل الشاغل للحكومات والدول وللعديد من المختصين...

كما ان المشكلة الاقتصادية التي تعد جوهر علم الاقتصاد تعتبر أساس الظهور العديد من المشاكل الأخرى، كالمشاكل السياسية والاجتماعية، فمثلا مشكلة البطالة هي مشكلة اقتصادية في جوهرها ولكن إذا لم يتم معالجتها قد تؤدي إلى بروز مشاكل اجتماعية أو سياسية.

وإذا أخذنا بعين الاعتبار تعقد المشاكل الاقتصادية يوما بعد آخر سواء على مستوى الفرد والعائلة والدولة وعلى المستوى العالمي نتيجة للتقدم التكنولوجي والعلمي وما رافق ذلك من تطورات وأحداث اقتصادية كبيرة، تلك الأحداث التي لم ينحصر تأثيرها على البلدان التي ظهرت فيها وإنما امتد ليشمل جميع دول العالم وكأنه مدينة صغيرة بالرغم من ترامي أطرافه، وهذا يعني ان المشاكل

الاقتصادية التي أخذت تظهر في طرف من العالم أخذت تنتقل وبسرعة كبيرة إلى الطرف الآخر، ومن تلك الأحداث التي يشهدها عالم اليوم العولمة والتكتلات الاقتصادية وإعادة الهيكلة الاقتصادية على المستوى العالمي والخصخصة والدعوة إلى عدم تدخل الدولة، ...الخ هذه الأحداث والمشاكل الاقتصادية العالمية لا بد وان تجد لها حدا وتأثيرا على كافة المجتمعات وحتى على مستوى الفرد.

ثانياً: تعريف علم الاقتصاد (Economics)

ظهرت تعاريف كثيرة لعلم الاقتصاد ويعود السبب في ذلك إلى تطور علم الاقتصاد مع الزمن وإلى اختلاف الاتجاهات الفكرية للاقتصاديين، ومن بين هذه التعاريف ما يأتي:

أ. عرف الاقتصاد، آدم سميث علم الاقتصاد بأنه العلم الذي يهتم بإنتاج الثروة وتبادلها وتراكمها.

ب. وعرف الاقتصادي الفريد مارشال علم الاقتصاد بأنه العلم الذي يدرس سلوك الإنسان وهو يمارس أعمال حياته العادية.

جـ وعرفه الاقتصادي بيجو بأنه العلم الذي يختص بدراسة الرفاهية الاقتصادية.

د. وعرفه الاقتصادي روبينز بأنه العلم الذي يدرس السلوك الإنساني كعلاقة بين الأهداف المتعددة وبين الوسائل النادرة ذات الاستعمالات المختلفة.

هـ وعرفه الاقتصادي أوسكار لانجه، بانه علم قوانين الأنشطة الاقتصادية والاجتماعية التي تحكم إنتاج السلع وتوزيعها على المستهلكين.

من خلال التعاريف السابقة لعلم الاقتصاد يلاحظ إنها تركز على عدة عناصر أهمها:

- ان الاقتصاد هو أحد العلوم الاجتماعية، أي ان له طابع اجتماعي لأنه ينصب على دراسة سلوك الفرد سواء، كان مستهلكا أو منتجا وفي إطار علاقاته بباقي أفراد مجتمعه.

- ان الحاجة إلى علم الاقتصاد تعود إلى حتمية الإنسان في أي مكان وفي أي زمان لما يسمى المشكلة الاقتصادية.

ثالثاً: النظرية الاقتصادية (Economic Theory)

تعرف النظرية الاقتصادية بأنها عبارة عن مجموعة من التعريفات الاقتصادية الخاصة بظاهرة اقتصادية معينة والافتراضات ذات العلاقة التي يمكن استخدامها بواسطة التحليل المنطقي للوصول إلى نتائج اقتصادية معينة للتنبوء بمسار الظاهرة موضوع البحث، ومن مجموع هذه النظريات الاقتصادية يتكون علم الاقتصاد.

ان هدف النظرية الاقتصادية هو محاولة تفسير سبب حدوث الظاهرة الاقتصادية وبالتالي التنبوء بما ستكون عليه مستقبلا والاستفادة من ذلك في مواجهة الآثار المحتملة التي يتركها تطور الظاهرة والتحكم بها.

والنظرية الاقتصادية لا يسلم بصحتها إلا بعد اختيار مدى ملائمتها للواقع الاقتصادي الذي ولدت فيه فكلما كانت نتائج هذه النظرية متوافقة مع الواقع كانت اكثر قبولا، أما إذا كانت مختلفة في نتائجها مع المشاهدات الواقعية فان ذلك يدفع إلى عدم قبولها، وان عدم قبول النظرية يؤدي إلى إعادة صياغتها لجعلها تقترب من الواقع بدرجة اكبر مما كانت عليه قبل هذه الصياغة، وهذا يجعل النظريات تتطور وبالتالي العلم ذاته والمعرفة عموما.

رابعاً: القانون الاقتصادي (Economic Law)

يشير إلى العلاقة السببية بين ظاهرتين اقتصاديين أو اكثر، فمثلا قانون الطلب، ينصب على ان انخفاضا في سعر سلعة معينة سيقود مع بقاء الأشياء

الأخرى على حالها إلى زيادة في الكمية المطلوبة منها، إلا إن مشكلة القوانين الاقتصادية هي إنها ليست دقيقة كدقة قوانين العلوم التطبيقية، لان الأولى تعتمد على اتجاهات بشرية غير مختلفة، ويعود ذلك إلى اختلاف الطبيعة البشرية وإلى تباين المؤسسات الاجتماعية والقانونية التي يعيش الناس في ظلها، هذا بالإضافة إلى ضيق مدى الاختيار في الاقتصاد بسبب التعامل مع الإنسان الذي يخضع لأذواق وعادات وصول ذاتية لا يمكن التحكم بها بسهولة، فمختبر الاقتصادي هو المجتمع كله، ولذلك يصعب التنبوء بالسلوك الاجتماعي.

خامساً: النظام الاقتصادي (The Economic System)

يقصد بالنظام الاقتصادي مجموعة المؤسسات الاقتصادية التي يتم من خلالها توظيف الموارد الإنتاجية المختلفة واستثمارها لإشباع الحاجات الإنسانية، أهم الوظائف التي يؤدها النظام الاقتصادي ما يأتي:

أ. تحديد كميات ونوعيات السلع والخدمات المنتجة، بين استهلاكية وإنتاجية.

ب. تقرير طريقة أو طرق الإنتاج بالسنة لكل سلعة، لان هناك طرق إنتاج متعددة يتميز بعضها عن البعض الآخر باختلاف نسب الموارد المستعملة في كل منها.

جـ. قرارات التوزيع، أي كيفية مساهمة اعضاء المجتمع في المجمع الكلي من الإنتاج.

سادساً: الاقتصاد الجزئي والاقتصاد الكلي

(Micro Economics and Macro Economics)

يميز الاقتصاديون بين الاقتصاد الجزئي والاقتصاد الكلي، فالاقتصاد الجزئي، يتعلق بدراسة وحدة واحدة من الاقتصاد، مثل مستهلك واحد، أو منشاة واحدة، أو سوق سلعة معينة بمعزل عن الباقي الوحدات، والمشكلة الأساسية التي يعالجها الاقتصاد الجزئي، هي مشكلة تحديد الأسعار والكميات بقوى العرض

والطلب، لذا فان نظريته هي نظرية الطلب ونظرية العرض ونظرية السعر في الأسواق المختلفة وهو يحاول تحديد ما الذي يجعل الفرد يشتري إحدى السلع بدلا من الأخرى كونه مستهلكا، وما الذي يدفعه لإنتاج هذه السلعة أو تلك كونه منتجا.

أما الاقتصاد الكلي، فيتعلق بدراسة العلاقات المتشابكة بين كل القطاعات أو الوحدات الاقتصادية في آن واحد، أي انه يعالج مشاكل الاقتصاد الوطني ككل ويهتم به، ويشار له في بعض الأحيان بتحليل التوازن العام، وانه يتضمن دراسة الإنتاج الكلي والاستخدام الكلي والمستوى العام للأسعار، ويفسر التضخم ويحلل اثر تغيرات معدل النمو الاقتصادي.

أي ان الاقتصاد الكلي يتعلق بالمتغيرات الكلية، وان موضوعه الأساس هو تحديد مستوى الدخل وتغيراته.

المبحث الثاني: طرق البحث والتحليل في الاقتصاد

أولاً: طرق البحث العلمي في الاقتصاد

يعتمد علم الاقتصاد في دراسته وتحليله للظواهر الاقتصادية على منهجين علميين هما: المنهج الاستنباطي (أو المنهج النظري أو الاستنتاجي) والمنهج الاستقرائي (أو المنهج التجريبي أو الواقعي).

أ) الطريقة أو المنهج الاستنباطي (Deductive Method)

يقوم هذا المنهج في البحث في علم الاقتصاد على أساس الاستنباط، أي استنتاج قضايا خاصة من قضايا عامة، بعبارة أخرى يقوم هذا المنهج على الانتقال من العام إلى الخاص، أي الوصول إلى المجهول بواسطة المعلوم، وهو يبدأ بالأحكام الكلية ويستنتج منها الحكم الجزئي الخاص، على أساس ان ما تحكم به الكليات ينطبق أيضا على الجزئيات، فعندما يقوم الاقتصادي بصياغة افتراضات مفسرة لظاهرة اقتصادية معينة بغية الوصول من خلالها إلى تعميمات تؤدي إلى شرح النظرية الاقتصادية.

فمثلا عندما نبحث في ظاهرة هجرة العمال، نفترض إن التفاوت في الأجور بين البلد، الذي ينتقل منه العامل والبلد الذي ينتقل إليه هو سبب الهجرة وتخرج بعد التحليل بنتيجة إن العمال ينتقلون من البلد الذي تنخفض فيه الأجور إلى البلد الذي ترتفع فيه بافتراض ثبات العوامل الأخرى.

ب) الطريقة أو المنهج الاستقرائي (Inductive Method)

يقوم هذا المنهج في البحث في الاقتصاد على أساس الاستقراء العلمي المنطقي، أي ان الاقتصادي يتوصل إلى وضع النظريات الاقتصادية والحكام العامة أو القوانين عن طريق تعميم أحكام خاصة، من خلال التنظيم الواعي للوقائع المشاهدة في الحياة العملية، وهذا يعني ان الاستقراء يسير في اتجاه معاكس تماما للاستنباط.

فمثلا عند دراسة سلوك المستهلك الفرد يلاحظ ان انخفاض سعر السلعة، سوق يؤدي إلى زيادة الكمية المطلوبة منها والعكس صحيح، ويمكن تعميم هذه المشاهدات الفردية بأحكام عامة بقولنا ان ارتفاع أسعار السلع سيؤدي إلى انخفاض الكميات المطلوبة منها، مع بقاء العوامل الأخرى ثابتة، والعكس صحيح.

ثانياً: طرق التحليل الاقتصادي

يمكن نتناول أهم طرق التحليل الاقتصادي وكما يأتي:

1- الطريقة الوصفية (Descriptive Method)

تقوم هذه الطريقة على تحليل الظواهر الاقتصادية باسلوب وصفي دون ان يكون هناك ربط دقيق بين الظواهر المختلفة، وهذا النوع من التحليل قد يجعل الباحث عرضة لأخطاء التناقص المنطقي، غير ان هذه الطريقة تكون مفيدة في تحليل العلاقات التي تصعب صياغتها بطريقة كمية.

2- الطريقة الرياضية (Mathematical Method)

تعتمد هذه الطريقة في تحليل الظواهر الاقتصادية على الأسلوب الرياضي لتحديد العلاقات الدالية بين المتغيرات الاقتصادية لتلافي احتمال الوقوع في خطأ منطقي إذا ما استخدم المنطق اللفظي وحده في حالات تعدد المتغيرات الاقتصادية المستخدمة، ومع أهمية حداثة هذه الطريقة، فانه ينبغي الإشارة إلى ان الصياغة الرياضية للتحليل الاقتصادي لا تعني عدم إمكانية ترجمة النتائج التي يتم التوصل إليها في صورة لفظية بل تعني ان المنطق اللفظي لا يسمح بالتوصل لمثل هذه النتائج بالدقة التي توفرها الطريقة الرياضية، وان العلم الذي يهتم بهذه الطريقة هو الاقتصاد الرياضي (Mathematical Economics).

3- الطريقة القياسية (Econometric Method)

قد يكون هدف التحليل الاقتصادي اكثر من مجرد تحديد العلاقة الدالية بين المتغيرات الاقتصادية كما هو الحال في الاقتصاد الرياضي بل هو محاولة معرفة العلاقة الكمية التي تربط هذه المتغيرات بعضها ببعض ولتحقيق ذلك يستخدم الإحصاء والرياضيات في صياغة النظرية الاقتصادية، ويطلق على العلم الذي يتناول هذا النوع من التحليل بالاقتصاد القياسي (Econometrics)، وقد اخذ هذا المنهج في الوقت الحاضر يتقدم تقدما كبيرا نتيجة لاستخدام الحاسبات الإلكترونية.

المبحث الثالث: المشكلة الاقتصادية وكيفية حلها

أولاً: المشكلة الاقتصادية (Economic Problem)

ان المشكلة الاقتصادية في كل المجتمعات تنشا من عدم قدرة أي مجتمع على تلبية حاجات أفراده التي تتميز بأنها غير محدودة ومتزايدة ومتجددة ومتداخلة وذلك بسبب الندرة النسبية للموارد الاقتصادية.

وهذا يعني ان المشكلة الاقتصادية تتكون من عنصرين أساسيين هما: الحاجات الإنسانية المتعددة والندرة السببية للموارد الاقتصادية.

1- الحاجات الإنسانية (Need)

تعرف الحاجة بأنها مجرد الرغبة في الحصول على وسائل الأزمة لوجود الإنسان أو للمحافظة عليه أو لتقدمه، دون ان يكون الإنسان حائزا لتلك الوسائل ولكنها تفترض معرفة الإنسان بالغاية التي يسعى إليها.

ويمكن تصنيف الحاجات من حيث طبيعتها إلى حاجات مادية وحاجات غير مادية، فالمادية مثل الحاجة إلى المسكن والملبس والغذاء، أما الحاجات غير المادية فهي الحاجة إلى التعليم والثقافة والعناية الصحية وما إلى ذلك، ولما كانت السلع والخدمات هي وسائل إشباع الحاجات البشرية لذا لا بد من التطرق اليها.

أ. السلع Goods:

السلعة هي كل شيء مفيد ويحقق إشباعا لشخص ما، وتنقسم السلع إلى مجموعتين: الأولى السلع الحرة والمجموعة الثانية السلع الاقتصادية.

*** السلع الحرة Free Goods:**

السلعة الحرة، هي ذلك الشيء المفيد والمتوفر بمقادير كبيرة مقارنة بالطلب عليه، بحيث يمكن الحصول عليه بدون ثمن كمقابل له، مثال ذلك اشعة الشمس والهواء.

*** السلع الاقتصادية Economic Goods:**

السلعة الاقتصادية هي ذلك الشيء المفيد والنادر بالنسبة للطلب عليه، بحيث لا يمكن الحصول عليه بدون ثمن كمقابل له.

ب. الخدمات Services:

الخدمة هي كل شيء غير مادي ويمتلك منفعة ونادر ويمكن مبادلته ويكون له ثمن.

2- الموارد الاقتصادية (Economic Resources)

تمثل الموارد الاقتصادية العنصر الثاني للمشكلة الاقتصادية، باعتبارها الوسيلة التي يتم من خلالها إشباع الحاجات الإنسانية، حيث يحول الإنسان هذه الموارد في عملية إنتاجية إلى سلع وخدمات تستخدم لإشباع الحاجات البشرية.

وهذه الموارد سواء، كانت بشرية أو طبيعية تتصف بالندرة أي إنها غير كافية لإنتاج السلع والخدمات اللازمة لإشباع الحاجات الإنسانية وتعود ندرة هذه الموارد ليس إلى شحة الطبيعة، إنما بالدرجة الأولى إلى سوء استخدام هذه الموارد وتوزيعها، لذا فان من مهام علم الاقتصاد وكأحد الأساليب المستخدمة لمعالجة المشاكل الاقتصادية الناجمة عن ندرة الموارد الاقتصادية، هو تحقيق الاستخدام الأمثل والتوزيع الأمثل للموارد وتلافي الإسراف والتبذير في استخدامها.

ثانياً: الانظمة الاقتصادية وحل المشكلة الاقتصادية

يمكن تقسيم الأنظمة الاقتصادية في العالم إلى ثلاثة انظمة اقتصادية هي: النظام الرأسمالي، والنظام الاشتراكي، والنظام المختلط:

1- النظام الرأسمالي (Capitalistic System)

يطلق على هذا النظام أسماء أخرى مثل نظام السوق الحر أو نظام المشروعات الخاصة الحرة، ويقوم هذا النظام على تفاعله الذاتي المرتكز على الحافز الشخصي، حيث يكيف عناصر اقتصاده طبقا لآلية السوق أو يسمى بجهاز الثمن في تحقيق توازي من خلال قوى العرض والطلب، ويقوم هذا النظام على مجموعة من المبادئ الأساسية وهي:

أ. الملكية الخاصة

تعد الملكية الخاصة لعناصر الإنتاج وما يتفرع عنها من حقوق كحق البيع والانتفاع وحق الإرث وحرية التصرف بها من أهم سمات النظام الرأسمالي، فالأفراد والشركات الخاصة بأنواعها المتعددة تمتلك الأراضي والمزارع والمباني والمصانع ووسائط النقل المختلفة تحت حماية قانون الملكية الخاصة، كما إن حرية التصرف بالأملاك محمية أيضا بالقوانين والتشريعات المختلفة سواء، كانت مملوكة من قبل أصحابها أو مؤجرة أو تم التنازل عنها من فرد أو مؤسسة لآخرين.

وعلى الرغم من ان الملكية الخاصة مصانة بالقانون فان هذا لا يمنع من وجود الملكية العامة في بعض مجالات البيئة التحتية اللازمة لتحقيق التنمية الاقتصادية الشاملة في المجتمع، كالطرق والسكك الحديدية والموصلات والمواني والمطارات وشبكات الري وغير ذلك.

ب. الحرية الاقتصادية

يتمتع الأفراد ومالكو عناصر الإنتاج بالحرية الكاملة سواء كانوا عاملين أو مستهلكين أو منتجين.

فالمستهلكون لديهم الحرية في اختيار السلع والخدمات التي يرغبون في استهلاكها والمعروضة في السوق حسب أذواقهم وتفضيلاتهم وفي نطاق دخولهم وثرواتهم، وتحدد قرارات الاستهلاك التي يسعى رجال الأعمال إلى إنتاجها، وهكذا تتأثر قرارات الإنتاج للسلع والخدمات بقرارات المستهلكين، وبالتالي تتحدد عملية تخصيص موارد المجتمع على مختلف القطاعات.

كما ان اختيار الفرد لنوع العمل والنشاط والمهنة التي تناسبه تعكس حرية الشخص في تعاقده للعمل وحريته في تحديد نوع النشاط الاقتصادي الذي يود القيام به سواء في قطاع الزراعة أو الصناعة أو الخدمات.

كذلك فان أصحاب المشروعات الخاصة يتمتعون بحرية في إنتاج السلع والخدمات شريطة ان لا تكون ضارة بالمجتمع، ويسعون دائما إلى تحقيق أعلى درجة ممكنة من الأرباح، وهناك جانب آخر من الحرية الاقتصادية يتمثل في المنافسة الحرة بين المستهلكين والمنتجين في السوق وحرية الدخول إلى السوق وحرية الخروج منه.

جـ ـ دافع الربح

ان دافع الربح في النظام الرأسمالي وتحقيق الكسب المادي هو المحرك الأساسي للمبادرة الفردية في إقامة المشروعات الخاصة، وتعتمد الفلسفة الاقتصادية في النظام الرأسمالي كما أشار إليها آدم سميت (Adam Smith) على تحقيق المصلحة الشخصية للفرد بالدرجة الأولى، وحيث ان الأفراد أو المؤسسات يستهدفون تحقيق مصالحهم الشخصية بصرف النظر عن مصالح الآخرين وأثناء سعيهم لتحقيق ذلك سوف ينتهي بهم المطاف وبدون قصد منهم إلى تحقيق مصلحة المجتمع ككل، ويرجع ذلك إلى وجود اليد الخفية، التي تقودهم لتحقيق الانسجام بين المصلحة الخاصة والمصلحة العامة.

د. التدخل المحدود للحكومة في الاقتصاد

دعا أنصار النظام الرأسمالي الحر إلى عدم التدخل الحكومي في الشؤون الاقتصادية إلا بمقدار ما يكون ذلك التدخل ضروريا لصيانة الأمن والدفاع عن الوطن والحفاظ على حقوق الملكية الشخصية وخاصة في أواخر القرن الثامن عشر وخلال القرن التاسع عشر، إلا إن تغير الظروف الاقتصادية وحدوث الكساد الاقتصادي الكبير في أواخر العشرينات وأوائل الثلاثينات من القرن العشرين دعا بعض الاقتصاديين إلى توسيع الدور الرقابي للحكومة في الشؤون الاقتصادية جنبا إلى جنب مع الدور الريادي في إنشاء وتنفيذ المشروعات العامة لتحقيق اكبر قدر ممكن من الرفاه الاقتصادي في المجتمع.

واستمر تدخل الدولة في الحياة الاقتصادية حتى اصبح التدخل الذي يزداد أو يقل حسب الوضع الاقتصادي من سمات النظام الاقتصادي لمعالجة بعض المشاكل الاقتصادية.

أما حل المشكلة الاقتصادية في النظام الرأسمالي فيتم عن طريق جهاز الثمن أو آلية السعر، أي تفاعل قوى الطلب وقوى العرض معا في السوق.

ويعتبر مستوى الأسعار معيارا لنوع السلع التي يطلبها أفراد المجتمع من قطاع الأعمال ليقوم بإنتاجه، كما ان قرارات المنتجين التي تحدد الكميات المطلوب إنتاجها من كل سلعة أو خدمة تتأثر بتقلبات السعر الذي تباع به السلعة أو الخدمة، وكذلك يتم اختيار التكنولوجيا الملائمة للعملية الإنتاجية باستخدام الفني الإنتاجي الأكثر تطويرا والذي يحقق أعلى كفاءة إنتاجية بأقل التكاليف الممكنة كما تقوم آلية السعر أيضا بتوزيع الإنتاج من السلع والخدمات بين المشاركين في العملية الإنتاجية وفقا لمقدار وحجم مساهمتهم في النشاط الاقتصادي، ويحصل المشاركون في العمليات الإنتاجية على عوائد هي الريع لمالكي الأرض والفائدة لأصحاب رأس المال والأجر أو الراتب لمن يقدم العمل والأرباح للمنظم.

2- النظام الاشتراكي (Socialistic System)

ويسمى هذا النظام أيضا بالنظام الاقتصادي المخطط، لاعتماده على التخطيط المركزي الشامل الذي تتبناه الدولة في تنظيم عملية الإنتاج والتوزيع، ويقوم على فلسفة جماعية هدفها الأساسي هو المصلحة العامة وليس المصلحة الخاصة، ومن ابرز ما يميزه هو ان اغلب نشاطه الإنتاجي تسيره الحكومة بنفسها أو بواسطة الجهاز المركزي بدلا من تركه للمؤسسات الخاصة، ومن أهم مبادئه ما يأتي:

أ. الملكية العامة لعناصر الإنتاج

تمتلك الدولة أو تسيطر على جميع الأنشطة الاقتصادية والموارد، ولا يسمح بالملكية الخاصة إلا في أضيق الحدود وتكاد تكون شبه معدومة، كما ان الإرث

بالنسبة لوسائل الإنتاج ذات الملكية العامة فهو ملغى أيضا حتى تتحقق المساواة بـين جميـع المواطنين الذين يعيشون في ظل النظام الاشتراكي.

ب. الإدارة الجماعية لجميع المنشات الإنتاجية

تقوم الحكومة الممثلة للمجتمع باختيار المـواطنين والفنيـين لإدارة المشـروعات العامـة لتحقيـق المصلحة العامة، بدلا من مصلحة فئة محددة في المجتمع.

جـ التخطيط المركزي الشامل لأوجه النشاط الاقتصادي

تعتمد الحكومـة في تحديـد كميـات وأنواع السـلع والخدمات المنتجـة في المجتمع عـلى خطـة اقتصادية شاملة، تقوم بأعدادها الهيئة المركزية للتخطيط واللجان الفنية والإدارية المنبثقة عنهـا، أمـا الهدف مـن إنشاء المشروعات العامـة فلا يعتمـد عـلى تحقيـق الأرباح كمقيـاس وموجـه للقرارات الاقتصادية بالدرجة الأولى، وإنما الهدف الأساسي هو إنتاج السلع والخدمات اللازمـة لإشباع الحاجات الضرورية لأبناء المجتمع ككل.

أما حل المشكلة الاقتصادية في النظام الاشتراكي فيتم عـن طريـق التخطيط الاقتصادي الشامل لكافة نواحي الحياة الاقتصادية على اعتبار انها مشكلة جماعية وليست مشكلة فردية، والجهاز المركزي للتخطيط هو الذي يقوم بإعداد الخطة الاقتصادية الشاملة بالنيابة عن المجتمع، حسب سـلم معـين للأولويات، كما يقوم بتحديد الوسائل الواجب اتباعها لتحقيق الأهداف العامة للمجتمع.

وتتضمن الخطة الاقتصادية الإجابة على التساؤلات المختلفة للمشكلة الاقتصادية، ماذا تنتج مـن سـلع وخدمات؟ والكميات الواجب إنتاجها من كل سـلعة؟ وطريقـة توجيـه قـوة العمـل عـلى الفـروع الإنتاجية المختلفة؟ وكيفية توزيع الدخل القومي بين الاستهلاك والاستثمار؟ وكيفية تحديد مسـتويات الأجور والمكافآت لجميع العاملين في مختلف القطاعات؟ وكيف يمكن رفع مستوى الإنتاجيـة وتحسـين المستوى التكنولوجي وتطويره في عمليات الإنتاج؟

3- النظام المختلط (Mixed System)

يعتمد هذا النظام على آلية الجميع بين بعض صفات النظام الرأسمالي، وصفات النظام الاشتراكي ليصار إلى نظام آخر يـتلائم تكيفة ليـتلائم مـع الفلسـفة التـي تقـوم عليهـا الدولـة في حـل مشـاكلها الاقتصادية، حيث ان هذا النظام يجمع بين الحرية الفردية والتوجيه الكامل، كـما انـه لا يلغـي الملكيـة الخاصة لوسائل الإنتاج إلغاءاً تاما ولا يهدف إلى تركيز وسائل الإنتاج كلها في يد القطاع الخاص، وإنمـا الهدف منه هو ترك الحرية للمشروعات الخاصة في إدارة الإنتاج مع العمل على منع قيام الاحتكارات الكبيرة وذلك عن طريق الرقابة التي تستهدف ضمان مصلحة المنتج والمستهلك على قدم المساواة.

وفي ظل النظام الاقتصادي المختلط يتم حل المشاكل الاقتصادية جزئيا عـن طريـق آليـة السـعر، وجزئيا عن طريق إدارة التخطيط المركزي.

مصادر الفصل الأول

1. حسام داود وآخرون، مبادئ الاقتصاد الجزئي، دار الميسرة للنشر والتوزيع والطباعة،عمان، 2000.

2. عبد الحليم كراجه وآخرون، مبادئ الاقتصاد الجزئي، دار صفاء للنشر والتوزيع، عمان، 2001.

3. د. محمد محمود النصر، د. عبد الله محمد شامبه، مبادئ الاقتصاد الجزئي، الطبعة السادسة، دار الامل للنشر والتوزيع، عمان، 2001

4. أ. محمد صالح، مقدمة علم الاقتصاد، مكتبة مدبولي، القاهرة، 1996.

5. د. يعقوب سليمان وآخرون، مبادئ الاقتصاد الجزئي، دار الميسرة للنشر والتوزيع والطباعة، عمان، 1999.

6. د. طارق الحاج، د. فليح حسن، الاقتصاد الإداري، دار صفاء للنشر والتوزيع، عمان، 2000.

7. د. رضا صاحب ابو حمد، أ. سنان كاظم الموسوي، الإدارة لمحات معاصرة، مؤسسة الوراق، عمان، 2001.

8. د. رضا صاحب ابو حمد، أ. سنان كاظم الموسوي، وظائف المنظمة المعاصرة، مؤسسة الوراق، عمان 2001.

9. د. صلاح الشنواني، اقتصاديات الأعمال، مؤسسة شباب الجامعة، الإسكندرية، 1991.

10. Hymen, David N., Economics, Richard Irwin Inc., Homewood, ILL., U.S.A., 1989.

11. K.P.M., Sundhavan, Microeconomic theory, 8th ed., prem. Electric Press, Agra, India, 1993.

الفصل الثاني

الطلب

- المبحث الأول: مفهوم الطلب وقانونه ومنحناه
- المبحث الثاني: العوامل المحددة للطلب
- المبحث الثالث: مرونة الطلب
- المبحث الرابع: محددات المرونة وأهميتها

المبحث الأول: مفهوم الطلب وقانونه ومنحناه

أولاً: معنى الطلب

الطلب هو جدول يظهر الكميات المختلفة التي يرغب ويستطيع المستهلكون شراءها مقابل كل سعر محدد خلال فترة زمنية محددة.

أ- لكي يكون هناك طلب فعال على السلعة يجب أن يكون المستهلكون راغبين في شراء تلك السلعة وقادرين أيضا على ذلك. فالرغبة وحدها لا تكفي، فإذا كانت ترغب في شراء سيارة فاخرة ولكنك لا تملك القدرة على شراءها فأن طلبك على هذه السلعة ليس فعالا، أي ليس له تأثير على سوق تلك السلعة، والقدرة وحدها لا تكفي، فإذا كنت تستطيع شراء سيارة فاخرة ولكنك لا ترغب في ذلك فأن طلبك ليس فعالا أيضا، إما إذا كنت ترغب وتستطيع شراء سيارة فاخرة فأن طلبك سيكون فعالا - وهذا هو الطلب الذي يأخذ بالاعتبار.

ب- يجب أن يرتبط الطلب بفترة زمنية محددة، فإذا قلت أنك ترغب بشراء (3) كيلو غرامات من السكر، إذا كان سعر الكيلو غرام 150 دينار فأن هذا التعبير ناقص لأنه لا يوضح إذا كنت ترغب بشراء هذه الكمية خلال يوم واحدا أو أسبوع أو شهر.

جـ- أن الطلب هو عبارة عن جدول يظهر الكميات التي يرغب بها المستهلكون في شراءها مقابل كل سعر محدد.

ثانياً: قانون الطلب

ينص قانون الطلب على أن هناك علاقة عكسية بين سعر السعلة المعينة والكمية المطلوبة من تلك السلعة مع بقاء الأشياء أو العوامل الأخرى على حالها، ولكن ما هي العوامل الأخرى أو الأشياء الأخرى التي يفترض بقائها ثابتة؟

أن سعر السلعة (الشاي مثلا) يعد من أهم العوامل التي تؤثر في الكمية المطلوبة من سلعة الشاي، ألا أنه توجد عوامل أخرى مثل ذوق المستهلك وتفضيلاته، ودخله. وتوقعاته. وسعر السلع الأخرى البديلة للسلعة كالقهوة.

وسعر السلع الأخرى المكملة لسلعة الشاي كالسكر. جميع هذه العوامل لها تأثير على طلب سلعة الشاي، وطالما أن الهدف هو تحديد أثر سعر السلعة نفسها على الكمية المطلوبة منها، فلابد من أن يتم عزل تأثير العوامل الأخرى أو الأشياء الأخرى، ولهذا السبب يجب أن تبقى هذه العوامل ثابتة ودون تغيير حتى يستطيع أن يعمل قانون الطلب، وحسب هذا القانون فإن الكمية المطلوبة من سلعة معينه (الشاي مثلا) تتغير باتجاه معاكس لاتجاه التغير في السعر، أي تزداد الكمية المطلوبة من السلعة، إذا أنخفض سعرها، وتقل الكمية المطلوبة منها، إذا ارتفع سعرها.

ثالثاً: جدول الطلب

يمكن توضيح قانون الطلب من خلال الجدول

جدول (1)

جدول الطلب

سعر السلعة × (دينار)	الكمية المطلوبة (وحدة)
100	15
200	10
300	7
400	6
500	5

يلاحظ من الجدول (1) أنه كلما أرتفع سعر السلعة (×). قلت الكمية المطلوبة منها، فعند ارتفاع سعرها من (100) دينار إلى (200) دينار انخفضت الكمية المطلوبة منها من (15) وحدة إلى (10) وحدات. وعند ارتفاع سعرها إلى (300) دينار انخفضت الكمية المطلوبة منها إلى (7) وحدات ... وهكذا، يتضح ان سعر السلعة × يؤثر على الكمية المطلوبة منها تأثيرا عكسياً.

رابعاً: منحنى الطلب

يعرف منحنى الطلب أو ما يطلق عليه في احيان كثيرة دالة الطلب، انه تعبير هندسي عـن شـكل العلاقة بين الاسعار المختلفة والكميات المقابلة لهذه الاسعار والمطلوبة مـن قبـل المسـتهلك، ومنحنى الطلب المستهلك على سلعة معينة (x) يمكن تمثله بالمعادلة الافتراضية الآتية:

$$D = 8 - Px \quad (1) \dots\dots\dots\dots\dots$$

وعند تعويض مستويات الاسعار الموجودة في الجدول (2) في المعادلة (1) نحصل عـلى الكميات المطلوبة المقابلة لهذه الاسعار. او ما يطلق عليه بمنحنى الطلب، ويمكن توضيح ذلك كـما في الجـدول (2)

الجدول (2) دالة طلب المستهلك على السلعة (x)

سعر السلعة x (دينار) P	8 - Px =	الكمية المطلوبة وحدة Q
8	8 - 8 =	0
7	8 - 7 =	1
6	8 - 6 =	2
5	8 - 5 =	3
4	8 - 4 =	4
3	8 - 3 =	5
2	8 - 2 =	6
1	8 - 1 =	7
0	8 - 0 =	8

واذا تم وضع مستويات الاسعار المختلفة على المحور العمودي والكميات المقابلة لها على المحور الافقي سواء أكانت الموجودة في الجدول (1) أم الموجودة في الجدول (2). ثم تـم توصيل هـذه النقـاط المختلفة بمنحنى يسمى منحنا طلب المستهلك، كما في الشكل (1) والشكل (2).

49

لشكل (1)

منحنى طلب المستهلك

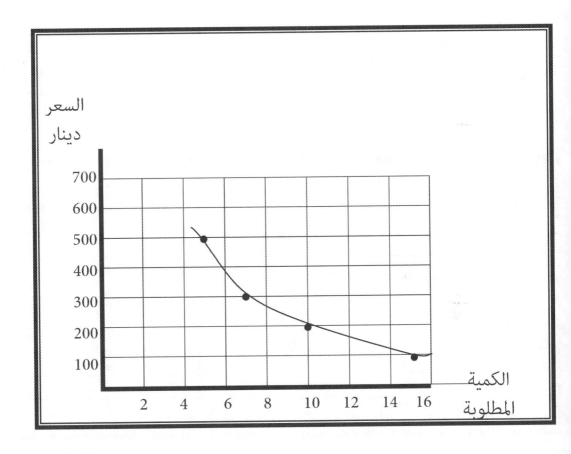

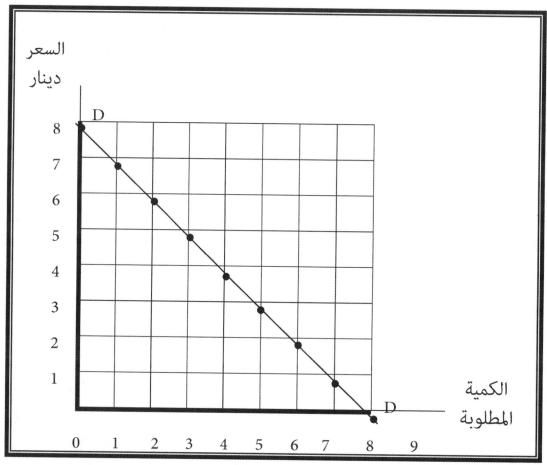

الشكل (2)

منحنى طلب المستهلك كخط مستقيم

يتبين من الشكلين (1) و (2) ان منحنى طلب المستهلك (DD) ينحدر من اعلى اليسار إلى أسفل اليمين، أي أن ميله سالب. وان هذا الانحدار السالب لمنحنى الطلب يدل على أنه كلما انخفض سعر السلعة (×) ارتفعت الكمية المطلوبة منها، وان الشكل (2) يظهر شيء أخر، هو ان المستهلك قد لا يطلب أي كمية من السلعة (×) عندما يكون سعرها مرتفعا، كما في السعر (8) دنانير وذلك لان هذا السعر المرتفع قد لا يتناسب مع مستوى دخله الثابت، كما أنه قد يحصل على كمية معينة من السلعة (×) بدون دفع مقابل لها أي عندما يكون السعر صفرا تكون الكمية المطلوبة (8) وحدات. ولكن أن الأهم من ذلك هو

لماذا ينحدر منحنى الطلب إلى اليمين وإلى الأسفل، أو لماذا تكون هذه العلاقة عكسية بين سعر السلعة والكمية المطلوبة منها؟

للإجابة على ذلك يوجد سببان هما:

- السبب الأول ويعكسه سلوك المستهلك نفسه: إذ كلما انخفض سعر السلعة كالطماطة مثلا مع (افتراض ثبات الدخل النقدي والعوامل الاخرى) استطاع المستهلك شراء كمية اكبر منها، لان دخله الحقيقي قد ارتفع وبالعكس كلما ارتفع سعر السلعة الطماطة ادى ذلك بالمستهلك إلى التقليل من الكمية المطلوبة والمشتراة منها لأن دخله الحقيقي قد انخفض مع (افتراض ثبات الدخل النقدي والعوامل الأخرى). أي أن ارتفاع السعر (أو انخفاضه) يقود إلىانخفاض الدخل الحقيقي (أو زيادته) وهذا الأثر يطلق عليه (أثر الدخل).

- والسبب الثاني تعكسه الاختلافات العديدة بين المستهلكين من حيث أذواقهم وتفضيلاتهم ودخولهم: إذ أنه عند ارتفاع سعر السلعة كالطماطة مع (افتراض ثبات أسعار السلع البديلة والعوامل الأخرى فإن ذلك يعني، أن السلع البديلة كمعجون الطماطة، قد أصبحت ارخص نسبيا من سلعة الطماطة. التي ارتفع سعرها، لذا نجد أن المستهلك سيقلل من استهلاكه من الطماطة ويزيد مشترياته من معجون الطماطة.

أما في حالة انخفاض سعر الطماطة مع (افتراض ثبات اسعار السلع البديلة والعوامل الأخرى). فإن ذلك يعني أن السلع البديلة كمعجون الطماطة قد أصبحت أغلى نسبيا من سلعة الطماطة لذا نجد أن المستهلك سيحاول الحصول على المزيد من الطماطة والتقليل من السلع البديلة، وهذا الأثر يطلق عليه (أثر الإحلال).

خامسا: منحنى طلب السوق

على الرغم من أهمية منحنى طلب المستهلك، الا أن الذي يستخدم كثيرا في التحليل الاقتصادي، وهو منحنى طلب السوق والذي يمثل مختلف الكميات المطلوبة من كافة المستهلكين من سلعة معينة، وبأسعارها المختلفة في فترة زمنية معينه، وفي ظل ثبات العوامل الأخرى المحددة للطلب.

يمكن الوصول إلى منحنى طلب السوق، عن طريـق التجميـع الافقـي لمنحنيـات الطلـب الفرديـة لجميع المستهلكين، ولغرض التبسيط نفترض وجود مستهلكان اثنان لنفس السلعة، وما ينطبـق علـيهما ينطبق على غيرهم من المستهلكين وبحسب البيانات الاتية في الجدول (3).

جدول (3)

طلب السوق على السلعة (×) بافتراض مستهلكين

السعر (دينار) (PX)	الكمية المطلوبة (وحدة)		
	المستهلك الأول Qd_1	المستهلك الثاني Qd_2	جميع المستهلكين Qd_x
10	20	20	40
8	25	25	50
6	30	30	60
4	35	35	70
2	40	40	80

الشكل (3)

اشتقاق منحنى طلب السوق

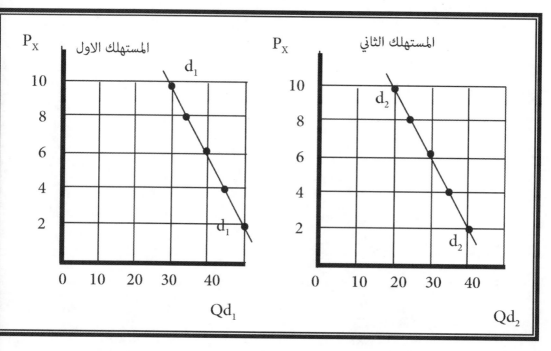

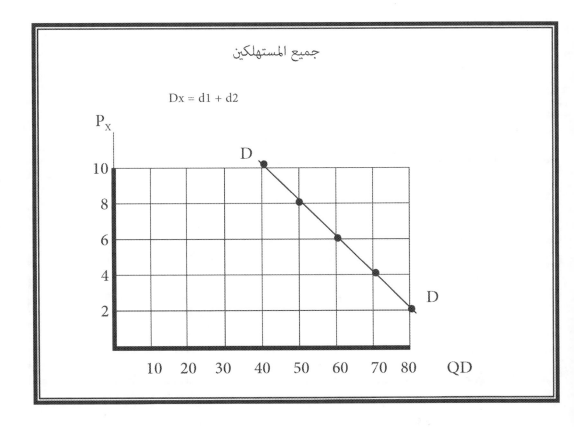

المبحث الثاني: العوامل المحددة للطلب

توجد الكثير من العوامل التي تؤثر على طلب السوق لسلعة ما. وأهم هذه العوامل هـي عـدد المشترين، وأذواقهم، ودخولهم، وتوقعاتهم، وأسعار السلع البديلة والمكملة:

أولا: عدد المشترين

أن تغير عدد المشترين أو تغير طلب أي واحد منهم، سيؤدي إلى تغير طلب السـوق، ومـن ثـم انتقال منحنى الطلب بكامله، أما إلى اليمين وإلى الأعلى في حالة زيادة عدد المشترين أو زيادة طلب أي واحد منهم، أو انتقاله الى اليسار والى الاسفل في حالـة نقـص عـدد المشترين أو نقـص طلـب أي واحـد منهم.

ويمكن توضيح أثر هذا العامل من خلال المثال الوارد في الجدول (4). والذي يفترض أن طلب السوق لعدد من المشترين قد تحدد كما في العمود الثاني من الجدول (4) فعندما يزداد عدد المشترين على السلعة المعينة، يعني ذلك زيادة طلب السوق على السلعة، وكما في العمود الثالث في الجدول. وهذا يؤدي بالرسم إلى انتقال منحنى الطلب الأصلي (DD) إلى الأعلى وإلى اليمين، أي إلى D_1D_1، وبنفس الاسلوب إذا انخفض عدد المشترين او قل طلب أي واحد منهم، فإن ذلك يقود إلىانخفاض طلب السوق على السلعة. وكما في العمود الرابع من الجدول. وبالرسم فأن ذلك يؤدي إلى انتقال منحنى الطلب بكامله إلى الأسفل وإلى اليسار. ليعبر عن انخفاض في الطلب، كما في الشكل (4).

جدول (4)

تغير طلب السوق بفعل تغير عدد المشترين

السعر (دينار) PX	طلب السوق الاصلي DD	طلب السوق بعد زيادة المشترين D1D1	طلب السوق بعد نقص المشترين D2D2
10	15	25	5
8	20	30	10
6	25	35	15
4	30	40	20
2	35	45	25

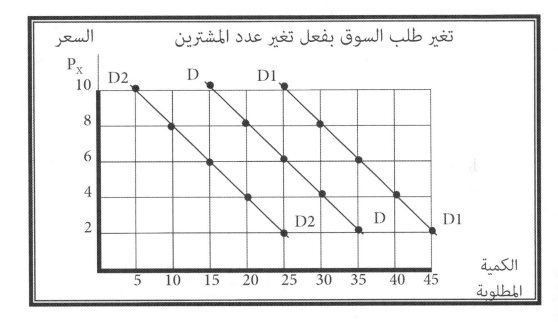

الشكل (4)

ثانياً: أذواق المستهلكين وتفضيلاتهم

يعد ذوق مستهلكي السلعة وتفضيلاتهم من العوامل المحددة للطلب اذ ان تغير ذوق وتفضيلات المستهلكين سيؤدي إلى زيادة او نقص الطلب على السلعة، وبالتالي سوف يؤدي إلى انتقال منحى الطلب، فعلى سبيل المثال، إذا كان طلب المستهلكين على سلعة القمصان لإحدى المنشآت، هو كما في العمود الثاني من الجدول (5) وإذا قامت هذه المنشأة بحملة دعائية كبيرة، أدت إلى تغير الطلب على إنتاجها من القمصان نحو الزيادة، كما في العمود الثالث من الجدول، وبالرسم يظهر هذا الأثر بأنتقال منحنى الطلب الاصلي (DD) إلى الاعلي وإلى اليمين، أي إلى (D_1D_1)، وبنفس الاسلوب لو عرف المستهلكون أن المواد المستعملة في انتاج هذه القمصان لها تأثير ضار على الجسم فإن ميولهم ورغباتهم نحو هذه السلعة ستتأثر بصورة سلبية مما سينجم عنه نقص الطلب على السلعة ثم انتقال منحى الطلب الاصلي (DD) إلى الاسفل وإلى اليسار أي إلى (D_2D_2).

جدول (5)

تغير الطلب بفعل تغير أذواق المستهلكين

الكمية المطلوبة (قميص)			السعر (دينار) (P)
التأثير السلبي للدعاية qd$_2$	التأثير الإيجابي للدعاية qd$_1$	قبل الدعاية qd	
10	40	20	6
20	50	30	5
30	60	40	4
40	70	50	3
50	80	60	2

الشكل (5)

تغير الطلب بفعل تغير أذواق المستهلكين

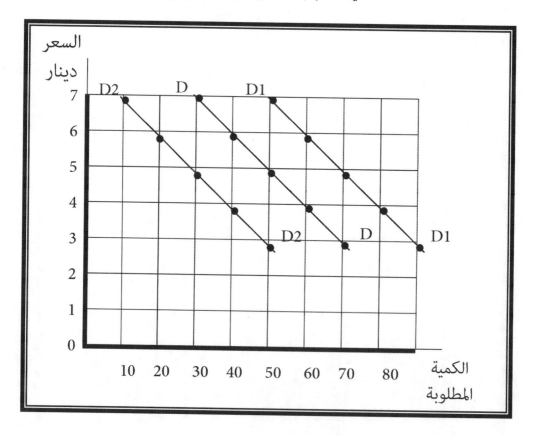

ثالثا: دخول المستهلكين

يمكن التمييز بين نوعين من السلع

أ - السلع العادية:

وهي السلع التي تستهلك منها كمية أكبر كلما زاد الدخل، وكمية أقل كلما قل الدخل، أي أن هناك علاقة طردية بين دخل المستهلك والطلب على السلعة. والأمثلة على هذه السلع كثيرة منها الملابس الجديدة والفواكه واللحوم والكتب وغيرها. ويمكن تمثيل ذلك بالرسم، اذ أن زيادة دخول مستهلكي هذه السلع سيؤدي إلى زيادة الطلب عليها. والذي يعني انتقال منحنى الطلب إلى الأعلى وإلى اليمين، أي إلى ($D_1 D_1$). وعند نقص دخول مستهلكي هذه السلع سيؤدي إلى نقص الطلب عليها، وسينجم عن ذلك ازاحة منحنى الطلب إلى الأسفل وإلى اليسار أي إلى ($D_2 D_2$) كما في الشكل (6).

الشكل (6)

انتقال منحنى الطلب بفعل تغير دخول المستهلكين

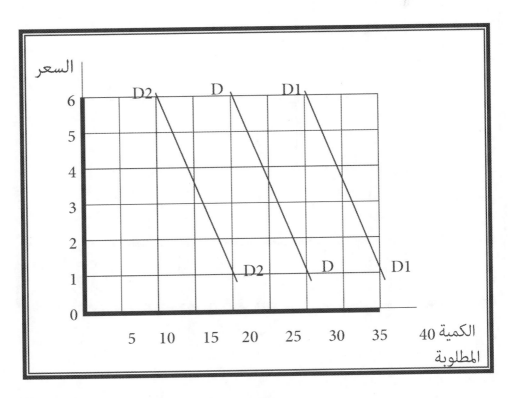

58

ب - السلع الرديئة:

وهي السلع التي تستهلك منها كمية أقل، كلما زاد الدخل، وكمية أكبر كلما قل الدخل، أي أن هناك علاقة عكسية بين دخل المستهلك والطلب على السلعة، والأمثلة على هذه السلع كثيرة منها الفلافل والملابس المستعملة، وغيرها. ويمكن تمثل ذلك بالرسم، حيث أن زيادة دخول مستهلكي هذه السلع سيؤدي إلىانخفاض الطلب عليها والذي يعني انتقال منحنى الطلب إلى الأسفل وإلى اليسار أي إلى (D_2D_2)، كما في الشكل (6). وعند نقص دخول مستهلكي هذه السلع. سيؤدي إلى زيادة الطلب عليها، وسينجم عن ذلك أزاحة منحنى الطلب إلى الأعلى وإلى اليمين

رابعاً: توقعات المستهلكين

أن توقعات المستهلكين عن أسعار السلع التي يستهلكونها وعن دخولهم في المستقبل تؤثر في طلبهم على تلك السلع. فإذا توقع شخص ما أن يرتفع سعر سلعة معينه في المستقبل فأن طلبه على هذه السلعة سيزداد منذ ألان، أما إذا توقع أن ينخفض سعر السلعة قريبا فإن طلبه عليها ألان سينخفض، وبالمثل إذا توقع المستهلك أن يزداد دخله قريبا فأنه سيبدأ منذ ألان بتغيير نمطه الاستهلاكي مما يؤدي إلى زيادة الطلب على السلع التي يستهلكها إذا كانت هذه السلع عادية والى نقص الطلب على السلع اذا كانت هذه السلع رديئة، ويحدث العكس إذا توقع المستهلك انخفاض دخله قريبا.

خامساً: اسعار السلع الأخرى

ويمكن التمييز بين ثلاثة أنواع من السلع:

أ - السلع البديلة:

وهي السلع التي يمكن استعمالها كبدائل مثل القهوة والشاي، ومثل التفاح والبرتقال، ومثل الطماطة ومعجون الطماطة، وفي جميع هذه الحالات فإن ارتفاع سعر سلعة ما كالتفاح يؤدي بالمستهلكين إلى تخفيض استهلاكهم من هذه السلعة

التي أصبحت غالية نسبيا واستبدالها ولو جزئيا بفواكه أخرى مثل البرتقال الذي أصبح رخيصا مقارنة بالتفاح، وبالتالي فإن الطلب على البرتقال سيزداد، مما يعني انتقال منحنى الطلب على البرتقال إلى اليمين وإلى الأعلى، وبالمقابل إذا انخفض سعر التفاح فإن جزءا من المستهلكين سيبدؤون باستهلاك المزيد من هذه الفاكهه وتقليص استهلاكهم من الفواكه الأخرى ومن بينها البرتقال، وبالتالي فإن الطلب على البرتقال ينقص مما يعني انتقال منحنى الطلب على البرتقال إلى اليسار وإلى الأسفل. وهكذا تعد السلعتان بديلتين إذا كان سعر واحدة منهما يتناسب طرديا مع الطلب على السلعة الأخرى.

ب - السلعة المكملة:

وهي السلع التي تستعمل بعضها مع بعض، مثل الكاميرا والفيلم، مثل الشاي والسكر، ومثل السيارة والبنزين، فإذا زاد سعر سلعة معينة مثل الكاميرا فأن كمية الكاميرات التي يطلبها المشترون ستنقص، وحيث أن الأفلام والكاميرات تستعملان معا فأن الطلب على الأفلام سينقص أيضا. مما يعني انتقال منحنى الطلب على الأفلام إلى اليسار وإلى الأسفل، وبالمقابل إذا نقص سعر الكاميرات، فأن المستهلكين سيشترون المزيد منها، ونظرا لان الأفلام سلعة مكملة للكاميرات، فأن الطلب على الأفلام سيزداد مما يعني انتقال منحنى الطلب على الأفلام إلى اليمين وإلى الأعلى، وهكذا يمكننا تعريف سلعتين بأنهما مكملتان إذا كان سعر أحدهما يتناسب عكسيا مع الطلب على السلعة الأخرى.

جـ- السلع المستقلة:

وهي السلع التي ليس لها علاقة ببعضها ببعض مثل السيارات والبطاطا، ومثل الطابوق والبيض، وتعرف هذه السلع بأنها مستقلة لأن التغير في سعر أحدهما لا يؤثر في الطلب على الأخر.

التغير في الكمية المطلوبة والتغير في الطلب

1- التغير في الكمية المطلوبة

أن التغير في الكمية المطلوبة مـن سـلعة أو خدمـة معينـة، بسـبب التغـيـر في سـعرها (مـع بقـاء العوامل الأخرى ثابتة) وهذا التغير يتمثل بالتحرك من نقطة إلى أخرى على نفس منحنى الطلب، فعنـد انخفاض سعر السلعة. فأن الكمية المطلوبة منها سترتفع، وبالرسم سوف يتم التحرك من نقطة معينـه إلى نقطة أدنى على نفس منحنى الطلب (DD) دون أن يحدث أي انتقال أو أزاحه في هـذا المنحنـى، أي التحرك من النقطة B إلى النقطة C مثلا كما في الشكل (7).

الشكل (7)

التغير في الكمية المطلوبة

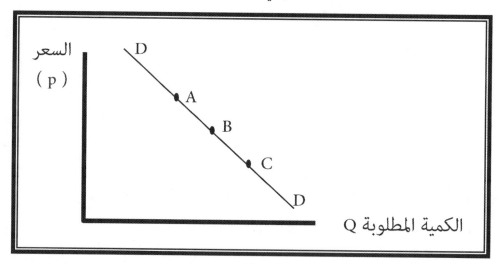

2- التغير في الطلب

أن التغير في الطلب على سلعة أو خدمة معينه يحدث بسبب التغـير في أحـد العوامـل المحـددة للطلب، وهذا التغير في الطلب يتمثل في إزاحة أو انتقال منحنى الطلب بكامله إلى الأعلى وإلى اليمـين في حالة زيادة الطلب بفعل (زيادة عـدد المشـترين، أو تغـير أذواق المسـتهلكين في صـالح السـلعة، أو ارتفاع دخول المستهلكين إذا كانت السلعة عادية، أو انخفاض دخول المستهلكين في حالة

السلعة رديئة أو زيادة أسعار السلع البديلة، أو انخفاض أسعار السلع المكملة، أو توقعات المستهلكين بزيادة دخولهم أو زيادة أسعار السلع التي يستهلكونها) ويزاح أو ينتقل منحنى الطلب بكامله إلى الأسفل وإلى اليسار في حالة انخفاض الطلب بفعل (نقص عدد المشترين أو تغير أذواق المستهلكين ضد السلعة، أو انخفاض دخول المستهلكين إذا كانت السلعة عادية ـ أو ارتفاع دخول المستهلكين إذا كانت السلعة رديئة أو انخفاض أسعار السلع البديلة، أو ارتفاع أسعار السلع المكملة، أو توقعات المستهلكين بانخفاض دخولهم أو انخفاض أسعار السلع التي يستهلكونها).

أنواع الطلب

يمكن أن نميز بين ستة أنواع من الطلب وكما يأتي:

1) طلب المستهلك:

وهو عبارة طلب الفرد الواحد أو المستهلك الواحد على سلعة أو خدمة معينه في فترة زمنية معينه.

2) الطلب الكلي (طلب السوق):

هو عبارة عن طلب جميع المستهلكين على سلعة أو خدمة معينة في فترة زمنية معينة.

3) الطلب المرتبط:

يعد الطلب مرتبطا (مشتركا) إذا ارتبطت أو اشتركت سلعتان أو أكثر في وقت واحد في تقديم منفعة معينة. أو في تحقق رغبة معينة، ومن الأمثلة على ذلك، فإن الطلب على المحبرة مثلا مرتبط ارتباطا وثيقا بالطلب على أقلام الحبر، ويؤدي تغير سعر السلعة المعينة إلىتغير الكمية المطلوبة من السلعة المرتبطة في الاتجاه المعاكس على الرغم من عدم التغير في سعرها، ويطلق على السلع المرتبطة بالسلع المكملة.

4) الطلب المشتق:

الطلب المشتق هو عبارة عن الطلب على سلعة معينة نتيجة للطلب على سلعة أخرى، فالطلب على الحديد مثلا يعزى إلى الطلب على السلع المصنعة من

الحديد. والطلب على القطن الخام يعتبر طلبا مشتقا من الطلب على المنتوجات القطنية، والطلب على الحنطة هو طلبا مشتقا من الطلب على الخبز.

5) الطلب المركب:

هو عبارة عن الطلب على سلعة معينة لاستخدامها في أغراض مختلفة، فمثلا الطلب على الأغنام لاستخدامها في إنتاج اللحوم والصوف والطلب على السكر لاستخدامه في إنتاج الحلويات والمرطبات.

6) الطلب العكسي:

لقد تبين أن قانون الطلب يوضح العلاقة العكسية بين سعر السلعة والكمية المطلوبة منها، وقد تم تمثيل هذا القانون بمنحنى الذي ينحدر من أعلى اليسار إلى أسفل اليمين. يشير إلى العلاقة السالبة بين سعر السلعة والكمية المطلوبة منها، أما منحنى الطلب العكسي، فهو عبارة عن المنحنى الذي يتجه من أسفل اليسار إلى أعلى اليمين، أي أن ميله موجب، وبذلك فهو يشير إلى العلاقة الموجبة بين سعر السلعة والكمية المطلوبة منها، كما هو واضح من الشكل (8).

الشكل (8)

منحنى الطلب العكسي

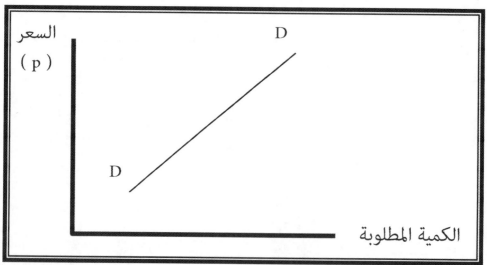

والحالات التي ينطبق عليها منحنى الطلب العكسي ذي الميل الموجب ثلاث حالات استثنائية وهي كما يأتي:

أ- الحالة الاستثنائية الأولى:

وتتمثل في عدد من السلع التي تعرف (بسلع التفاخر) والتي تتميز بارتفاع أسعارها مثل الأحجار الكريمة، والمجوهرات. وبعض حلي الزينة، وبالتالي فإن معظم مستهلكي هذه السلع هم من طبقة الأغنياء، إذ أن ارتفاع أسعار هذه السلع تدفع أفراد هذه الطبقة إلزيادة الكمية المطلوبة منها، وذلك لأن هؤلاء الأفراد يقيسون الرغبة في الحصول على السلعة بواسطة سعرها، أي الاستهلاك المظهري، وبالعكس فأن هؤلاء الأفراد سوف يشترون القليل من هذه السلع عندما يكون سعرها منخفضا.

ب- الحالة الاستثنائية الثانية:

وتتمثل في عدد من السلع التي تعرف (بسلع جيفن) نسبة إلى الاقتصاد الإنكليزي السير روبرت جيفن (Sir Robert Giffen) والتي تتميز بانخفاض أسعارها، مثل الفلافل والملابس المستعملة وغيرها من السلع الدنيا، وبالتالي فأن معظم مستهلكي هذه السلع هم من طبقة الفقراء، إذ أن ارتفاع أسعار هذه السلع تدفع أفراد هذه الطبقة إلى زيادة الكمية المطلوبة والمشتراة منها لأن ارتفاع أسعار هذه السلع يجعل هؤلاء الأفراد أكثر فقرا لانخفاض دخولهم الحقيقية، وعندما يصبحوا أكثر فقرا فأنهم يقللون من استهلاكهم من السلع العادية (كاللحم) ذي الأسعار المرتفعة، ويعوضون هذا النقص بشراء كمية أكبر من الخبز. رغم ارتفاع أسعارها. وبالعكس في حالة انخفاض أسعار هذه السلع (الخبز والفلافل والبطاطا) تقل الكمية المطلوبة منها، وذلك لتوجه هؤلاء الأفراد نحو السلع العادية (كاللحم). بسبب ارتفاع دخولهم الحقيقية.

جـ - الحالة الاستثنائية الثالثة:

والتي سبق أن تم ذكرها والمتعلقة بتوقعات الأفراد تجاه الأسعار المستقبلية للسلع والخدمات فأن زيادة أسعار بعض السلع كالعقار مثلا، يؤدي في أحيان كثيرة (في ظل تزايد حدة التضخم) إلى زيادة الكمية المطلوبة والمشتراة منها، إذ أن زيادة الطلب هنا والمرافقة لزيادة الأسعار تكون مرتبطة بتوقعات المستهلكين

المستقبلية، بحصول المزيد من الزيادة في أسعار هذه السلع، مما تجعل منحنيات الطلب تنتقل إلى اليمين وإلى الأعلى مع توقع ارتفاع الأسعار، ويحدث العكس عند انخفاض الأسعار والتوقع بأنها ستنخفض أكثر في المستقبل القريب إذ أن هذه التوقعات تجعل الأفراد يقللون من شرائهم أو يقومون بتأجيل الشراء انتظارا منهم لحدوث انخفاض أخر في الأسعار، وهذا ما يجعل منحنى الطلب ينتقل إلى الجهة اليسرى وإلى الأسفل.

المبحث الثالث: مرونة الطلب

لقد تم وصف الطلب على سلعة معينة بأنه العلاقة العكسية بين سعر السلعة والكمية المطلوبة منها، فعندما ينخفض سعر السلعة مثلا تزداد الكمية المطلوبة منها، ولكن ما هو مقدار هذه الزيادة؟ هل هي زيادة كبيرة أم أنها زيادة طفيفة؟ فإذا انخفض سعر التفاح بمقدار 50% مثلا فهل ستزداد الكمية المطلوبة منها بمقدار 50% أو أنه ستزداد بمقدار 10%؟ أو لا تزداد مطلقا؟ أن الجواب على هذه الأسئلة، يتطلب قياس درجة استجابة الكمية المطلوبة بالنسبة للتغير في السعر، أي ان تقاس بما يسمى بمرونة الطلب بالنسبة إلىالسعر.

أولا: مرونة الطلب السعرية

يقصد بمرونة الطلب السعرية درجة استجابة أو حساسية الكمية المطلوبة من سلعة معينة لما يحدث من تغير في سعرها مع ثبات العوامل الأخرى، وبعبارة أخرى، هي التغير النسبي في الكمية المطلوبة مقسوما على التغير النسبي في السعر، وبناء على ذلك فإن مرونة الطلب السعرية يمكن استخراجها حسابيا عن طريق الأتي:

$$\text{مرونة الطلب السعرية} = \frac{\text{التغير النسبي في الكمية المطلوبة}}{\text{التغير النسبي في السعر}}$$

$$\text{أو مرونة الطلب السعرية (EP) } = \dfrac{\dfrac{\text{التغير في الكمية المطلوبة}}{\text{الكمية المطلوبة}}}{\dfrac{\text{التغير في السعر}}{\text{السعر}}}$$

$$Ep = \frac{\Delta Q\%}{\Delta P\%} \quad \ldots\ldots\ldots\ldots\ldots\ldots\ldots\ldots\ldots (1)$$

$$Ep = \frac{\dfrac{\Delta Q}{Q}}{\dfrac{\Delta P}{P}} \quad \ldots\ldots\ldots\ldots\ldots\ldots\ldots\ldots (2)$$

$$Ep = \frac{\Delta Q}{Q} \cdot \frac{P}{\Delta P}$$

$$Ep = \frac{\Delta Q}{\Delta P} \cdot \frac{P}{Q} \quad \ldots\ldots\ldots\ldots\ldots\ldots\ldots\ldots (3)$$

وبما أن ميل منحنى الطلب هـو $\dfrac{\Delta P}{\Delta Q}$ أي هـو مقلـوب الجـزء الأول مـن صـيغة مرونـة الطلـب السعرية (المعادلة 3)، ومن بعد فأنه يمكن كتابة مرونة الطلب السعرية على النحو الاتي:

$$Ep = \frac{1}{Slope} \cdot \frac{P}{Q} \quad \ldots\ldots\ldots\ldots\ldots\ldots\ldots (4)$$

اذ أن: EP = تمثل مرونة الطلب السعرية

ΔQ = تمثل التغير في الكمية المطلوبة

Δp = التغير في السعر

وإذا كانت (Q_1) تمثل الكمية المطلوبة الأصلية (الأولى). (P_1) يمثل سعر الأول (P_2) يمثل السعر الثاني بعد تغير السعر الأصلي، و(Q_2) تمثل الكمية المطلوبة الثانية بعد تغير السعر الأصلي، فأنه يمكن كتابة المعادلة (3) بصورة ابسط وكما يأتي:

$$ Ep = \frac{(Q_2 - Q_1)}{(p_2 - p_1)} \cdot \frac{P_1}{Q_1} \quad \dots\dots\dots\dots\dots\dots\dots\dots\dots (5) $$

وطالما ان العلاقة عكسية بين سعر السلعة والكمية المطلوبة منها فأن معامل مرونة الطلب السعرية، يكون دائما سالبا لذلك يمكن إهمال هذه الإشارة السالبة، أو أخذ القيمة المطلقة لها، بحيث تكون قيمة معامل مرونة الطلب موجبة.

ثانيا: درجات مرونة الطلب السعرية

أن درجة استجابة الكمية المطلوبة للتغيرات في السعر، يمكن أن تكون كبيرة، فيقال في هذه الحالة أن الطلب مرن، أو تكون صغيرة فيكون غير مرن، أو تكون درجة الاستجابة متكافئة، وبذلك يكون الطلب أحادي المرونة، أو أن لا تكون هناك أي استجابة فيكون الطلب عديم المرونة، أو أن تكون درجة الحساسية لا نهائية، فيقال أن الطلب لا نهائي المرونة، ومما تقدم نستنتج أن معامل مرونة الطلب السعرية يتراوح بين الصفر ما لانهاية، أي أن قيمته موجبة كما يأتي:

1) الطلب المرن

يعد الطلب مرنا، إذا كان التغير النسبي في الكمية المطلوبة أكبر من التغير النسبي في السعر، أي أن خارج قسمة الأول على الثاني يكون أكبر من الواحد الصحيح.

مثال: إذا ارتفع سعر سلعة معينة من (100) دينار إلى (125) دينار وأدى هذا الارتفاع في السعر إلىانخفاض في الكمية المطلوبة من (1000) وحدة إلى (600) وحدة فما هو معامل مرونة الطلب السعرية؟

الحل:

$Q_1 = 1000$ $\quad$ $P_1 = 100$

$Q_2 = 600$ $\quad$ $P_2 = 125$

$$Ep = \frac{\Delta Q}{\Delta P} \cdot \frac{P}{Q} = \frac{(Q_2 - Q_1)}{(p_2 - p_1)} \cdot \frac{P_1}{Q_1}$$

$$Ep = \frac{(600-1000)}{(125-100)} \cdot \frac{100}{1000} = \frac{-400}{25} \cdot \frac{100}{1000} = \frac{-40}{25} = -1.6$$

بعد إهمال الإشارة السالبة، يتبين أن قمة معامل مرونة الطلب السعرية أكبر من الواحد، أي أن ($Ep = 1.6$). وهذا يعني أن الطلب على هذه السلعة مرنا، وذلك لأن التغير النسبي في الكمية المطلوبة (40%) كان أكبر نسبيا من التغير النسبي في السعر (25%) أي أن درجة حساسية الكمية المطلوبة لارتفاع السعر كانت كبيرة نسبيا (أكبر من واحد). ويمكن تمثل الطلب المرن بيانيا كما في الشكل (9).

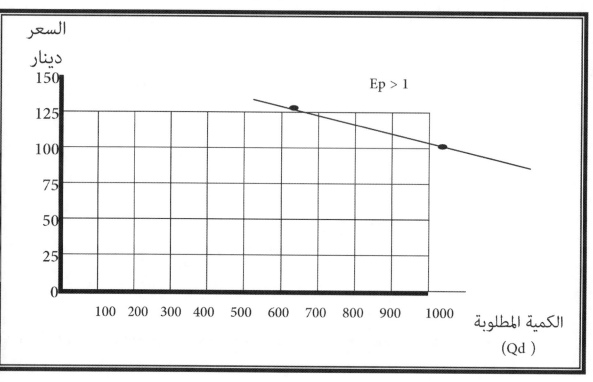

الشكل (9)

الطلب المرن

2) الطلب غير المرن

يعد الطلب غير مرنا، إذا كان التغير النسبي في الكمية المطلوبة أقل من التغير النسبي في السعر. أي أن خارج قسمة الأول على الثاني أقل من الواحد وأكبر من الصفر.

مثال: عند ارتفاع سعر سلعة معينة من (75) دينار إلى (125) دينار تنخفض الكمية المطلوبة من (1000) وحدة إلى (900) وحدة، وبذلك فإن معامل مرونة الطلب السعرية يساوي اقل من واحد، أي أن:

$$Ep = \frac{\Delta Q}{\Delta P} \cdot \frac{P}{Q}$$

$$= \frac{(900-100)}{(125-75)} \cdot \frac{75}{1000}$$

$$= \frac{-100}{50} \cdot \frac{75}{1000} \quad = \frac{-75}{500} = -0.15$$

ويلاحظ من قيمة معامل مرونة الطلب، والتي هي أقل من الواحد وأكبر من الصفر، أي أن (EP = 0.15) لذلك يعد الطلب على هذه السلعة طلباً غير مرن، وذلك لأن التغير النسبي في الكمية المطلوبة (10%) كان أقل نسبياً من التغير النسبي في السعر (66%). أي أن حساسية الكمية المطلوبة لارتفاع السعر كانت قليلة نسبياً (0 < Ep < 1).

ويمكن تمثيل الطلب غير المرن بيانياً كما في الشكل (10).

الشكل (10)

الطلب غير المرن

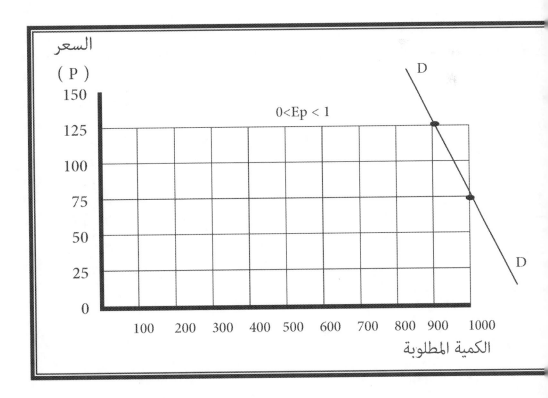

3) الطلب أحادي المرونة

يكون الطلب احادي المرونة (متكافئ المرونة) إذا كان التغير النسبي في الكمية المطلوبة مساويا للتغير النسبي في السعر، أي أن خارج القسمة يكون واحدا.

مثال: إذا ارتفع سعر سلعة معينة من (4) دنانير إلى (5) دنانير، قلت الكمية المطلوبة منها من (4) وحدات إلى (3) وحدات فان قيمة معامل مرونة الطلب السعرية تساوي واحد، أي أن:

$$Ep = \frac{\Delta Q}{\Delta P} \cdot \frac{P}{Q}$$

$$= \frac{(3-4)}{(5-4)} \cdot \frac{4}{4}$$

$$= \frac{-1}{1} \cdot \frac{4}{4} = -1$$

يلاحظ أن قيمة معامل مرونة الطلب السعرية تساوي الواحد، أي أن EP = 1، لذلك يعد الطلب أحادي المرونة، وذلك لأن التغير النسبي في الكمية المطلوبة (10%) مساوي للتغير النسبي في السعر (10%)، أي أن حساسية الكمية المطلوبة لانخفاض السعر كانت متكافئة، ويمكن تمثيل الطلب أحادي المرونة بيانيا كما في الشكل (11).

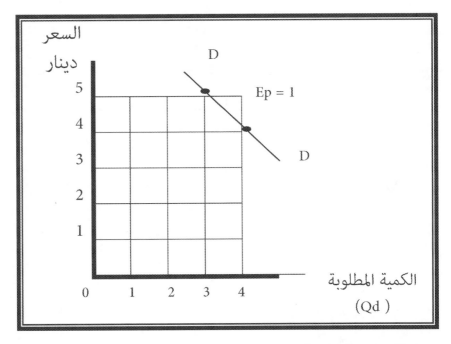

الشكل (11)

الطلب أحادي المرونة

4) طلب لا نهائي المرونة

يعد الطلب لانهائي المرونة إذا بقي سعر السلعة ثابتا دون تغير مهما تغيرت الكمية المطلوبة منها، أي أن خارج قسمة التغير النسبي في الكمية المطلوبة على التغير النسبي في السعر يكون ما لانهاية.

مثال: عند بقاء سعر سلعة معينة ثابتا عند (30) دينار وزادت الكمية المطلوبة من (75) وحدة إلى (100) وحدة فأن معامل مرونة الطلب السعرية يساوي ما لا نهاية (:). أي أن:

$$Ep = \frac{\Delta Q}{\Delta P} \cdot \frac{P}{Q}$$

$$= \frac{(100-75)}{(30-30)} \cdot \frac{30}{75}$$

$$= \frac{25}{0} \cdot \frac{30}{75} = \frac{750}{0} = \infty$$

يلاحظ أن قيمة معامل مرونة الطلب السعرية تساوي (:). أي أن (: = Ep). لذلك يعد الطلب لا نهائي المرونة، وذلك لأن التغير النسبي في الكمية المطلوبة لا يرافقه أي تغير نسبي في السعر. ويمكن توضيح الطلب لانهائي المرونة كما في الشكل (12)

الشكل (12)

طلب لانهائي المرونة

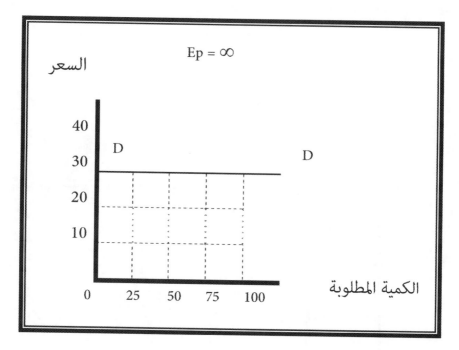

5) الطلب عديم المرونة

يعد الطلب عديم المرن، إذا كان التغير في سعر السلعة لن يؤدي إلى أي تغير في الكمية المطلوبة منها، أي أن خارج قسمة التغير النسبي في الكمية المطلوبة على التغير النسبي في السعر يكون صفرا.

مثال: إذا حدث وأن أرتفع سعر سلعة معينة من (20) دينار إلى (40) دينار فإن الكمية المطلوبة منها تبقى عند (30) وحدة ولا تتغير نحو الانخفاض على الرغم من ارتفاع سعر السلعة، ومن بعد، فإن معامل مرونة الطلب السعرية تساوي الصفر، أي أن:

$$Ep = \frac{\Delta Q}{\Delta P} \cdot \frac{P}{Q}$$

$$=\frac{(30-30)}{(40-20)}.\frac{20}{30}$$

$$=\frac{0}{20}.\frac{20}{30}=\frac{0}{600}=0$$

يلاحظ أن قيمة معامل مرونـة الطلـب السـعرية تسـاوي (0). أي أن (0 = EP) لـذلك يعـد الطلب عديم المرونـة وذلـك لـن التغـير النسـبي في السـعر، لا يرافقـه أبـدا أي تغـير نسـبي في الكميـة المطلوبة ويمكن توضيح الطلب عديم المرونة كما في الشكل (13)

الشكل (13)

الطلب عديم المرونة

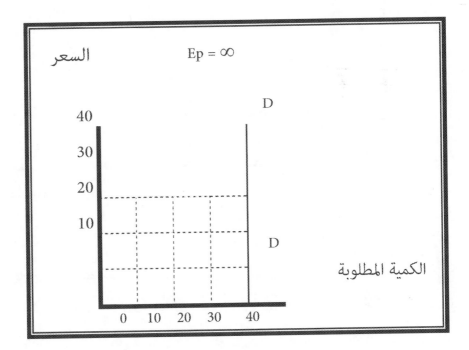

ويمكن تلخيص حالات مرونة الطلب السعرية بالجدول (6)

الجدول (6) ملخص حالات مرونة الطلب السعرية

الرقم	معامل المرونة	نوع الطلب	وصف الحالة	الحالة بالرموز
1	EP>1	مرن	الكمية المطلوبة تتغير بنسبة أكبر من نسبة التغير في السعر	$\Delta Q \% > \Delta P \%$
2	0<EP<1	غير مرن	الكمية المطلوبة تتغير بنسبة أقل من نسبة التغير في السعر	$\Delta Q \% < \Delta P \%$
3	EP = 1	أحادي المرونة	الكمية المطلوبة تتغير بنسبة مساوية لنسبة التغير في السعر	$\Delta Q \% = \Delta P \%$
4	EP = :	لانهائي المرونة	لا يستجيب السعر نهائيا للتغيرات في الكمية المطلوبة	$\Delta P \% = 0$
5	EP = 0	صفر	لا تستجيب الكمية المطلوبة نهائيا للتغيرات في السعر	$\Delta Q \% = 0$

ثالثاً: مرونة الطلب المتقاطعة

أن المقصود بالمرونة المتقاطعة هو مدى أو درجة استجابة الكمية المطلوبة من سلعة معينة لما يحدث من تغير في أسعار السلع الأخرى (البديلة أو الكمية) وفي ظل افتراض ثبات العوامل الأخرى المحددة للطلب، لذلك فأن مرونة الطلب المتقاطعة لسلعة ولتكن X بالنسبة لسعر السلعة الأخرى ولتكن Y هي كالأتي:

$$\text{مرونة الطلب المتقاطعة} = \frac{\text{التغير النسبي في الكمية المطلوبة من السلعة } X}{\text{التغير النسبي في سعر السلعة } Y}$$

$$\text{أو مرونة الطلب المتقاطعة} = \frac{\text{التغير في الكمية المطلوبة } X \,/\, \text{الكمية المطلوبة من } X}{\text{التغير في سعر السلعة } Y \,/\, \text{سعر السلعة } Y}$$

وإذا تم رمز المرونة الطلب المتقاطعة بالحرفين EC فأن هذه المرونة تكون:

$$Ec = \frac{\Delta Q x \%}{\Delta PY \%}$$

$$Ec = \frac{\dfrac{\Delta Q x}{Q x}}{\dfrac{\Delta PY}{PY}}$$

$$Ec = \frac{\Delta Q x}{Q x} \cdot \frac{PY}{\Delta PY}$$

$$Ec = \frac{\Delta Q x}{\Delta PY} \cdot \frac{PY}{Q x}$$

$$Ec = \frac{(Q x_2 - Q x_1)}{(PY_2 - PY_1)} \cdot \frac{PY_1}{Q x_1}$$

ومرونة الطلب السعرية المتقاطعة يمكن أن تكون هي الأخرى أكبر أو أقل أو مساوية للصفر، أي يمكن أن تكون سالبة أو موجبة، وتستخدم الإشارة السالبة أو الموجبة للمرونة في تحديد نوع العلاقة بن السلعتين موضوع البحث، هل أنهما متكاملتان أم بديلتان؟ فإذا كانت مرونة الطلب المتقاطعة سالبة، فإن هذا يعني ان ارتفاعا في سعر السلعة (Y) سيؤدي الى انخفاض في الكمية المطلوبة من السلعة (X). ويعني أيضا أن السلعتين مكملتان بعضهما للبعض الأخر.

ومثال على ذلك، إذا ارتفع سعر البنزين فإن هذا الارتفاع سيؤدي الى خفض الكمية المطلوبة من السيارات، وكذلك الحال بالنسبة للحبر وأقلام الحبر.

أما إذا كانت مرونة الطلب السعرية المتقاطعة أكبر من الصفر (موجب) هذا يعني أن ارتفاعا في سعر سلعة (Y) سيؤدي الى ارتفاع في الكمية المطلوبة من سلعة (X) ويعني ايضاً أن السلعتين X، Y بديلتان.

ومثال ذلك القهوة والشاي أو لحم البقر ولحم الغنم، وفي هذه الحالة كلما كانت درجة الإحلال بين السلعتين كبيرة كبرت قيمة معامل مرونة الطلب المتقاطعة، وإذا كانت السلعة (Y) بديلا تاماً للسلعة (X) تكون قيمة معامل مرونة المتقاطعة مساوية الى مالا نهاية.

أما عندما تكون مرونة الطلب المتقاطعة مساوية الى صفر، فإن ذلك يعني أن السلعتين (X) و (Y) غير مرتبطتين (بمعنى أن السلعتين مستقلتان بعضهما عن بعض).

ومثال ذلك البيض و الطابوق، فإن ارتفاع سعر أحدهما البيض مثلا لن يؤدي الى تغير الكمية المطلوبة من سلعة الطابوق، ويعني ذلك أن السلعتين مستقلتان.

مثال (1) لإيجاد مرونة الطلب المتقاطعة بين الشاي (X) والقهوة (Y) وباستخدام البيانات الواردة في الجدول (7) فيمكن أتباع الأتي.

الجدول (7)

مرونة الطلب المتقاطعة لسلعتين بديلتين

السلعة	الطلب قبل تغير السعر		الطلب بعد تغير السعر	
	السعر	الكمية المطلوبة	السعر	الكمية المطلوبة
القهوة Y	20	50	30	30
الشاي X	10	40	10	50

$$Ec = \frac{\Delta Q x}{\Delta Py} \cdot \frac{Py}{Qx} = \frac{(\Delta Q x_2 - Qx_1)}{(py2 - py1)} \cdot \frac{Py_1}{Qx_1}$$

$$Ec = \frac{(50 - 40)}{(30 - 20)} \cdot \frac{20}{40}$$

$$Ec = \frac{10}{10} \cdot \frac{20}{40} = \frac{2}{4} = 0.5$$

وبما ان معامل مرونة الطلب المتقاطعة (EC) موجبة وأكبر من الصفر (0.5) فان كلا من الشاي والقهوة يكونان من السلع البديلة.

مثال (2): في ضوء البيانات الواردة في الجدول (8) عن السلعتين السكر (y) والشاي (x)، حسب مرونة الطلب المتقاطعة بينهما.

جدول (8)

مرونة الطلب المتقاطعة لسلعتين مكملتين

السلعة	الطلب قبل تغير السعر		الطلب بعد تغير السعر	
	السعر	الكمية المطلوبة	السعر	الكمية المطلوبة
السكر Y	5	20	10	15
الشاي X	10	40	10	35

$$Ec = \frac{\Delta Qx}{\Delta PY} \cdot \frac{PY}{Qx}$$

$$Ec = \frac{(35 - 40)}{(10 - 5)} \cdot \frac{5}{40}$$

$$Ec = \frac{-5}{5} \cdot \frac{5}{40} = \frac{-25}{200} = -0.125$$

اذ أن معامل مرونة الطلب المتقاطعة (EC) سالبة (0.125-). فإن كلا من السكر والشاي سلعتان مكملتان.

رابعاً: مرونة الطلب الدخلية

يقيس معامل مرونة الطلب الدخلية Em التغير النسبي في الكمية المطلوبة من سلعة معينة في وحدة الزمن على التغير النسبي في دخل المستهلك، أي أن:

$$\text{مرونة الطلب الداخلية} = \frac{\text{التغير النسبي في الكمية المطلوبة}}{\text{التغير النسبي في الدخل}}$$

$$\text{أو مرونة الطلب الدخلية} = \frac{\text{التغير في الكمية المطلوبة / الكمية المطلوبة}}{\text{التغير في الدخل / الدخل}}$$

وإذا رمزنا للدخل بالحرف (m) فإن مرونة الطلب الدخلية (Em) ستكون:

$$Em = \frac{\Delta Q \%}{\Delta m \%}$$

$$Em = \frac{\Delta Q / Q}{\Delta m / m}$$

$$Em = \frac{\Delta Q}{Q} \cdot \frac{m}{\Delta m} = \frac{\Delta Q}{\Delta m} \cdot \frac{m}{Q}$$

وعندما يكون معامل المرونة الداخلية (Em) سالبا، فإن السلعة تكون دنيا، أما إذا كان موجبا، فإن السلعة تكون عادية، وإذا كان معامل المرونة الدخلية للسلعة العادية أكبر من واحد صحيح، فعادة ما تكون السلعة كمالية، وتكون السلعة ضرورية، إذا كان معامل المرونة أقل من الواحد الصحيح وأكبر من الصفر.

مثال (3):

إذا ارتفع دخل المستهلك من 200 دينار الى (250) دينار زادت الكمية المطلوبة من سلعة معينة من (20) وحدة الى (30) وحدة، أحسب مرونة الطلب الدخلية (Em).

$$Em = \frac{\Delta Q}{Qm} \cdot \frac{m}{Q}$$

$$= \frac{(30 - 20)}{(250 - 200)} \cdot \frac{200}{20}$$

$$= \frac{10}{50} \cdot \frac{200}{20} = \frac{2000}{1000} = 2$$

اذ ان معامل مرونة الطلب الدخلية (Em) يساوي (2)، فإن ذلك يدل على أن هذه السلعة هي سلعة كمالية.

المبحث الرابع: محددات المرونة وأهميتها

أولاً: محددات مرونة الطلب السعرية

لقد تبين أن مرونة الطلب السعرية تختلف باختلاف السلع والخدمات، فما الـذي يجعل بعض السلع ذات مرونة عالية، وبعضها ذات مرونة منخفضة؟ وبعض الأخر عديم المرونة، وبصفة عامـة فـإن هناك مجموعة كبيرة من الأسباب نذكر أهمها فيما يأتي:

1- وجود بدائل جيدة

فكلما توفر عدد كبير من البدائل الجيدة للسلعة، كلما كانت مرونة الطلب عليها مرتفعة، لماذا ؟ لأن أي ارتفاع طفيف في سعر تلك السلعة، سوف يـؤدي الى ابتعاد المستهلكين عنها، وشرائهم السـلع البديلة، مما سينجم عنه انخفاض كبير في الكمية المطلوبة من السلعة المذكورة، وبالمقابل فإن انخفاض سعر السلعة، سوف يؤدي الى اقبال المستهلكين على شراء هذه السلعة، التي أصبحت رخيصة نسبيا بدلا من شراء السلع البديلة الأخرى وبنفس المنطق كلما قل عـدد البدائل المتـوفرة لسـلعة مـا، كلـما انخفضت مرونة الطلب على تلك السلعة، فعلى سبيل المثال فإننا نتوقع أن يكون الطلب علـى نـوع معين أو علامة تجارية معينة من الصابون، أكثر مرونة من الطلب على الصابون كلـه، لأن ارتفـاع سعر علامة سيغري كثيرا من المستهلكين بالتحول عن هذه العلامة، الى العلامات التجارية البديلة الأخرى أما إذا ارتفع سعر جميع أنواع الصابون، فإن المستهلك لن يستطيع أن يقلل بشكل كبير من كمية الصابون التي يشتريها نظرا لعدم وجود بدائل جيدة للصابون كسلعة، كذلك، فإنه يتوقع أن يكون الطلـب علـى ملح الطعام بنسبة 10%. مثلا فإن المستهلكين لن يخفضوا الكمية التي سيشترونها منه، بنسبة ملحوظة، نظرا لعدم وجود بدائل جيدة لهذه السلعة، ونظرا أيضا لعدم تذوق معظم الناس للطعام بـدون ملـح، كذلك فإن انخفاض سعر ملح الطعام الى النصف لن يغري المستهلكين بمضاعفة كمية الملح في طعامهم.

2- أهمية السلعة في ميزانية المستهلك:

فكلما كانت السلعة تشكل نسبة عالية من ميزانية المستهلك، كلما كان الطلب على هذه السلعة أكثر مرونة، وبالمقابل كلما كانت السلعة تشكل جزء ضئيلا من ميزانية المستهلك، كلما كان الطلب على تلك السلعة اقل مرونة، فعلى سبيل المثال فأنه يتوقع أن يكون الطلب على الشقق السكنية مرتفع المرونة نظرا لأنها تشكل عادة جزاء كبيرا من ميزانية المستهلك، الذي يرغب بشراء تلك الشقق، وبالتالي فإن ارتفاع سعر الشقة بنسبة (10%) مثلا سيشكل مبلغا كبيرا بالنسبة للمستهلك، وعلى عكس ذلك فإن الطلب على الشخاط قليل المرونة، لأنه يشكل جزء ضئيلا للغاية من ميزانية المستهلك العادي، وبالتالي فعند ارتفاع سعر الشخاط بنسبة (10%) لن يشكل تكلفة إضافية تذكر.

3- السلع الكمالية والسلع الضرورية:

بصفة عامة يتوقع أن يكون الطلب على السلع الكمالية عالي المرونة، فإذا ارتفع سعر جهاز الحاسوب مثلا والذي هو بالنسبة للكثير من المستهلكين سلعة كمالية، فإن الكمية التي سيشتريها الناس منها ستنخفض بشكل كبير، وبالمقابل يمكن التوقع أن يكون الطلب على السلع الضرورية قليل المرونة، فعلى سبيل المثال، فإن الطلب على كثير من الأدوية خصوصا الأدوية المتخصصة يعتبر قليل المرونة للغاية، لأنها ضرورية لحياة المرضى الذين يستهلكونها، وبالتالي فأن ارتفاع سعرها بنسبة 20% أو 30% لن يؤدي الى تخفيض الكمية التي يطلبها المستهلكين بشكل ملحوظ كذلك فأن انخفاض سعر هذه الأدوية بنسبة 20% أو 30% لن يؤدي الى زيادة ملحوظة في الكمية التي سيشتريها المستهلكون من هذه الأدوية.

4- المدى الطويل والمدى القصير:

بعامة أن مرونة الطلب على سلعة ما في المدى الطويل أعلى بكثير من مرونة الطلب عليها في المدى القصير نظرا لصعوبة التكيف في المدى القصير، خصوصا بالنسبة لعادات المستهلك الشرائية، فعلى سبيل المثال، إذا ارتفع سعر سلعة ما مثل زيت الزيتون، فإن المستهلك الذي تعود على استعمال هذه السلعة

في طعامه، قد لا يتمكن من تغير عاداته الشرائية والاستهلاكية فورا، ولكن مع مرور الزمن فأن هذا المستهلك سيحاول بلا شك تجربة بدائل أخرى مثل السمن النباتي والدهون الحيوانية، وكلما طالت الفترة الزمنية، كلما كان المستهلك أقدر على التكيف مع أنماط استهلاكية جديدة وتخفيف الكمية التي يستهلكها من زيت الزيتون، أي أن ارتفاع سعر السلعة سيؤدي إلى نقص الكمية المطلوبة منها بنسبة ضئيلة في المدى القصير (مما يشير الى انخفاض مرونة الطلب) ولكنه سيؤدي الى نقص هذه الكمية المطلوبة بنسبة أكبر في المدى الطويل (مما يشير الى ارتفاع مرونة الطلب) كذلك فأن انخفاض سعر السلعة ما سيغري المستهلكين بشرائها من قبيل التجربة، ومع مرور الوقت فأنهم سيطلبون كميات اكبر منها، إذا أصبحت مقبولة لأذواقهم، وإذا اكتشفوا استعمالات جديدة لها، وهكذا يتضح أن الكمية المطلوبة تتغير بنسبة أكبر في المدى الطويل منها في المدى القصير، مما يعني أن مرونة الطلب تتزايد مع مرور الزمن.

ثانياً: أهمية مفهوم المرونة

أن لمفهوم المرونة أهمية عملية كبيرة في رسم وفهم عدد من السياسات والمشاكل الاقتصادية:

1- من المهم للمنتج أن يعرف مدى مرونة الطلب على ما ينتجه من السلع لكي يحدد الأسعار التي سيبيع بها منتجاته خاصة في حالات المنافسة غير الكاملة، فيمكن اعتبار أن باستطاعة المنتج أن يرفع من سعر منتجاته كلما كانت مرونة الطلب عليها منخفضة لأن ذلك سيزيد من أرباحه، والعكس صحيح كذلك.

2- يستطيع المحتكر أن يميز بين سوقين لمنتجاته حسب مرونة الطلب عليها، فيفرض سعرا أعلى في السوق التي تقل فيها درجة المرونة، وسعرا أقل في السوق التي ترتفع فيها درجة المرونة لكي يعظم أرباحه.

3- تساعد دراسة مرونة الطلب على الخدمات التي تقدمها المرافق العامة كالماء والكهرباء، على تحديد اسعارها حسب درجات تلك المرونات، كما أن بإمكانها أن تميز على أساس اختلاف درجة المرونة عليها بين المستهلكين المختلفين لها. فمثلا إذا لم توجد مصادر أخرى للطاقة مما يمكن معه رفع سعر

الكهرباء المستعمل لتلك الأغراض، ولكن بما أن باستطاعة الصناعات استعمال بديلة للطاقة، كالفحم أو النفط مثلا، فإن مرونة طلب الصناعة على الكهرباء ستكون كبيرة، مما يضطر معه السلطات الى فرض سعر أقل على مستعمليه الصناعيين.

4- ولمفهوم المرونة أهمية عملية كبيرة في حالات السلع التي يتم إنتاجها بصورة مشتركة، كاللحوم والصوف، والقطن وبذور القطن والتمر ونواة التمر مثلا، فلا تعرف في هذه الحالات تكاليف إنتاج كل سلعة بمفردها، لذلك يتم تحديد سعر كل منها على أساس مرونة الطلب عليها، فأسعار السلع ذات الطلب الضئيل المرونة كالصوف والقطن، تحدد على مستويات عالية، مقارنة بمتوجاتها الثانوية كاللحوم وبذور القطن التي توضع لها أسعار أقل بكثير نسبيا بسبب ارتفاع مرونة الطلب عليها.

5- وتلعب مرونة الطلب دورا مهما كذلك في تحديد أجور نوع معين من العمل فتستطيع نقابات العمال المطالبة بأجور أعلى للعمل الذي يكون الطلب عليه منخفض المرونة، وتكون أقل نجاحا في الحالات الأخرى، اذ تزداد مرونة الطلب على العمل.

6- وتدفع معرفة مرونة الطلب على السلعة المنتجين الى أنفاق مقدار كبير من مواردها على الإعلان عن منتجاتهم، ذلك أن الإعلان يجعل ذلك الطلب أقل مرونة من ذي قبل مما يمكنهم من رفع أسعارها دون أن يقلل ذلك من مبيعاتهم، ويقود ذلك الى ما يسمى (بالمرونة التعزيزية أو التشجيعية) التي تقيس مدى استجابة المبيعات الى التغيرات في النشاط الإعلاني وفي النفقات التعزيزية الأخرى، وتكون قاعدتها كما يأتي:

$$\text{المرونة التعزيزية} = \frac{\text{التغيرات في المبيعات}}{\text{مجموع المبيعات التشجيعية}} \times \frac{\text{مجموع النفقات التشجيعية}}{\text{التغيرات في النفقات}}$$

7- يلعب مفهوم المرونة أهمية كبيرة في بعض أنواع السياسات الحكومية بالنسبة لنشاطات معينة، فمثلا قد تمنح الحكومة عونا أو تعلن الحماية لصناعة وطنية معينة، إذا كان الطلب على المنتجات تلك الصناعة مرنا، مما يسمح

للمنافسين الأجانب التأثير على مبيعاتها في الداخل. لذلك قد تعمل الحكومة على مساعدتها بالمنح والحماية كي تستطيع تخفيض أسعار منتجاتها لمنافسة السلع الأجنبية المستوردة كما أن مفهوم المرونة مهم للحكومة عند دراستها للضرائب والرسوم الكمركية التي تفرضها على أستيراداتها وصادراتها من السلع والخدمات في مجال التجارة الخارجية، وكذلك في الأمور الخاصة بالعملة في سوق الصرف الأجنبية من حيث تخفيض أو رفع قيمتها فهي تعمل على فرض الضريبة على السلع التي تتميز بانخفاض مرونتها.

8- تشير مرونة الطلب الدخلية السالبة على سلعة ما، أنه عندما يزداد الدخل فأن الكمية المطلوبة والمشتراة منها تزيد.

9- إذا كانت مرونة الطلب الدخلية أكبر من الصفر وأقل من الواحد فإن السلعة تكون كمالية.

مصادر الفصل الثاني

1- أ. حسام داود، وآخرون، مبادئ الاقتصاد الجزئي، دار المسيرة للنشر   والتوزيع والطباعة، عمان، 2000.

2- أ. طاهر حيدر حردان، مبادئ الاقتصاد، دار المستقبل للنشر والتوزيع، عمان، 1997.

3- د. دومينيك سلفاتور، نظرية اقتصاديات الوحدة، سلسلة ملخصات شوم، دار ماكجروهيل للنشر، ترجمة د. سعد الشيال، الرياض،   1974.

4- د. كاظم جاسم العيساوي، د. محمود حسين الوادي، الاقتصاد الجزئي، دار المستقبل للنشر والتوزيع، عمان، 1999.

5- د. كريم مهدي الحسناوي، مبادئ علم الاقتصاد، مطبعة اوفسيت حسام، بغداد، 1990.

6- أ. عبد الحليم كراجة، وآخرون، مبادئ الاقتصاد الجزئي، الطبعة الثانية، دار صفاء للنشر والتوزيع، عمان، 2001.

7- د. عبد العزيز ياسين السقاف، الاقتصاد المبسط، الجزء الاول، المطبعة الشرقية، البحرين، 1988.

8- د. عبد المنعم السيد علي، مدخل في علم الاقتصاد، مديرية مطبعة الجامعة، الموصل، 1984.

9- د. محمد محمود النصر، د. عبد الله محمد شامية، مبادئ الاقتصاد الجزئي، الطبعة السادسة، دار الأمل، عمان، 2001.

10- د. محمد صالح القريشي، د. ناظم محمد نوري الشمري، مبادئ علم الاقتصاد، دار الكتب للطباعة والنشر، جامعة الموصل، 1993.

11- د. محمود حسن صوان، اساسيات الاقتصاد الجزئي، دار المناهج، عمان، 1999.

12- د. يعقوب سليمان، وآخرون، مبادئ الاقتصاد الجزئي، دار المسيرة للنشر والتوزيع والطباعة، عمان، 1999.

الفصل الثالث

العرض

- المبحث الأول: مفهوم العرض وقانونه ومنحناه

- المبحث الثاني: محددات العرض

- المبحث الثالث: مرونة العرض السعرية

المبحث الأول: مفهوم العرض وقانونه ومنحناه

أولاً: معنى العرض

هو عبارة عن جدول يبين الكميات المختلفة من السلعة التي يرغب ويستطيع المنتجـون عرضـها للبيع في السوق مقابل أسعار مختلفة خلال فترة زمنية محددة.

وكما رأينا عند الحديث عن الطلب، فإن العرض أيضا يجب أن يرتبط بفترة زمنيـة محـددة، مثـل شهر أو سنة، وأن يمثل رغبة مقرونة بالاستطاعة على إنتاج السلعة.

ثانياً: قانون العرض

ينص على إن هناك علاقة موجبة أو طردية بين سعر السلعة والكمية المعروضة من تلك السلعة مع بقاء الأشياء الأخرى ثابتة.

والسبب في ذلك لان ارتفاع الأسعار يعني زيادة الأرباح للبائع مما يدفعه إلى إنتاج وعرض المزيد من السلعة للبيع، وحتى إذا كانت التكاليف متزايدة فان ارتفاع الأسعار سوف يغطي التكاليف ويزيد عليها مما سيوجد حافزا للمنتج لزيادة إنتاجه وعرضه من السلعة.

ثالثاً: جدول العرض

يمكن توضيح قانون العرض من خلال جدول العرض رقم (9) لمنـتج واحـد للألعـاب، يلاحـظ مـن هذا الجدول ان هناك علاقة طردية بين السعر والكمية المعروضة، فكلما زاد سعر السـلعة كلـما اصبح البائع راغبا في بيع كمية اكبر منها، وكلما نقص سعر السلعة كلما رغب البائع في بيع كمية اقل، وهـذه العلاقة تتضح من خلال البيانات الواردة في الجدول (9)

جدول (9) جدول العرض

سعر السلعة (دينار)	الكمية المعروضة (لعبة)
10	21
8	18
6	15
4	12
2	9

فعندما يكون سعر السلعة (اللعبة) (8) دنانير فان البائع يرغب في عرض (18) لعبة وإذا زاد السعر إلى (10) دنانير فان البائع يرغب في عرض (12) لعبة، أما إذا انخفض السعر إلى (6) دنانير، فان الكمية التي يرغب البائع في عرضها هي (10) لعب فقط، ويطلق على هذه العلاقة الموجبة (قانون العرض) .

رابعاً: منحنى العرض لمنتج واحد

نستطيع أن نمثل جدول العرض السابق بالرسم على شكل منحنى موجب الميل، أي يميل من اسفل إلى أعلى وإلى اليمين، كما هو واضح في الشكل الآتي، ويطلق على هذا المنحنى (منحنى العرض الفردي).

ويعكس ميل منحنى العرض الموجب قانون العرض، الذي ينص على وجود علاقة مباشرة بين سعر السلعة والكمية المعروضة منها، فمثلاً عندما يكون السعر (4) دنانير تكون الكمية المعروضة (12) لعبة وعندما ينقص السعر إلى دينارين تنقص الكمية المعروضة إلى (9) لعب واذا زاد السعر إلى (6) دنانير فان الكمية المعروضة تزيد إلى (15) لعبة وهكذا.

الشكل (14)

منحنى العرض لمنتج واحد

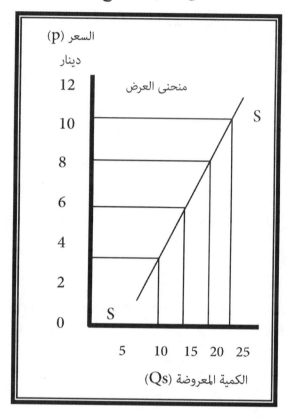

خامساً: منحنى عرض السوق

كما هو الحال بالنسبة لمنحنى الطلب، فان منحنى عرض السوق هو تجميع أفقي لمنحنيات العرض الفردية، أي تجميع الكميات المعروضة من قبل جميع المنتجين عند كل سعر، فعلى سبيل المثال، إذا كان هناك ثلاثة منتجين لسلعة معينة ولكل واحد منهم جدول عرض للسلعة خاص به، فإننا نشتق منحنى عرض السوق بتجميع الكميات المعروضة من قبل كل منتج أفقيا كما هو واضح في الجدول الآتي:

جدول (10)

جدول عرض السوق من سلعة ما (بافتراض ثلاثة منتجين)

السعر دينار P	الكمية المعروضة			
	المنتج الاول q1	المنتج الثاني q2	المنتج الثالث q3	جميع المنتجين Qs
10	6	8	4	18
9	4	7	3	14
8	2	6	2	10
7	صفر	5	1	6
6	صفر	4	صفر	4

وبالرسم نلاحظ ان منحنى عرض السوق هو تجميع أفقي لمنحنيات العرض الفردية، كما هو واضح من الشكل الآتي، ويتضح أن منحنى عرض السوق يتجه من أسفل إلى أعلى وإلى اليمين.

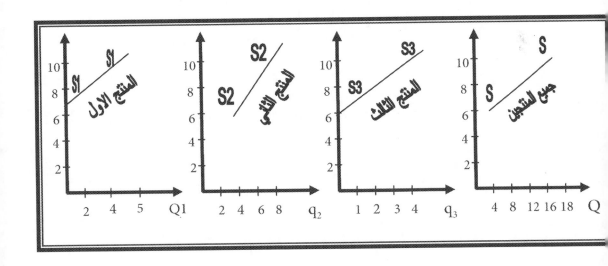

الشكل (15)

اشتقاق منحنى عرض السوق

المبحث الثاني: محددات العرض

ما هي العوامل التي قد تؤثر على عرض السوق لسلعة ما؟ وكيف يمكن ان يكون هذا التأثير؟ وكيف يختلف تأثيرها عن تأثير سعر السلعة؟

لا شك إن هناك مجموعة كبيرة من هذه العوامل، ولكننا سنكتفي هنا بذكر أهمها، وبالذات عدد البائعين، والتقنية المستعملة وأسعار عناصر الإنتاج، والضرائب والمعونات.

أولاً: عدد البائعين

طالما ان عرض السوق من سلعة معينة، هو مجموع عرض البائعين لهذه السلعة، فان زيادة عدد البائعين أو زيادة عرض أحدهم، سوف يؤدي إلى زيادة العرض من تلك السلعة، فعلى سبيل المثال، إذا زاد عدد البائعين من (100) بائع إلى (150) بائع فان جدول عرض السوق سوف يصبح كما مبين في الجدول الآتي:

جدول (11)

زيادة عرض السوق من الألعاب نتيجة لزيادة عدد البائعين

السعر دينار	الكمية المعروضة (لعبة)		
	لبائع واحد	للسوق (100) بائع	للسوق (150) بائع
2	9	900 = 100 x 9	1350 = 150 x 9
4	12	1200 = 100 x 12	1800 = 150 x 12
6	15	1500 = 100 x 15	2250 = 150 x 15
8	18	1800 = 100 x 18	2700 = 150 x 18
10	21	2100 = 100 x 21	3150 = 150 x 21

ويتضح من هذا الجدول ان جميع الكميات المعروضة قد زادت، وهذا ما نطلق عليه زيادة عرض السوق، من الألعاب ويتمثل ذلك بالرسم بانتقال منحنى عرض السوق إلى اليمين (اسفل) كما هو واضح من الشكل الآتي.

إذ يلاحظ ان منحنى (ss) يمثل منحنى العرض الأصلي للسوق، عندما كان عدد البائعين (100) بائع، بينما يمثل المنحنى (s1s1) منحنى العرض الجديد بعد زيادة عدد البائعين إلى (150) بائع أي زيادة العرض تعني ان منحنى العرض سوف ينتقل إلى اليمين (اسفل).

وليس من الصعب أن نبين كيف إن انخفاض عدد البائعين إلى (60) بائع مثلا، سوف يؤدي إلى نقص عرض السوق من السلعة، مما يعبر عنه بالرسم بانتقال منحنى عرض السوق إلى اليسار (أعلى).

الشكل (16)

انتقال منحنى العرض بفعل تغير عدد البائعين

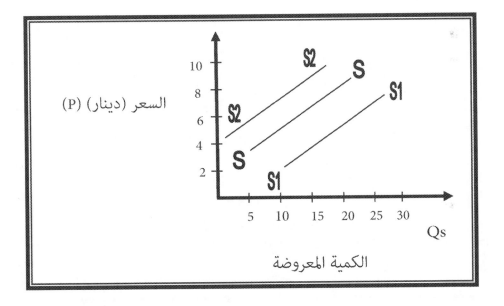

ثانياً: التقنية المستعملة

إن التقدم التقني المستعمل في الإنتاج يؤدي إلى نقص تكلفة الوحدات المنتجة، مما يجعل زيادة الإنتاج اكثر ربحية، مثال على ذلك استخدام مكائن حديثة، أو خطوط تجميع آلية، مما يؤدي إلى إنتاج وحدات اكثر بتكلفة اقل في نفس الفترة الزمنية، ومن ثم زيادة العرض من السلعة، وبالرسم فان ذلك يتمثل بانتقال منحنى العرض إلى اليمين، وبالعكس فان الحكومة قد تحدد إن بعض

أنواع التقنية المستخدمة حاليا له تأثيرات جانبية سلبية مثل زيادة التلوث أو الضجيج، ومن ثم تمنع استخدامها مما يؤدي بالمنتجين إلى استعمال تقنية اقل تقدما واكثر تكلفة، مما ينجم عنه نقص في عرض السلعة، وهو ما يتم تمثيله بالرسم عن طريق انتقال منحنى العرض إلى اليسار كما في الرسم أعلاه.

ثالثاً: أسعار عناصر الإنتاج

ان أي تغيير في أسعار عوامل الإنتاج المستخدمة في إنتاج سلعة ما، سيؤدي إلى زيادة أو نقص تكلفة إنتاج تلك السلعة، ومن ثم يؤثر على ربحيتها والعرض منها، فعلى سبيل المثال فان انخفاض أسعار المواد المستعملة في إنتاج سلعة ما، أو انخفاض أجور العمال أو ثمن المكائن ... الخ، سوف يؤدي إلى انخفاض تكلفة الإنتاج لتلك السلعة، ومن بعد سيكون من المربح إنتاج وعرض المزيد منها، ويمكن تمثيل هذه الزيادة في العرض عن طريق إزاحة منحنى عرض السوق إلى اليمين، وبنفس الأسلوب يمكن ان نبين التأثير السلبي لارتفاع أسعار عوامل الإنتاج على الأرباح مما سيؤدي إلى نقص العرض من السلعة، ومن بعد إنتاج منحنى عرض السوق إلى اليسار (أعلى).

رابعاً: الضرائب والمعونات (المساعدات)

تتدخل الحكومة أحيانا في النشاط الاقتصادي عن طريق فرض ضرائب على الإنتاج أو المبيعات، وأحيانا تقدم معونات للمنتجين لتشجيعهم على زيادة الإنتاج من سلعة معينة، ومن ناحية التأثير الاقتصادي، فإن المعونات تعد ضرائب سلبية أي إن تأثيرها هو عكس تأثير الضرائب تماما، فما هو تأثير الضرائب؟ إن زيادة الضرائب (أو تخفيض المعونات) هو بمثابة زيادة تكاليف إنتاج السلع والخدمات، التي تفرض عليها الضريبة، ومن بعد فإن لها تأثيرا سلبيا على الأرباح، مما يؤدي إلى تخفيض إنتاج تلك السلع والخدمات ونقص العرض منها، وبالرسم فإن زيادة الضرائب (أو تخفيض المعونات) يعني إزاحة منحني العرض إلى اليسار، وعلى عكس ذلك فإن تخفيض الضرائب (أو زيادة المعونات) يؤدي إلى زيادة عرض السلع التي تخضع للضريبة (أو المعونة) وهذا يعني إزاحة عرض السوق من السلعة إلى اليمين.

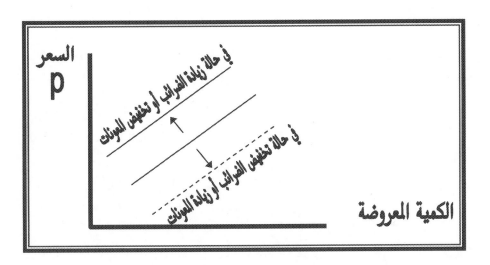

الشكل (17)

انتقال منحنى العرض بفعل تغير الضرائب والمعونات

التغير في العرض والتغير في الكمية المعروضة

بنفس الطريقة التي ميزنا فيها بين التغير في الطلب والتغير في الكمية المطلوبة، نستطيع هنا أن نميز بين التغير في العرض والتغير في الكمية المعروضة، فالتغير في الكمية المعروضة يعني زيادة أو نقص الكمية التي يعرضها المنتجون نتيجة للتغير في سعر السلعة نفسها، وبالرسم فإن ذلك يتمثل في الإنتقال من نقطة إلى أخرى على نفس منحني العرض دون إزاحة هذا المنحني، أي الإنتقال مثلا من نقطة C إلى نقطة A ثم إلى B نتيجة لزيادة الكمية المعروضة بفعل زيادة سعر هذه السلعة.

الشكل (18)

التغير في الكمية المعروضة

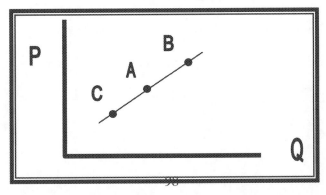

أما التغير في العرض فهو تغير في جدول الكميات، أي تغير جميع الكميات المعروضة مقابل الأسعار المختلفة، وذلك نتيجة لأي تغير في محددات العرض التي سبق ذكرها. وبالرسم فإن التغير في العرض يعني إزاحة العرض إلى اليمين (أسفل) أو إلى اليسار (أعلى). فمثلا ينتقل منحنى العرض إلى اليمين وإلى الأسفل في حالة - زيادة عدد البائعين للسلعة - تحسين في التقنية المستعملة في الإنتاج - وانخفاض أسعار عوامل الإنتاج - وانخفاض الضرائب أو زيادة المعونات الحكومية.

وينتقل أو يزاح منحنى العرض إلى الأعلى وإلى اليسار في حالة - انخفاض عدد البائعين للسلعة - واستعمال تقنية أقل تطورا وأكثر كلفة في الإنتاج - وارتفاع أسعار عوامل الإنتاج المستعملة - وارتفاع الضرائب أو تخفيض المعونات الحكومية.

شكل (19)

التغير في العرض

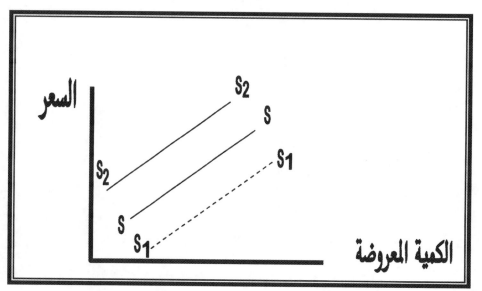

المبحث الثالث: مرونة العرض السعرية

كما لاحظنا سابقا إن طلب المستهلك يستجيب للتغيرات في السعر بدرجات مختلفة، وإن عرض المنتجين يستجيب للتغيرات في السعر بدرجات مختلفة أيضا، لذا فإن مرونة العرض هي درجة استجابة الكمية المعروضة للتغير في السعر، وتقاس بالتغير النسبي في الكمية المعروضة مقسوماً على التغير النسبي في السعر أي:

$$\text{مرونة العرض} = \frac{\text{التغير النسبي في الكميات المعروضة}}{\text{التغير النسبي في السعر}}$$

فإذا رمزنا لمرونة العرض بالرمز Es والكميات المعروضة بالرمز Qs وللسعر بالحر ف P فإن المرنة تصبح:

$$Es = \frac{\dfrac{\Delta Qs}{Qs}}{\dfrac{\Delta P}{P}} = \frac{\Delta Qs}{Qs} \times \frac{P}{\Delta P} = \frac{\Delta Qs}{\Delta P} \times \frac{P}{Qs}$$

أو

$$Es = \frac{(Qs_2 - Qs_1)}{(P_2 - P_1)} \times \frac{P_1}{Qs_1}$$

أولاً: درجات مرونة العرض السعرية

كما في حالة مرونة الطلب فإن مرونة العرض تتراوح درجات مرونتها بين الصفر وما لا نهاية وهي كالآتي:

فإذا كانت نسبة التغير في الكميات المعروضة أكثر من نسبة التغير في السعر، فأن مرونة العرض تكون أكثر من واحد صحيح، وفي هذه الحالة يوصف العرض بأنه عرض مرن.

أما إذا كانت نسبة التغير في الكميات المعروضة أقل من نسبة التغير في السعر، فأن مرونة العرض تكون اقل من واحد صحيح، وفي هذه الحالة يوصف عرض السلعة بأنه عرض غير مرن.

أما إذا كانت نسبة التغير في الكمية المعروضة تساوي نسبة التغير في السعر، فأن مرونة العرض تكون واحدا صحيحا، وفي هذه الحالة يوصف عرض السلعة بأنه عرض أحادي المرونة.

وفي حالة عدم تأثر الكمية المعروضة مطلقاً بتغيرات السعر أي ان التغير في الكمية المعروضة يساوي صفرا، وبالتالي فأن مرونة العرض السعرية تساوي صفرا أيضا ويوصف عرض السلعة في هذه الحالة بأنه عرض عديم المرونة.

وأخيرا عندما تكون الكمية المعروضة متناهية الاستجابة للتغير في السعر بحيث إن السعر يبقى ثابتا مهما تغيرت الكمية المعروضة وفي هذه الحالة تكون مرونة العرض السعرية ما لا نهاية ويوصف العرض بأنه عرض لانهائي المرونة.

الشكل (20)

درجات مرونات العرض

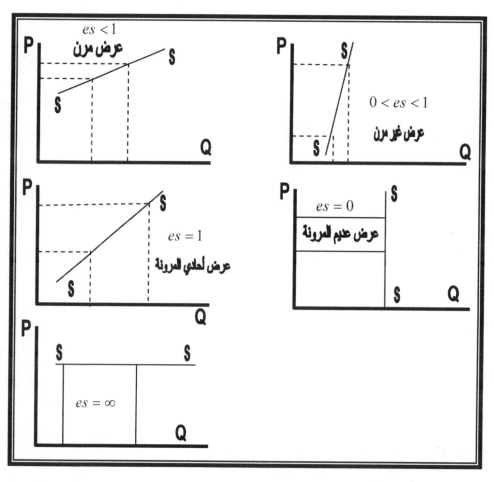

101

ثانياً: سعر التوازن (تفاعل العرض والطلب)

عندما يتفاعل جانبي السوق الطلب الذي يمثل رغبة المستهلكين في شراء السلعة، والعرض الذي يمثل رغبة المنتجين في بيع السلعة، يحدد السعر الذي تشترى وتباع به السلعة، فالطلب والعرض هما حسب تعبير ((الفرد مارشال)) كحديً المقص، تعملان معا لتحديد سعر السلعة، وكما ان حدا واحدا من حديً المقص لا يستطيع بمفرده ان يقطع القماش، فان طرفا واحدا من طرفي السوق سواءا الطلب أو العرض لا يستطيع بمفرده ان يحدد السعر، ففي الشكل الآتي يلاحظ ان نقطة تقاطع منحني الطلب والعرض هي النقطة التي تمثل سعر التوازن السوقي وهو (7) دنانير، فالكمية المطلوبة هي (1000) وحدة وان الكمية المعروضة هي (1000) وحدة أيضا لذا عند السعر (7) دنانير تكون الكمية التي يرغب المستهلكون شراءها هي نفس الكمية التي يرغب المنتجون بيعها، وبعبارة أخرى عند السعر (7) دنانير تتساوى الكمية المطلوبة مع الكمية المعروضة، فإذا افترضنا ان السعر ارتفع إلى (9) دنانير بدلا من (7) عند هذا السعر يرغب المستهلكون شراء (400) وحدة بينما يرغب البائعون بيع (1450) وحدة وفي هذه الحالة تكون الكمية المعروضة قد تجاوزت الكمية المطلوبة بـ(1050) وحدة ويقال ان هناك فائض عرض، وكلما ارتفع السعر ارتفع فائض العرض، أما إذا افترضنا ان السعر انخفض عن (7) دنانير واصبح دينارين، فعند هذا السعر يرغب المستهلكون شراء (1850) وحدة

بينما يرغب المنتجون بيع (200) وحدة وفي هذه الحالة تكون الكمية المطلوبة اكثر من الكمية المعروضة، أي ان هناك فائض طلب يقدر بـ(1650) وحدة، أي عند جميع الأسعار التي هي دون (7) دنانير تكون الكميات المطلوبة متجاوزة الكميات المعروضة وهذا يعني انه كلما انخفض السعر ارتفع فائض الطلب .

جدول (12)

التوازن بين الكمية المعروضة والكمية المطلوبة

الكمية المعروضة	الكمية المطلوبة	السعر
100	2000	1
200	1850	2
350	1700	3
500	1550	4
750	1400	5
800	1200	6
1000	1000	7
1200	700	8
1450	400	9

الشكل (21)

سعر التوازن تفاعل العرض والطلب

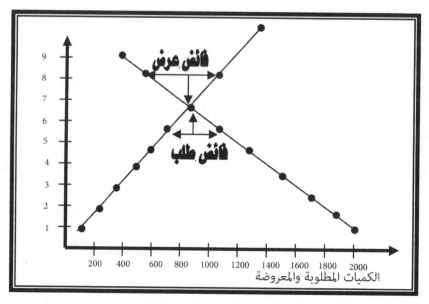

عندما يكون هناك فائض عرض فان سعر السوق سوف ينخفض لان المنتجين سيكونون غير قادرين على بيع بعض سلعهم، لذا يلجئون إلى تخفيض أسعارها، أما المشترون وعند ملاحظتهم للسلع الوفيرة غير المباعة نجدهم يعرضون أسعارا منخفضة، ولهذا السبب أو لكلا السببين فان الأسعار لابد ان تنخفض وهذا ما يوضحه اتجاه السهم في الشكل أعلاه، الذي يشير إلى الضغط إلى الأسفل على الأسعار التي تتجاوز (7) دنانير، أما عندما يكون هناك فائض طلب، فان سعر السوق سوف يرتفع لأن المشترين سيكونون غير قادرين على تحقيق جميع ما يطلبونه، لذا يبدءون بعرض سعر أعلى، ويحاولون الحصول على اكثر مما هو متوفر من السلع، أما العارضون فانهم يبدءون بالمطالبة بأسعار أعلى للكميات التي يعرضونها، ولهذا السبب أو لكلا السببين، فان الأسعار سوف ترتفع في حالة تجاوز الطلب للعرض، وهذا يمكن توضيحه بالسهم الذي يشير اتجاهه إلى رفع السعر إلى الأعلى لجميع حالات السعر التي تقل عن (7) دنانير، وبناءا على ما تقدم يمكن القول بان أي سعر أعلى من (7) دنانير يميل للانخفاض، وان أي سعر اقل من (7) دنانير يميل للارتفاع، أما عند السعر (7) دنانير فليس هناك فائض في الكميات المطلوبة تخلق نقصا، ولا فائض في الكميات المعروضة تخلق وفرة، إنما تكون الكميات المعروضة مساوية للكميات المطلوبة، كما ليس هناك ميل في السعر لتغيير هذا السعر يطلق عليه سعر التوازن.

فسعر التوازن، إذن هو السعر الذي يتقاطع عنده منحنيا العرض والطلب وهو الذي تتساوى عنده الكميات المطلوبة والكميات المعروضة وعند هذا السعر لن يكون هناك فائض أو نقص، وحالة التوازن تحصل عندما يرغب الطالبون بشراء الكمية نفسها تلك التي يرغب العارضون بيعها، وبما انه لا يوجد فائض عرض ولا فائض طلب، فلن يكون هناك سبب لتغير السعر، وعندما يكون الطلب مساويا للعرض نقول ان السوق في حالة توازن، أما عندما لا يتساوى العرض والطلب نقول ان السوق في حالة عدم توازن.

مصادر الفصل الثالث

1- أ. حسام داود، وآخرون، مبادئ الاقتصاد الجزئي، دار المسيرة للنشر   والتوزيع والطباعة، عمان، 2000.

2- أ. طاهر حيدر حردان، مبادئ الاقتصاد، دار المستقبل للنشر والتوزيع، عمان، 1997.3- د. دومينيك سلفاتور، نظرية اقتصاديات الوحدة، سلسلة ملخصات   شوم، دار ماكجروهيل للنشر، ترجمة د. سعد الشيال، الرياض، 1974.

4- د. كاظم جاسم العيساوي، د. محمود حسين الوادي، الاقتصاد الجزئي،   دار المستقبل للنشر والتوزيع، عمان، 1999.

5- د. كريم مهدي الحسناوي، مبادئ علم الاقتصاد، مطبعة اوفسيت حسام، بغداد، 1990.6- أ. عبد الحليم كراجة، وآخرون، مبادئ الاقتصاد الجزئي، الطبعة   الثانية، دار صفاء للنشر والتوزيع، عمان، 2001.

7- د. عبد العزيز ياسين السقاف، الاقتصاد المبسط، الجزء الأول، المطبعة   الشرقية، البحرين، 1988.

8- د. عبد المنعم السيد علي، مدخل في علم الاقتصاد، مديرية مطبعة   الجامعة، الموصل، 1984.

9- د. محمد محمود النصر، د. عبد الله محمد شامية، مبادئ الاقتصاد الجزئي، الطبعة السادسة، دار الأمل، عمان، 2001.

10- د. محمد صالح القريشي، د. ناظم محمد نوري الشمري، مبادئ علم الاقتصاد، دار الكتب للطباعة والنشر، جامعة الموصل، 1993.

11- د. محمود حسن صوان، أساسيات الاقتصاد الجزئي، دار المناهج، عمان، 1999.

12- د. يعقوب سليمان، وآخرون، مبادئ الاقتصاد الجزئي، دار المسيرة للنشر والتوزيع والطباعة، عمان، 1999.

الفصل الرابع

النظرية الكلاسيكية لسلوك

المستهلك (نظرية المنفعة)

- المبحث الثاني: توازن المستهلك في ظل نظرية المنفعة

المبحث الأول: مفهوم المنفعة وأنواعها

أولاً: تعريف المنفعة

المنفعة هي مقدار الإشباع المتحقق نتيجة لاستهلاك كمية محدودة من سلعة معينة، أو هـي قدرة السلعة على إشباع حاجة المستهلك عند استهلاكة لكمية محدودة من تلك السلعة.

ثانياً: نظرية المنفعة وفرضياتها

تبلورة فكرة المنفعة كأسلوب لتحليل سلوك المستهلك في الربع الأخير من القرن التاسـع عشرـ إذ تحاول هذه النظرية دراسة سلوك المستهلك، الذي يسعى الى تخصيص ما لديه من دخل نقدي محـدد على مجموعة من السلع والخدمات، التي يرغب الحصول عليها خلال فترة زمنيـة معينـة، ويحقـق مـن خلالها على أقصى إشباع ممكن، أي يصل الى حالة التوازن.

وتحاول نظرية المنفعة الكلاسيكية، قياس مستوى الإشباع الـذي يتحقـق لـدى المسـتهلك، عند استهلاكه لوحدات متتالية من سلعة معينة أو خدمة ما قياسا كميا بوحدات منفعة تسمى (يوتلز Utils) خلال فترة زمنية معينة، وتختلف وحدة قياس المنفعة هذه عن المقاييس الأخـرى، مثل مقيـاس المساحة ومقياس الأحجام، بأنه مقياس غير مادي وغير موضوعي ويختلف من شخص لأخر، ومـن فـترة زمنية الى أخرى لـنفس الشـخص، فهو مبنـي عـلى التقيـيم الشخصيـ لمقدار الإشباع والإحسـاس عند استهلاك وحدات متتالية من سلعة معينة أو خدمة ما، وهـذا يختلف بطبيعـة الحـال مـن مسـتهلك لأخر، فمقدار الإشباع الذي يحصل عليه أحمد مثلا من تناول صحن ما أو أكل قدر معين مـن الفاكهـة، يختلف عن مقدار الإشباع الذي يحصل عليه زميله علي من تناول نفس الصحن أو أكل نفس القدر من الفاكهة. وتقوم نظرية المنفعة الكلاسيكية على عدة فرضيات هي:

1- أن المستهلك يسلك سلوكا رشيدا أو عقلانيا، أي أن المستهلك يهدف الى الوصول الى أكبر قدر من الرفاه (المنفعة) من خلال استهلاك وحدات متتالية من سلعة معينة أو خدمة ما في حدود إمكانياته.

2- أن أذواق المستهلك وتفضيلاته ثابتة خلال فترة دراسة سلوكه، أي أنه إذا فضل السلعة A على السلعة B فإنه سيستمر على ذلك حتى نهاية الدراسة.

3- أن دخل المستهلك محدود وينفقه جميعه على شراء السلع والخدمات لتحقيق أكبر من قدر من الإشباع.

4- أن دخل المستهلك يعد واحدا من بين عدد كبير من المشترين، أي أنه لا يستطيع التأثير من خلال مشترياته على الأسعار.

ثالثاً: المنفعة الكلية

تعريف المنفعة الكلية بأنها مجموع المنافع التي يحصل عليها الفرد من استهلاكه لوحدات متتالية من سلعة معينة أو خدمة ما خلال فترة زمنية معينة، والطبيعي انه كلما ازدادت الكميات التي يستهلكها الفرد من سلعة أو خدمة معينة، إزداد الإشباع الكلي أو المنفعة الكلية، وهذه الزيادة في المنفعة الكلية لن تستمر الى ما لا نهاية، وأنما تستمر في الزيادة الى حد معين وهو الحد الأقصى للإشباع، ثم بعد ذلك تأخذ المنفعة الكلية بالتناقص لو أستمر المستهلك بتناول وحدات متتالية من السلعة المستهلكة نفسها.

ولتوضيح مفهوم المنفعة الكلية (Tu) نفترض أن هناك شخص ما يقوم باستهلاك وحدات متتالية من سلعة معينة كالبرتقال مثلا والجدول والشكل يوضحان العلاقة بين الكميات المستهلك والمنفعة الكلية.

جدول (13)

المنفعة الكلية والمنفعة الحدية

المنفعة الحدية Mu	المنفعة الكلية Tu	الوحدات المستهلكة Q
-	0	0
4	4	1
10	14	2
6	20	3
4	24	4
2	26	5
0	26	6
-2	24	7

الشكل (22)

منحنى المنفعة الكلية Tu

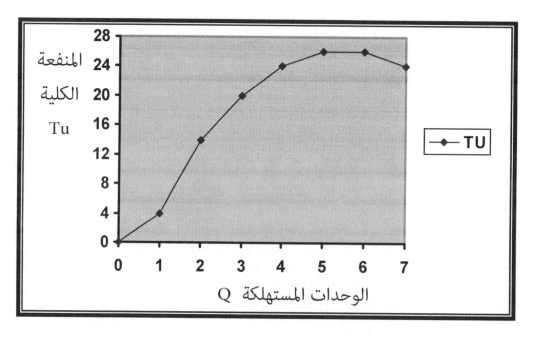

ويوضح العمود الثاني من الجدول (13) المنفعة الكلية (Tu) التي يحصل عليها المستهلك من استهلاكه لوحدات متتالية من سلعة البرتقال، ويتبين من الجدول والشكل، أن المنفعة الكلية التي يحصل عليها هذا الشخص، تتجه نحو الزيادة كلما ازداد استهلاكه من البرتقال، فالمنفعة الكلية ازدادت من (4) وحدات الى (14) وحدة ثم الى (20) وحدة مع زيادة الوحدات المستهلكة من واحدة الى اثنتين ثم الى ثلاث برتقالات، وتصل المنفعة الكلية الى أقصاها عند استهلاكه للبرتقالة الخامسة، إما البرتقالة السادسة فهي لا تضيف شيا للمنفعة الكلية عند استهلاكه، وإذا استمر بالاستهلاك وتناول الوحدة السابعة من البرتقال، فإن المنفعة الكلية ستتجه نحو التناقص من (26) وحدة منفعة الى (24) وحدة منفعة.

ويمكن تمثيل الجدول (13) بيانيا في شكل منحنى، كما هو موضح في الشكل (22) إذا يلاحظ أن منحنى المنفعة الكلية ذو ميل موجب في مرحلة زيادة الاستهلاك من البرتقالة الأولى الى البرتقالة الخامسة، وهذا يشير الى تزايد المنفعة الكلية مع زيادة الاستهلاك، ثم يكون ميله مساويا للصفر عند استهلاك الوحدة السادسة، لأنها لا تضيف شيئا الى المنفعة الكلية، ويكون المستهلك عندها قد وصل الى الحد الأقصى للإشباع، إما بعد ذلك فيكون ميل منحنى المنفعة الكلية سالبا، بمعنى أن زيادة الاستهلاك تقترن بانخفاض المنفعة الكلية.

رابعاً: المنفعة الحدية

تعرف المنفعة الحدية بأنها مقدار التغير في المنفعة الكلية نتيجة للتغير في استهلاك السلعة بمقدار وحدة واحدة خلال فترة زمنية معينة، ويمكن حساب المنفعة الحدية من خلال قسمة التغير في المنفعة الكلية على التغير في الكمية المستهلكة من سلعة معينة، أي أن:

$$\text{المنفعة الحدية} = \frac{\text{التغير في المنفعة الكلية}}{\text{التغير في الكمية المستهلكة}}$$

$$Mu = \frac{\Delta Tu}{\Delta Q} = \frac{(Tu_2 - Tu_1)}{(Q_2 - Q_1)}$$

112

إذ إن:

Δ Tu = التغير في المنفعة الكلية.

Δ Q = التغير في الكمية المستهلكة.

Tu_1 = المنفعة الكلية اللاحقة.

Tu_2 = المنفعة الكلية السابقة.

Q_1 = الكمية المستهلكة اللاحقة.

Q_2 = الكمية المستهلكة السابقة.

والعمود الثالث من الجدول (13) يوضح المنفعة الحدية، عند مستويات استهلاك مختلفة، اذ يلاحظ ان المنفعة الحدية (Mu) في البدء اخذت بالزيادة من (4) وحدات الى (10) وحدات، ثم بعدها اخذت بالتناقص من (10) الى (6) الى (4) الى (2) ثم وصول المنفعة الحدية الى (الصفر) عند استهلاك الوحدة السادسة، واذا استمر المستهلك بزيادة الاستهلاك بعد الوحدة السادسة، فان المنفعة الحدية تكون سالبة.

ويمكن تمثيل المنفعة الحدية بيانيا كما في الشكل (23) والذي يصل الى اقصى مستوى له عند استهلاك الوحدة الثانية، ثم يأخذ بالتناقص مع زيادة الاستهلاك، حتى يقطع المحور الأفقي، عند استهلاك الوحدة السادسة، وتكون عندها المنفعة الحدية مساوية للصفر، ومع استمرار الاستهلاك يكون منحنى المنفعة الحدية تحت المحور الأفقي، لأن المنفعة الحدية عند هذه المرحلة تكون قيمتها سالبة.

الشكل (23)

منحنى المنفعة الحدية Mu

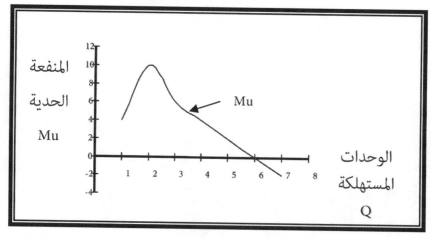

خامساً: العلاقة بين المنفعة الكلية والمنفعة الحدية

توجد علاقة وثيقة بين المنفعة الكلية (Tu) والمنفعة الحدية (Mu)، اذ يمكن التوصل الى المنفعة الحدية من خلال المنفعة الكلية، وكما هو واضح في الجدول (13) والشكل. وتتلخص العلاقة بينهما كما يأتي:

1- عنـــدما تكـــون المنفعـــة الكليـــة متزايـــدة بمعـــدل متزايـــد، فــان المنفعـــة الحديـــة تكون متزايدة ايضا، ويتبين ذلك من الجدول والشكل من البرتقالة الاولى الى البرتقالة الثانية.

2- عندما تكون المنفعة الكلية متزايدة بمعدل متناقص، فان المنفعة الحدية متناقصة، ويتضح ذلك من الجدول والشكل بين البرتقالة الثانية والبرتقالة الخامسة.

3- عندما تصل المنفعة الكلية الى حدها الاقصى، تكون المنفعة الحدية   تساوي صفرا، ويتضح ذلك من الجدول والشكل عند استهلاك البرتقالة السادسة.

4- عندما تكون المنفعة الكلية متناقصة، تكون المنفعة الحدية سالبة، ويتضح من الجدول والشكل عند استهلاك كمية من البرتقال اكثر من ستة برتقالات.

الشكل (24)

العلاقة بين المنفعة الكلية Tu والمنفعة الحدية Mu

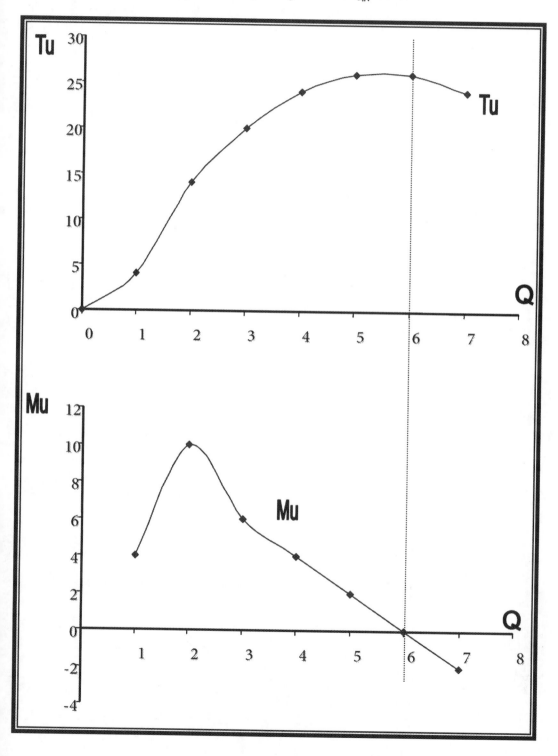

المبحث الثاني: توازن المستهلك في ظل نظرية المنفعة

يقصد بتوازن المستهلك، هو وصول المستهلك الى اقصى- اشباع ممكن من استهلاك وحدات متتالية من سلع معينة، ضمن حدود دخله النقدي واسعار تلك السلع السائدة في السوق.

ويتحقق توازن المستهلك اذا توفر الشرطين الآتيين:

الشرط الأول:

ان تكون المنفعة الحدية للانفاق للسلعة (x) = المنفعة الحدية للانفاق للسلعة (y) = المنفعة الحدية للانفاق للسلعة (z) = ... وهكذا.

المنفعة الحدية للانفاق = $\frac{\text{المنفعة الحدية للسلعة}}{\text{سعر السلعة}}$

$$MUE = \frac{Mu}{P}$$

أي إن:

$\frac{\text{المنفعة الحدية للسلعة (x)}}{\text{سعر السلعة (x)}}$ = $\frac{\text{المنفعة الحدية للسلعة (y)}}{\text{سعر السلعة (y)}}$

$$\frac{MU_y}{P_y} = \frac{MU_x}{P_x}$$

الشرط الثاني:

ان يكون مجموع الانفاق على السلع يساوي مجموع الدخل النقدي.

أي إن:

الكمية المشتراة من السلعة (X)× سعر الوحدة الواحدة منها + الكمية المشتراة من السلعة

(y)× سعر الوحدة الواحدة منها = مجموع الدخل النقدي.

أي إن:

$$I = P_y \cdot Q_y + P_x \cdot Q_x$$

ويمكن الاعتماد على الامثلة الآتية لتوضيح حالة التوازن:

مثال:

اذا كان الدخل النقدي لمستهلك ما هو (100) دينار قام بانفاقه بكامله على سـلعتين (x) و (y)، وان سعر الوحدة الواحدة من السلعة (x) يساوي (10) دنانير، وسعر الوحدة الواحدة مـن السـلعة (y) يساوي (20) دينار، المطلوب تحديد الوضع التـوازني للمستهلك، اذا علمـت ان الكمية المسـتهلك مـن السلعتين ومستويات المنفعة الحدية لهما كانت كما في الجدول الآتي:

جدول (14)

المنفعة الحدية والمنفعة الحدية للانفاق

المنفعة الحدية للانفاق MUE_y	المنفعة الحدية MU_y	المنفعة الحدية للانفاق MUE_x	المنفعة الحدية MU_x	الكمية المستهلكة Q
1.2	24	2	20	1
1.1	22	1.9	19	2
1	20	1.8	18	3
0.9	18	1.6	16	4
0.8	16	1.4	14	5
0.1	14	1.1	11	6
0.6	12	0.8	8	7
0.5	10	0.4	4	8
0.4	8	0	0	9

الحل:

حتى يحقق المستهلك توازنه ويحصل على اكبر منفعة ممكنة، لابـد مـن تـوفر الشـرطين الآتيـين: الأول، ان يحصل على اكبر منفعة ممكنة من كل وحدة نقدية منفقة، والثاني، ان لا يزداد الانفاق الكـلي على السلعتين (x) و (y) على الدخل النقدي للمستهلك.

بالنسبة للشرط الأول: ينبغي على المستهلك ان يبدأ بانفاق دخله على السلعة التـي تعطيـه اكبر منفعة ممكنة لكل وحدة نقدية منفقة لذا فانه يبدأ بالانفاق على السلعة (x) لان الوحـدة الاولى منهـا تعطيه منفعة حدية مقدارها (2) مقارنة بما تعطيه السلعة (y) من منفعة حدية مقدارها (1.2)، وانـه سيستمر بالانفاق على السلعة (x)، ويستهلك اضافة الى الوحدة الاولى الوحدة الثانية والثالثـة والرابعـة والخامسة منها، اما الوحدة السادسة فسيستهلكها مـن السـلعة (y) لأنها تعطيـه منفعـة حديـة أكبر ومقدارها (1.2) مقارنة بما تعطيه السلعة (x) ومقدارها (1.1)، اما الوحدة السابعة فان المستهلك مخير بين انفاق الدخل المتبقي على السـلعة (x) او السـلعة (y)، لان كلاهمـا تعطيـه نفس المنفعـة الحديـة للانفاق وهي (1.1)، واذا افترضنا ان المستهلك اختار الوحدة السابعة من السلعة (y)، ثم انه سـيختار انفاق دخله المتبقي على السلعة (x) لانه تعطيه منفعة حدية للانفاق ومقدارها (1.1) وهي اكـبر ممـا تعطيه السلعة (y) ومقدارها (1).

وعند هذا المستوى من الانفاق يكون المستهلك قـد حقـق الشرط الاول، وهـو تسـاوي المنافـع الحدية للانفاق بين السلعتين، وكذلك حقق الشرط الثاني، وهـو تسـاوي مجمـوع الانفـاق مـع مجمـوع الدخل، وكما يأتي:

الشرط الأول:

$MUE_x = MUE_y$

$1.1 = 1.1$

$$\frac{MU_x}{Px} = \frac{MU_y}{Py} = \frac{11}{10} = \frac{22}{20} = 1.1 = 1.1$$

118

الشرط الثاني:

$$I = P_y . Q_y + P_x . Q_x$$

$$100 = 20.2 + 10.2$$

$$100 = 40 + 60$$

$$100 = 100$$

وهذا يعني ان المستهلك يحقق حالة التوازن، أي يحقق اقصى منفعة ممكنة، ضمن حدود دخله واسعار السلعتين، اذا اشترى من السلعة (x) (6) وحدات ومن السلعة (y) وحدتين.

مثال آخر:

اذا علمت ان مستهلكا دخله كان (27) دينار وانه يرغب باستهلاك سلعتين هما، (x) و (y) سعر الوحدة الواحدة من السلعة (x) يساوي (3) دنانير وسعر الوحدة الواحدة من السلعة (y) يساوي (5) دنانير وان الكميات المستهلكة من السلعتين (x) و (y) والمنافع الحدية لهما كانت كما في الجدول الآتي، المطلوب تحديد المستوى التوازني للمستهلك.

جدول (15)

توازن المستهلك في ظل نظرية المنفعة

الكمية المستهلكة Q	المنفعة الحدية MU_x	المنفعة الحدية للانفاق MUE_x	المنفعة الحدية MU_y	المنفعة الحدية للانفاق MUE_y
1	27	9	40	8
2	24	8	35	7
3	21	7	30	6
4	18	6	25	5
5	15	5	20	4
6	12	4	15	3
7	9	3	10	2
8	6	2	5	1

الحل:

يحقق المستهلك توازنه، اذا انفق دخله على شراء (4) وحدات من السلعة (x) و(3) وحدات من السلعة (y)، لان هذا الانفاق يؤدي الى تحقيق شرطي التوازن وهما:

الشرط الأول:

$MUE_x = MUE_y$

$6 = 6$

أو

$$\frac{Mu_x}{Px}=\frac{Mu_y}{Py}=\frac{18}{3}=\frac{30}{5}=6=6$$

الشرط الثاني:

$$I = P_y . Q_y + P_x . Q_x$$

$$27 = 3.\ 4 + 5.\ 3$$

$$27 = 12 + 15$$

$$27 = 27$$

وهذا يعني ان المستهلك يحقق توازنه اذا اشترى من السلعة (x) (4) وحدات ومن السلعة (y) (3) وحدات.

المبحث الثالث: الانتقادات الموجهة لنظرية المنفعة

ان هذه النظرية على الرغم من سلامة الأسس التي بنيت عليها، وبالرغم من انها استطاعت ان تحلل سلوك المستهلك وهو يقوم بإنفاق دخله النقدي المحدود لشراء السلع المختلفة، وكيف يتحدد وضعه التوازني، أي الوصول الى أقصى أشباع ممكن، استنادا الى إمكانياته، كما أن هذه النظرية ساعدت على توضيح الخلفية النظرية لمنحنى الطلب ألا أنها واجهت بعض الانتقادات اهمها ما يأتي:

1- أن عدم قابلية بعض السلع للتجزئة أو التقسيم تجعل عملية المقارنة بين المنفعة الحدية للوحدات المتتالية المستهلكة من سلعة ما عملية غير ممكنة، فبعض السلع تم شراؤها كوحدة واحدة وتأتي منفعتها من كونها كذلك، فالسيارة والمنزل وغيرها من السلع المعمرة التي يشتريها المستهلك لا يمكن تجزئتها وبالتالي لا يمكن تقدير المنفعة الحدية للدينار الواحد منها، مما يعني أن نظرية المنفعة الحدية المبينة على استهلاك وحدات صغيرة ومتتالية من السلعة لا تنطبق على مثل هذه السلع ذات الاستعمال الطويل المدى أو المعمرة.

2- تفترض النظرية إمكانية قياس المنفعة كميا، ولكن في الواقع فإن الشعور بالإشباع أو السعادة أو الرضى أو الألم أو غيرها من الأمور التي يغلب

عليها طابع الشعور بالاحساس، لا يمكن التعبير عنها أو قياسها كميا بمقياس متفق عليه كما تقاس المسافة أو الوزن فهي تقييم شخصي لمدى شعور لمستهلك، وهذا التقييم يختلف من شخص لآخر، وبالتالي فإن التحليل السابق المبني على افتراض قياس المنفعة كميا أصبح عرضة للانتقاد مما أدى الى ظهور نظريات بديلة لمعالجة ذلك الخلل.

3- لقد افترض الكلاسيك في تحليلهم السلوك المستهلك، أن المستهلك يسلك سلوكا عقلانيا، بينما واقع الحال يشير الى ظهور الكثير من المؤثرات التي أخذت تؤثر على ذلك السلوك وتبعده عن السلوك العقلاني الرشيد، كالمحاكاة والتقليد والدعاية والاعلان والعادات والتقاليد الاجتماعية.

4- اكدت على جانب الطلب واهملت جانب العرض.

مصادر الفصل الرابع

1- أ. حسام داود، وآخرون، مبادئ الاقتصاد الجزئي، الطبعة الثانية، دار المسيرة للنشر والتوزيع والطباعة، عمان، 2002.

2- د. كاظم جاسم العيساوي، د. محمود حسين الوادي، الاقتصاد الجزئي، دار المستقبل للنشر والتوزيع، عمان، 1999.

3- د. كريم مهدي الحسناوي، مبادئ علم الاقتصاد، مطبعة اوفسيت - حسام، بغداد، 1990.

4- د. دومينيك سلفاتور، نظرية اقتصاديات الوحدة، سلسلة ملخصات شوم، ترجمة د. سعد الشيال، دار ماكجروهيل للنشر، الرياض، 1974.

5- أ. عبد الحليم كراجة، وآخرون، مبادئ الاقتصاد الجزئي، الطبعة الثانية، دار صفاء للنشر والتوزيع، عمان، 2001.

6- د. محمود حسن صوان، اساسيات الاقتصاد الجزئي، دار المناهج، عمان، 1999.

7- د. محمد محمود النصر، د. عبد الله محمد شامية، مبادئ الاقتصاد الجزئي، الطبعة السادسة، دار الأمل، الأردن، 2001.

8- د. يعقوب سليمان، وآخرون، مبادئ الاقتصاد الجزئي، دار المسيرة للنشر والتوزيع والطباعة، الاردن، 1999.

الفصل الخامس

نظرية منحنيات السواء

- المبحث الأول: مفهوم منحنى السواء وخصائصه
- المبحث الثاني: خط الميزانية (خط الدخل)
- المبحث الثالث: توازن المستهلك في ظل نظرية منحنيات السواء

نظرية منحنيات السواء Indifference curve Theory

نظرا للانتقادات الكثيرة التي واجهت نظرية المنفعة (الأسلوب التقليدي) لتحليل سلوك المستهلك خاصة ما يتعلق بصعوبة قياس المنفعة كميا، وعدم قابلية بعض السلع على التجزئة أو التقسيم، مما دفع بعض الاقتصاديين من امثال الاقتصادي هيكس (Hicks) والاقتصادي ألن (Allen) والاقتصادي أدجورث (Edgeworth) والاقتصادي باريتو (Pareto) الى تطوير مدخل جيد لتحليل سلوك المستهلك، يصل الى نفس نتائج التحليل التقليدي الكمي، دون ان يتطلب ذلك ضرورة القياس العددي الكمي للمنفعة، وهو ما يعرف بالمفهوم الترتيبي للمنفعة (Ordinal Utility)، وقد تبلور هذا المدخل الى نظرية منحنيات السواء.

المبحث الأول: مفهوم منحنى السواء وخصائصه

أولاً: مفهوم منحنى السواء

هو عبارة عن مجموعة من النقاط تحقق للمستهلك نفس القدر من الإشباع أو الرضا أو المنفعة عند أخذه توليفات مختلفة من السلعتين ولتكن (X) و (Y)، ومن هنا جاءت تسمية منحنى السواء بهذا الاسم.

ويمكن توضيح منحنى السواء اكثر من خلال المثال الآتي:

فلو فرضنا اننا قدمنا الى مستهلك معين سلعتين هما (X) و (Y)، وطلبنا منه ان يعطينا المجموعات المختلفة من السلعتين (X) و (Y) التي لو استهلكهما لأعطته نفس المستوى من الإشباع، الذي يحصل عليه عند استهلاكه لكل مجموعة، فانه قد يعطينا عدة مجموعات تحقق له نفس المنفعة، مثل المجموعة (A) والمتكونة من (6) وحدات من السلعة (X)، ووحدة واحدة من السلعة (Y)، والمجموعة (C) تتكون من وحدتين من السلعة (X) و (3) وحدات من السلعة (Y)، والمجموعة (D) تتكون من وحدة ونصف الوحدة من السلعة (X) و (4) وحدات من السلعة (Y)، ويمكن تلخيص هذه المجموعات في جدول السواء ومنحنى السواء، وكما يأتي:

جدول (16)

جدول السواء

المجموعة	عدد الوحدات من السلعة X	عدد الوحدات من السلعة Y
A	6	1
B	3	2
C	2	3
D	1.5	4

الشكل (25)

منحنى السواء

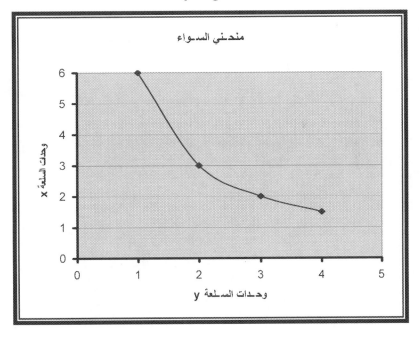

ويلاحظ إن جميع المجموعات الموجودة في جدول السواء، والتي عند تسقيطها نحصل على منحنى السواء، الذي يعطي نفس القدر من المنفعة للمستهلك، أي إن المجموعة (A) تعطي نفس الإشباع الذي تعطيه (B) وكذلك المجموعة (C) والمجموعة (D) .

ثانياً: خريطة السواء

هي عبارة عن مجموعة من منحنيات السواء التي تمثل المستويات المختلفة لإشباع المستهلك، إذ
إن كل منحنى منها يعبر عن مستوى واحد من الإشباع أو المنفعة، وكلما انتقل المستهلك من منحنى
سواء إلى منحنى سواء أعلى دل ذلك على تحقيق إشباع أكبر مقارنة بمنحنى السواء الأدنى، أي إن الإشباع
أو المنفعة تزداد كلما انتقل المستهلك من منحنى سواء إلى منحنى سواء أعلى، وكما في الشكل التالي،
الذي يلاحظ منه إن منحنى السواء (ID_2) يعطي إشباعا أكبر للمستهلك من منحنى السواء (ID_1) لأنه
أما أن يستخدم وحدات أكبر من كلتي السلعتين (x) و(y) أو من إحداهما مع ثبات الوحدات الأخرى.

الشكل (26)

خارطة السواء

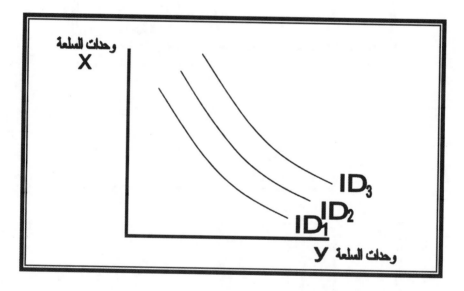

ثالثاً: خصائص منحنيات السواء

تتميز منحنيات السواء بالخصائص الآتية:

1- إن منحنى السواء ينحدر من أعلى اليسار إلى أسفل اليمين إي إن ميله سالبا: وذلك لأن
المستهلك كلما أراد وحدات إضافية من السلعة (y) وجب عليه أن يضحي بقدر من السلعة الأخرى
(x) من أجل أن يبقى على نفس

المستوى من الإشباع، وهذا الوضع يجعل منحنى السواء يأخذ شكل المنحدر من أعلى اليسار إلى أسفل اليمين وكما في الشكل الآتي:

الشكل (27)

منحنى السواء

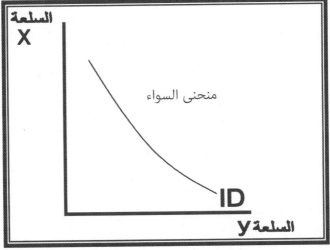

وهذا يعني إن منحنى السواء لا يمكن أن يكون موازيا للمحور الأفقي، لأنه لو كان كـذلك، كـما في الشكل الآتي:

الشكل (28)

منحنى السواء لايكون افقياً

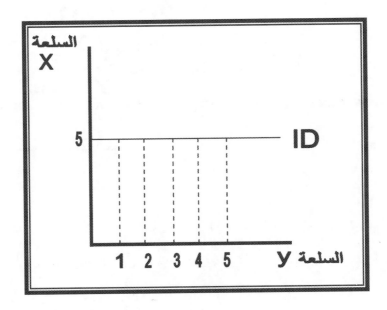

فإن ذلك يعني إن المستهلك يكون في حالة إشباع متساوي إذا حصل على (5) وحدات من السلعة (x) مثلا وعلى عدد من الوحدات (1 أو 2 أو 3، أو 4، أو 5) من السلعة (y) غير إن هذا ليس منطقيا، لأن التوليفة التي تتضمن كمية أكبر من السلعة (y) وليست كمية أقل من السلعة الأخرى (x) تكون دائما أفضل من التوليفة التي تحتوي على وحدات أقل من السلعة (y) وبنفس المقدار من السلعة (x).

وبنفس التحليل لا يمكن أن يكون منحنى السواء عموديا على المحور الأفقي.

أما إذا كان منحنى السواء متجها إلى الأعلى وإلى اليمين كما في الشكل الآتي، فإن هذا يعني إن المستهلك يعتبر المجموعة التي تتضمن كمية أكبر من كلتي السلعتين تعطي الإشباع نفسه، الذي تعطيه كمية أقل منهما، وهذا لا يمكن أن يكون صحيحا، فالمستهلك لا يمكن أن يعتبر الإشباع الذي يحصل عليه من (10) وحدات من السلعة (x) و (5) وحدات من السلعة (y)مثلا، هو الإشباع نفسه الذي يحصل عليه من (8) وحدات من السلعة (x) و (4) وحدات من السلعة (y)، وبناء على ما تقدم فإن منحنيات السواء تنحدر من اعلى اليسار إلى أسفل اليمين دائما.

الشكل (29)

منحنى السواء لا يمكن ان يتجه إلى الأعلى

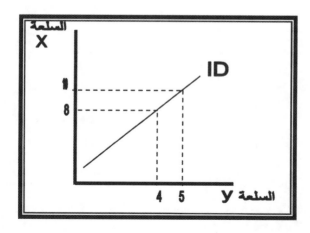

2- منحنيات السواء محدبة باتجاه نقطة الأصل أو إنها مقعرة من الأعلى:

تعبر هذه الخاصية في منحنيات السواء عن مبدأ تناقص معدل الحدي للإحلال بين السلعتين x , y
(MRS yx) ، أي كلما رغب المستهلك في الحصول على وحدة إضافية واحدة من السلعة (y) عليه أن
يتنازل عن قدر من السلعة (x) من أجل البقاء على مستوى الإشباع نفسه.

والمعدل الحدي للإحلال، يمثل عدد الوحدات من السلعة (x) التي يجب التضحية بها من أجل
الحصول على وحدة إضافية واحدة من السلعة (y) للمحافظة على مستوى الإشباع نفسه للمستهلك،
أي البقاء على نفس منحنى السواء، ويتناقص هذا المعدل كلما تحرك المستهلك إلى الأسفل على منحنى
السواء.

المعدل الحدي للإحلال السلعة y محل السلعة x = التغير في السلعة y
التغير في السلعة x

$$MRS_{YX} = \frac{\Delta Y}{\Delta X} = \frac{(y_2 - y_1)}{(x_2 - x_1)}$$

فمثلا عندما يتحرك المستهلك من النقطة (C) الى النقطة (D) على منحنى السواء (ID₁) في
الشكل الآتي، فانه يتنازل عن (5) وحدات من السلعة (x) مقابل الحصول على وحدة اضافية واحدة من
السلعة (y)، وبالتالي فان المعدل يكون :

$$MRS_{YX} = \frac{\Delta Y}{\Delta X} = \frac{(y_2 - y_1)}{(x_2 - x_1)} = \frac{9-12}{6-5} = \frac{-3}{1} = -3$$

132

جدول (17)

كيفية استخراج المعدل الحدي للاحلال

MRS_{yx}	السلعة y	السلعة x
--	5	12
-3	6	9
-2	7	7
- 0.8	8	6.2
- 0.7	9	5.5
- 0.3	10	5.2
- 0.2	11	5

الشكل (30)

حنى السواء محدب باتجاه نقطة الاصل

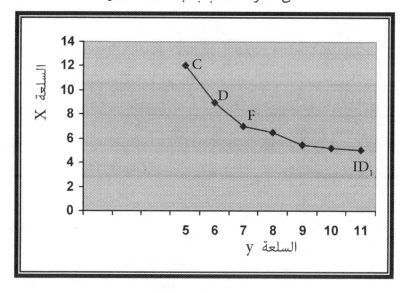

وبالمثل عند التحرك من النقطة (D) الى النقطة (F) على منحنى السواء يكون المعدل:

$$MRS_{YX} = \frac{\Delta Y}{\Delta X} = \frac{(y_2 - y_1)}{(x_2 - x_1)} = \frac{7-9}{7-6} = \frac{-2}{1} = -2$$

وبتحرك المستهلك الى الأسفل على منحنى السواء، تتناقص كميات السلعة (x) التي يرغب في التنازل عنها من اجل الحصول على كل وحدة إضافية من السلعة (y)، بمعنى ان تناقص المعدل (MRS_{yx}) يعود الى انه كلما تناقص عدد الوحدات من السلعة (x) وتزايد عدد الوحدات من السلعة (y) لدى المستهلك، كلما ازدادت قيمة كل وحدة من وحدات السلعة (x) المتبقية، وكلما قلت قيمة كل وحدة من الوحدات الإضافية من السلعة (y) بالنسبة للمستهلك، لذا تتناقص كميات (x) التي يكون على استعداد للتنازل عنها ليحصل على كل وحدة إضافية من (y) وبالتالي يتناقص المعدل الحدي لإحلال السلعة (y) محل السلعة (x).

3- منحنيات السواء لا يمكن ان تتقاطع:

من اجل إثبات إن منحنيات السواء لا تتقاطع، نفترض ان هناك تقاطع لمنحنيات السواء، وكما في الشكل الآتي:

الشكل (31)

منحنيات السواء لا يمكن ان تتقاطع

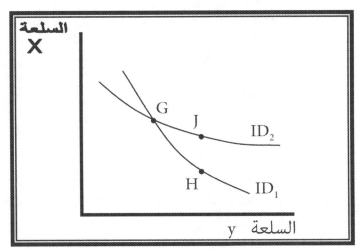

يلاحظ من الشكل ان النقطتان (G , H) تقعان على منحنى السواء (ID_1) ولذلك فهما تحققان إشباعا متساويا للمستهلك، ونجد فضلا عن ذلك، ان النقطتان (J,G) الموجودتان على منحنى السواء (ID_2) تحققان إشباعا متساويا للمستهلك ونتيجة لذلك، فان (J , H) نقطتان تحققان نفس القدر من الإشباع، ووفقا

134

للتعريف فهما بالتالي يقعان على نفس منحنى السواء وليس على منحنيين مختلفين كما جاء عند افتراض التقاطع، وهكذا يستحيل ان تتقاطع منحنيات السواء، أو ان:

نقطة G = نقطة J تقع على منحنى سواء ID_2

نقطة G = نقطة H تقع على منحنى سواء ID_1

$\therefore$ نقطة H = نقطة J بالاستعاضة وهذا لا يمكن

لان نقطة G تقع على منحنى سواء أعلى من منحنى السواء الذي تقع عليه نقطة H .

المبحث الثاني: خط الميزانية (خط الدخل)

يعرف خط الدخل بأنه الخط الذي يحدد المجال الذي يتحرك ضمنه المستهلك استنادا الى دخله النقدي المحدود وأسعار السلع السائدة في السوق.

فإذا فرضنا وجود سلعتين في السوق (x) و (y)، وان للمستهلك دخل نقدي محدود وليكن (m)، ومن ثم تصبح معادلة خط الدخل والتي من خلالها يتم الوصول الى خط الدخل:

$$m = P_x . Q_x + P_y . Q_y$$

وحتى نحصل الى خط الدخل، تعتبر ان المستهلك ينفق كل دخله على السلعة (x) فقط مرة، ومرة أخرى انه ينفق كل دخله على السلعة (y) .

فعندما نفترض ان دخل المستهلك المخصص للإنفاق هو (90) دينارا، وان سعر السلعة (x) هو (9) دنانير، وسعر السلعة (y) هو (3) دنانير، وعليه تصبح معادلة خط الدخل على النحو الآتي:

$$m = P_x . Q_x + P_y . Q_y$$

$$90 = 9 Q_x + 3 Q_y$$

وحتى يتمكن من رسم خط الدخل الذي يمثل المعادلة السابقة، نفترض ان المستهلك ينفق كل دخله على السلعة (x) (أي لا يشتري هذا المستهلك أي شيء من السلعة y) وبذلك فان (90) دينارا ستنفق كلها على شراء السلعة (x)، أي ان الكمية المشتراة من السلعة (x) تساوي (10) وحدات:

$90 = 9\,Q_x +$ صفر

$Q_x = 90 / 9 = 10$ وحدات

وإذا افترضنا إن المستهلك ينفق كل دخله على شراء السلعة (y) (أي لا يشتري أي شيء من السلعة x)، فانه سينفق (90) دينارا كاملة على شراء السلعة (y) فتصبح الكمية المشتراة من السلعة (y) تساوي (30) وحدة .

$90 =$ صفر $+ 3\,Q_y$

$\therefore\ Q_y = 90 / 3 = 30$ وحدة

أما إذا أردنا أن ننفق الدخل على السلعتين معا فسنشتري كميات مختلفة من السلعة (x) والسلعة (y)، ويمكن تمثيل جميع النقاط بخط الدخل وفق الشكل الآتي:

الشكل (32)

خط الدخل (خط الميزانية)

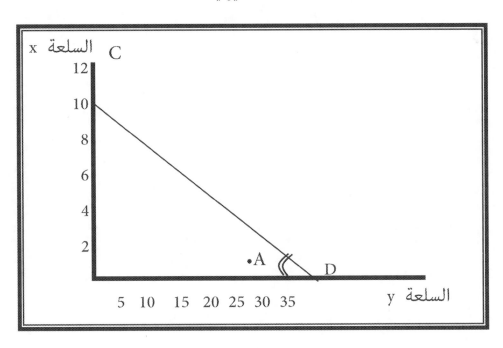

وإذا أردنا حساب ميل خط الدخل، فهو يساوي ظل الزاوية (A) :

$$\therefore \text{ ميل خط الدخل} = \text{ ظل الزاوية } A = \frac{\text{المقابل}}{\text{المجاور}} = \frac{BC}{BD}$$

$$\text{أي ان ظل الزاوية} = \frac{\text{عدد وحدات السلعة } x}{\text{عدد وحدات السلعة } y}$$

$$= \frac{\dfrac{\text{الدخل}}{\text{سعر السلعة } x}}{\dfrac{\text{الدخل}}{\text{سعر السلعة } y}} = \frac{\text{الدخل}}{\text{سعر السلعة } x} - \frac{\text{سعر السلعة } y}{\text{الدخل}}$$

$$= \frac{\text{سعر السلعة } y}{\text{سعر السلعة } x}$$

$$= \frac{3}{9} = 0.33$$

وهذا يعني ان ميل خط الدخل يساوي النسبة بين سعر السلعة (y) الى سعر السلعة (x) ويساوي حسب المثال أعلاه (0.33).

وتوجد عدة ملاحظات حول خط الدخل وهي:

1 - أي نقطة خارج خط الدخل هي نقطة مطلوبة ولكنها غير ممكنة، وأي نقطة داخل منطقة خط الدخل هي نقطة غير مطلوبة ولكنها ممكنة، أما النقطة التي تقع على خط الدخل فهي افضل النقاط، كما في الشكل الآتي:

137

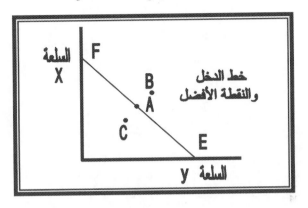

الشكل (33)

خط الدخل والنقطة الأفضل

2- إذا تغير الدخل فان خط الدخل يتحرك الى اليمين أو الى اليسار تبعا للتغير في الدخل، فإذا ازداد الدخل تحرك خط الدخل الى اليمين (الخارج) بشكل موازي للخط الأصلي، واذا قل الدخل تحرك خط الدخل الى اليسار (الداخل)، ولكن يبقى ميل الخط ثابتا لا يتغير، لان ميل خط الدخل يتحدد بسعري السلعتين، وحيث ان السعران بقيا ثابتين لم يتغيرا، لان الذي تغير هو الدخل، فان ميل خط الدخل يبقى ثابتا.

الشكل (34)

انتقال خط الدخل بفعل تغير الدخل

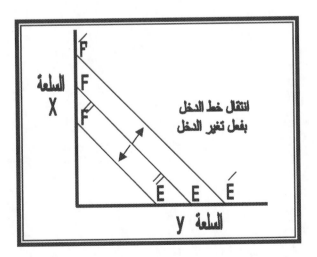

3- إذا ازداد سعر السلعة (y) وبقي سعر السلعة (x) ثابتا، فهذا يؤدي الى نقص الكمية المطلوبة من السلعة (y) وبقاء الكمية المطلوبة من السلعة (x) ثابتة، وسيميل خط الدخل الى الـداخل، أي مـن نقطة (A) الى (B)، واذا قل سعر السلعة (y) مع بقاء سعر السلعة (x) ثابتا، فان هـذا يـؤدي الى زيـادة الكمية المطلوبة من السلعة (y) مع بقاء الكمية المطلوبة من السلعة (x) ثابتة، ويميل خط الـدخل الى الخارج، أي من نقطة (A) الى (C)، ويمكن ان ينطبق التحليل ذاته على السلعة (x) عندما يتغير سعرها مع بقاء سعر السلعة (y) ثابتا.

الشكل (35)

ميلان خط الدخل بفعل تغير السعر

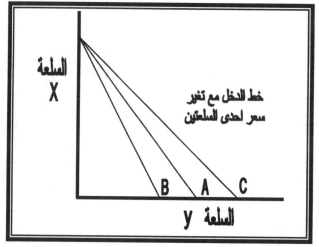

المبحث الثالث: توازن المستهلك في ظل النظرية الحديثة (نظرية منحنيات السواء)

بعد ان تم التطرق الى كل من خريطة السواء وخط الدخل، فانه يمكن تفسير سلوك المستهلك وهو بصدد إنفاق دخله المحدود على كلتي السلعتين (x) و (y)، بحيث يحقق أقصى إشباع ممكن، أي يصل الى حالة التوازن. ويتم ذلك من خلال جمع كل من خريطة السواء وخط الدخل في شكل واحد، كما في الشكل الآتي:

الشكل (36)

توازن المستهلك في ظل منحنيات السواء

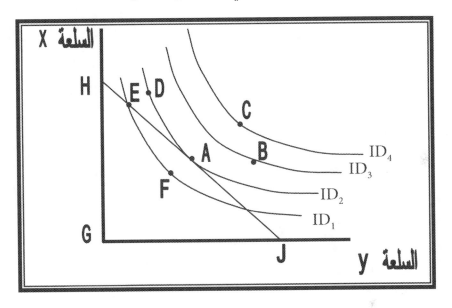

E
D
C
A
F

ان المستهلك سيفضل إحدى المجموعات الممثلة بنقطة على منحنى السواء (ID_4)، وذلك لان هذا المنحنى يمثل مستوى من الإشباع أعلى من المستوى الذي يمثله أي منحنى من المنحنيات الثلاثة الأخرى (ID_1 ،ID_2 ،ID_3) فمثلا المجموعة (C) الواقعة على منحنى السواء (ID_4) افضل من كل من المجموعات (F , E , A , D , B)، وكذلك المجموعة (B) افضل في نظره من المجموعات الممثلة بالنقاط (F , E , A , D) إلا إن تلك المجموعتين (C , B) تقعان خارج خط الدخل، أي انهما تقعان خارج حدود إمكانياته، لذا فانه لا يستطيع شراء أي منهما، إذ إن دخله لا يسمح بذلك، كذلك الحال بالنسبة للمجموعة الممثلة بالنقطة (D) الواقعة على منحنى السواء ID_2.

وبالنسبة لأية مجموعة ممثلة بنقطة تقع تحت خط الدخل مثل المجموعة (F)، فان المستهلك لن يختار إحداها، لان عليه أن ينفق جميع دخله وليس جزءا منه فقط.

أما بالنسبة للمجموعة الممثلة بالنقطة (E) والواقعة على منحنى السواء ID_1 فانه يستطيع شراءها لأنها تقع على خط الدخل أيضا، أي إنها تقع ضمن منطقة الاختيار، إلا انه يخطئ الاختيار إذا ما قرر شراء هذه المجموعة، إذ انه توجد مجموعة أخرى تقع على منحنى سواء أعلى يستطيع شراءها وهي في نفس الوقت تقع على خط دخله، وهذه المجموعة هي الممثلة بالنقطة (A) والواقعة على منحنى السواء ID_2، وفي نفس الوقت على خط الدخل، والنقطة (A) هي التي يمس عندها خط الدخل إحدى منحنيات السواء وهو المنحنى ID_2، ولا توجد نقطة أخرى في خريطة السواء كلها تشاركها في هذا الوصف.

وبشراء المجموعة (A)، يكون المستهلك في حالة التوازن اذ ان هذه المجموعة هي التي تحقق له اكبر إشباع ممكن بدخله المحدود.

إذن يمكن ان نحدد إن المستهلك يحقق حالة التوازن، أي يصل إلى أقصى إشباع ممكن عندما يشتري بدخله المحدود تلك المجموعة من السلعتين (x و y) الممثلة بنقطة تماس خط الدخل لأحد المنحنيات في خريطة السواء الخاصة بهذا المستهلك.

وعند نقطة التماس (A) يتساوى ميل خط الدخل مع ميل منحنى السواء.

$$\text{تم تحديد ميل خط الدخل} = \frac{\text{عدد وحدات السلعة } x}{\text{عدد وحدات السلعة } y}$$

وميل منحنى السواء = المعدل الحدي للإحلال بين السلعتين

$$= \frac{\text{التغير في كمية } y}{\text{التغير في كمية } x}$$

اذن ان شرط التوازن للمستهلك هو:

1- ميل خط الدخل = ميسل منحنى السواء

$$\frac{\text{سعر السلعة } y}{\text{سعر السلعة } x} = \frac{\text{التغير في كمية السلعة } y}{\text{التغير في كمية السلعة } x}$$

141

مصادر الفصل الخامس

1- أ. حسام داود وآخرون، مبادئ الاقتصاد الجزئي، دار المسيرة للنشر والتوزيع والطباعة، الطبعة الأولى، عمان، 2000.

2- د. يعقوب سليمان وآخرون، مبادئ الاقتصاد الجزئي، دار المسيرة للنشر والتوزيع والطباعة، الطبعة الأولى، عمان، 1999 .

3- د. كاظم جاسم العيساوي، د. محمود حسين الوادي، الاقتصاد الجزئي، دار المستقبل للنشر والتوزيع، عمان، 1999 .

4- أ. عبد الحليم كراجة وآخرون، مبادئ الاقتصاد الجزئي، دار الصفاء للنشر والتوزيع، عمان، 2001 .

5- د. محمود حسن صوان، أساسيات الاقتصاد الجزئي، دار المناهج للنشر والتوزيع، عمان، 1999 .

6- أ. فواز جار اللـه نايف، أ. قيدار حسن أ. حمد، التحليل الاقتصادي الجزئي، مديرية دار الكتب للطباعة والنشر، جامعة الموصل، 1987.

7- Begg , David., Fischer, S., and Rudiger Dornbusch, Economics, Fourth Edition, McGraw-Hill Co., London, 1995.

8- Hyman, David N., Economics, Richard Irwin, Inc., Homewood, ILI., U.S.A., 1989.

الفصل السادس

نظرية الإنتاج

- المبحث الاول: مفهوم الإنتاج ودالته والمفاهيم المتعلقة به
- المبحث الثاني: مراحل الإنتاج
- المبحث الثالث: منحنيات الناتج المتساوي وخصائصها
- المبحث الرابع: توازن المنشأة باستخدام منحنيات الناتج المتساوي
- المبحث الخامس: عناصر الإنتاج

نظرية الإنتاج Theory of production

تبحث نظرية الإنتاج في تحقيق أقصى قدر ممكن من الإنتاج، باستخدام كمية محدودة من عوامل الإنتاج، أو تحقيق مقدار معين من الإنتاج، باستخدام أقل كمية ممكنة من الموارد، أي بتحمل أقل تكاليف ممكنة، وسنتناول أهم مكونات نظرية الإنتاج وكما يأتي:

المبحث الأول: مفهوم الإنتاج ودالته والمفاهيم المتعلقة به

أولاً: مفهوم الإنتاج

يقصد بالإنتاج عملية توليد شيء جديد أو إضافة شيء لما هو موجود، ويستخدم ذلك الشيء لإشباع حاجات إنسانية.

ثانياً: دالة الإنتاج

تعرف دالة الإنتاج بأنها العلاقة المادية أو العينية التي تربط بين عناصر الإنتاج المستخدمة في العملية الإنتاجية، وبين كمية الإنتاج من سلعة معينة خلال فترة زمنية معينة، بحيث تكون السلعة المنتجة (Y) مثلا هي المتغير التابع وعناصر الإنتاج (العمل L، ورأس المال K ، الأرض R ، التنظيم M) هي المتغيرات المستقلة ويمكن التعبير عن دالة الإنتاج بالصيغة الرياضية الآتية:

$$Y = F (L , K , R , M)$$

وهناك عدة أنواع من دوال الإنتاج، منها دوال إنتاج ثابتة، تعتمد على تغير عنصر إنتاجي واحد من عناصر الإنتاج مع ثبات العناصر الإنتاجية الأخرى، ومنها دوال إنتاج متغيرة، تعتمد على تغير جميع عناصر الإنتاج في آن واحد وبنسب مختلفة، ومنها دوال إنتاج متزايدة، وأخرى متناقصة، وجميع هذه الدوال تعتمد على طبيعة التوليفة بين عناصر الإنتاج المستخدمة في العملية الإنتاجية، ويمكن زيادة الإنتاج الى حد معين من خلال زيادة أحد عناصر الإنتاج مع بقاء العوامل الأخرى ثابتة، أو من خلال زيادة جميع عناصر الإنتاج.

ثالثاً: مفاهيم متعلقة بدالة الإنتاج

1- الفترة القصيرة والفترة الطويلة:

الفترة القصيرة، هي تلك الفترة الزمنية التي من القصر بحيث لا تسمح بتغير الإنتاج ألا من خلال تغير عوامل الإنتاج المتغيرة فقط، أما الفترة الطويلة، هـي تلـك الفتـرة الزمنيـة التـي مـن الطـول بحيث تسمح بتغير الإنتاج من خلال تغير كل من عوامل الإنتاج الثابتة والمتغيرة.

2- عوامل الإنتاج الثابتة وعوامل الإنتاج المتغيرة:

عوامل الإنتاج الثابتة، هي تلك العوامل التي لا يمكن تغيير مقدارها أو حجمها بسهولة في الأجـل القصير مثل المباني والمكائن، أما عوامل الإنتاج المتغيرة، فهي تلك العوامل التي يمكن تغير مقدارها أو حجمها بسهولة في الأجل القصير مثل قوة العمل والمواد الأولية.

3- الناتج الكلي والناتج المتوسط والناتج الحدي:

الناتج الكلي يشير الى مجموع الكمية المنتجة من سلعة معينة خلال فترة زمنية معينة.

الناتج المتوسط، هو عبارة عن الناتج الكلي مقسوما على الكميـة المسـتخدمة مـن عنصر ـ الإنتـاج المتغير أي أن:

$$\text{الناتج المتوسط} = \frac{\text{الناتج الكلي}}{\text{عنصر الإنتاج المتغير}} \quad \text{أو} \quad A\,p = \frac{\Delta TP}{\Delta Q}$$

أما الناتج الحدي، فيشير الى حاصل قسمة التغير في النـاتج الكلـي عـلى التغـير في عنصر ـ الإنتـاج المتغير أي أن:

$$\text{الناتج الحدي} = \frac{\text{التغير في الناتج الكلي}}{\text{التغير في عنصر الإنتاج المتغير}} \quad \text{أو} \quad M_p = \frac{TP}{Q}$$

4- قانون الغلة المتناقصة:

يظهر قانون الغلة المتناقصة، ما يحدث للناتج من تغير، عند تغير الكمية المستخدمة من أحد عناصر الإنتاج، وبقاء الكميات المستخدمة من عناصر الإنتاج الأخرى ثابتة، بحيث أنه إذا تم إضافة وحدات متتالية من عنصر الإنتاج المتغير الى عناصر الإنتاج الأخرى الثابتة، فأن الناتج الكلي يتزايد أولا بمعدل متزايد الى أن يصل الى نقطة الانقلاب، بعدها يستمر في التزايد ولكن بمعدل متناقص، حتى يصل الى أعلى مستوى له، وبعد ذلك يبداء في التناقص المطلق، ويعمل قانون الغلة المتناقصة في ظل توفر العوامل التالية:

أ.   ثبات المستوى التكنولوجي

ب. تغير عنصر إنتاجي واحد وثبات العناصر الإنتاجية الأخرى.

ج.   تجانس وحدات عنصر الإنتاجي المتغير.

رابعاً: منحنيات الإنتاج

لغرض دراسة السلوك الإنتاجي لمنشأة ما في المدى القصير، باستخدام قانون الغلة المتناقصة، نفترض أن هذه المنشأة تنتج سلعة لعب الأطفال، ولديها عدد ثابت من الآلات (خمسة آلات)، وتستخدم كميات متغيرة من عنصر العمل، وهدفها هو تحقيق أكبر قدر ممكن من الأرباح.

يبين كل من الجدول رقم (1) والشكل رقم (1) أنه مع استمرار استخدام عنصر العمل فإن الناتج الكلي (TP) في البدء يتزايد بمعدل متزايد حتى يصل الى نقطة الانقلاب أي الى مستوى استخدام العامل الثالث، بعدها يأخذ الناتج الكلي بالتزايد بمعدل متناقص حتى يصل إلى أعلى مستوى له، أي الى مستوى استخدام العامل الثامن، ثم يأخذ بعد ذلك الناتج الكلي بالتناقص المطلق مع استخدام عنصر- العمل.

أما الناتج المتوسط (AP) فأنه يبدأ بالتزايد حتى يتم استخدام العامل الثالث ثم يأخذ في التناقص ولكنه لن يمس المحور الأفقي بتاتا بسبب وجود مقدار للناتج الكلي في البسط.

أما الناتج الحدي (Mp) فيتزايد تدريجا حتى يتم استخدام العامل الثالث ثم يبدأ في التناقص ويقطع المحور الأفقي عندما يصبح الناتج الكلي عند أقصاه، أي عند استخدام العامل الثامن، وباستمرار استخدام عنصر العمل فأن الناتج الحدي يصبح له قيمة سالبة.

جدول (18) الناتج الكلي والمتوسط والحدي

الناتج الحدي	الناتج المتوسط	الناتج الكلي	العامل	الآلة
-	0	0	0	5
6	6	6	1	5
12	9	18	2	5
15	11	33	3	5
7	10	40	4	5
5	9	45	5	5
3	8	48	6	5
1	7	49	7	5
0	6	49	8	5
-4	5	45	9	5

الشكل (37)

منحنيات الانتاج

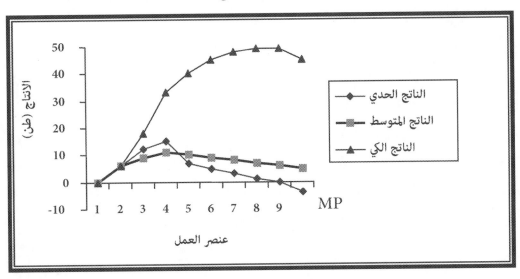

المبحث الثاني: مراحل الإنتاج

يمكن استخدام العلاقة بين الناتج الكلي والناتج المتوسط والناتج الحـدي لتحديد مراحـل الإنتـاج الثلاثة بالنسبة لاستخدام عنصر إنتاجي متغير واحد.

أولاً: المرحلة الأولى مرحلة تزايد الغلة (الناتج)

وتبدأ هذه المرحلة من نقطـة الأصـل وتنتهـي عنـد مسـتوى الإنتـاج الـذي يتسـاوى فيـه النـاتج المتوسط مع الناتج الحدي أو عند نقطة الانقلاب على منحنى الناتج الكلي وتتميز بما يأتي:

أ. أن الناتج الكلي فيها يتزايد بمعدل متزايد .

ب. أن الناتج المتوسط وكذلك الناتج الحدي يكون متزايد فيها.

ج. معدل تزايد الناتج الحدي أكبر من معدل تزايد الناتج المتوسـط لـذلك يكون الناتـج الحـدي فوق الناتج المتوسط.

وأن السبب في تزايد الناتج الكلي بمعدل متزايد يعود الى تزايد الإنتاجية الحدية (والتي تعني أن العامل المضاف يحقق إنتاجية أكبر من العامل الـذي قبله) ويمكن ملاحظة ذلك من خلال أرقام النـاتج الحدي في الجدول (18) والتي تجعل الناتج الكلي بتزايد معدل متزايد.

ويلاحظ في هذه المرحلة أن نسبة المزج بين وحدات العنصر ـ المتغير (العمل) والعنصر ـ الثابت (الآلات) أقل من النسبة المثلى، وهذا يعني أن الانسجام الأمثل بين عدد العمال وعدد الآلات لم يتحقق في هذه المرحلـة، وأن الآلات بإمكانها أن تسـتوعب عـدد أكـثر مـن العـمال، ولـو تحقـق ذلـك لاصـبح بالمستطاع زيادة الإنتاج الى مستوى أكثر مما هـو عليـه في المرحلـة الأولى. وحسـب المثـال فأنـه يفضل الاستمرار باستخدام عنصر العمل لأكثر من ثلاثة عمال.

151

ثانياً: لمرحلة الثانية - مرحلة تناقص الغلة

وتبدأ من مستوى الإنتاج الذي يتساوى فيه الناتج المتوسط مع الناتج الحدي، وتنتهي عندما يكون مستوى الإنتاج عند حده الأقصى وهو المستوى الذي يكون فيه الناتج الحدي مساويا للصفر. وتتميز هذه المرحلة بالأتي:

أ. أن الناتج الكلي فيها يكون متزايد بمعدل متناقص

ب. أن الناتج المتوسط وكذلك الناتج الحدي يكون متناقص فيها

ج. معدل تناقص الناتج الحد أكبر من معدل تناقص الناتج المتوسط لذلك يكون الناتج الحدي تحت الناتج المتوسط.

وأن السبب في تزايد الناتج الكلي بمعدل متناقص (كما في الجدول 18 أو الشكل 37) يعود الى تناقص الإنتاجية الحدية (أي أن العامل المضاف يحقق إنتاجية موجبة ولكن أقل من إنتاجية العامل الذي قبله).

ويلاحظ في هذه المرحلة أن نسبة المزج بين وحدات العنصر المتغير (العمال) والعنصر الثابت (الآلات) أقرب ما تكون الى النسبة المثلى. وهذا يعني أن الانسجام الأمثل بين عدد العمال وعدد الآلات، يتحقق في هذه المرحلة، وأن الآلات استوعبت العدد المناسب من العمال.

ثالثاً: المرحلة الثالثة - مرحلة التناقص المطلق

وتبدأ من مستوى الإنتاج الذي يكون فيه الناتج الحدي مساويا للصفر، وهو المستوى الذي يكون فيه الناتج الكلي عند أقصاه. الذي بعده يأخذ الإنتاج بالتناقص المطلق مع استخدام وحدات إضافية من عنصر العمل. وتتميز هذه المرحلة بالأتي:

أ. أن الناتج الكلي يكون فيها متناقصا.

ب. أن الناتج المتوسط يكون فيها متناقصا.

ج. أن الناتج الحدي يكون فيها سالبا.

وأن السبب في التناقص المطلق للناتج الكلي (كما في الجدول 18 أو في الشكل 37) يعود الى أن الإنتاجية الحدية تكون سالبة (أي أن العامل المضاف يحقق إنتاجية سالبة، وبالتالي يصبح هذا عاملا مهما للإنتاج، حتى وأن عمل هذا العامل بدون أجر).

ويلاحظ في هذه المرحلة أن نسبة المزج بين وحدات العنصر- المتغير (العمال) والعنصر- الثابت (الآلات) قد تجاوزت المزج الأمثل للإنتاج. وفي المثال أعلاه تحدث هذه المرحلة عندما تستخدم المنشأة عمالا أكثر من ثمانية عمال.

والسؤال الذي يطرح نفسه هنا هو ما هي المرحلة الإنتاجية التي ستختارها المنشأة، وتحقق من خلالها المستوى الأمثل للإنتاج؟

الجواب على هذا السؤال. يتطلب تحليل سلوك منحنيات كل من الناتج الكلي والناتج المتوسط والناتج الحدي ثم المقارنة بينها، عندها يمكن القول أن المنشأة ليست من مصلحتها الإنتاج عند المرحلة الأولى، لأنه لو توقفت عند هذه المرحلة، فأنها سوف تفقد بعض الأرباح التي كان بالإمكان الحصول عليها، لو استمرت بالإنتاج والدليل على ذلك هو، أن الإنتاجية الحدية للعامل المضاف لا زالت موجبة وتزايدت.

كما أنه ليس من مصلحة المنشأة الاستمرار في الإنتاج الى ما بعد المرحلة الثانية، لأنه إذا ما استمرت المنشأة بعد ذلك الى الحد الذي يصل فيه الناتج الكلي الى أقصاه، فأنها سوف تفقد بعضا من أرباحها، التي سبق وأن حصلت عليها في المرحلة السابقة، نظرا لأن إنتاجية العامل المضاف (الإنتاجية الحدية) ما بعد العامل الثامن تصبح سالبة، أي أن العامل المضاف يصبح عنصرا مهدماً للإنتاج وليس عنصرا بناءا له.

وفي ضوء ما تقدم تكون المرحلة المثلى، التي يجب أن تنتج المنشأة عندها هي المرحلة، الثانية، أما ما هي النقطة التي ستختارها المنشأة في هذه المرحلة والتي تتوقف عندها عن الإنتاج، أن هذه النقطة لا يمكن الوصول اليها من خلال منحنيات كل من الناتج الكلي والناتج المتوسط والناتج الحدي، وأنما يتطلب ذلك

التعرف على كل من الإيرادات والتكاليف، سواء على مستوى الوحدة المنتجة أو على مستوى إجمالي الإنتاج. نظرا لأن النقطة التي تتوقف عندها المنشأة من تلقاء نفسها وتحقق أقصى الأرباح.

المبحث الثالث: منحنيات الناتج المتساوي وخصائصها

أولاً: منحنيات الناتج المتساوي

تعد منحنيات الناتج المتساوي (المتكافئ) الأسلوب الثاني لدراسة السلوك الإنتاجي لمنشأة ما في الآجل الطويل. والذي يختلف من حيث النتائج عن النتائج التي تم التوصل أليها باستخدام أسلوب قانون الغلة المتناقصة (قانون النسب المتغيرة).

ويعبر منحنى الناتج المتساوي عن التوليفات المختلفة من عنصر العمل وعنصر رأس المال، التي يمكن للمنشأة أن تستخدمها في إنتاج كمية محددة من الإنتاج، إذ يشير منحنى الناتج المتساوي، الذي يقع إلى الأعلى إلى كمية أكبر من الإنتاج مقارنة بالمنحنى الذي يقع بالأسفل منه.

ويمكن توضيح منحنى الناتج المتساوي أكثر من خلال المثال الأتي، نفترض أن منشأة صناعية ما تسعى الى إنتاج كميات مختلفة من الحقائب ولتكن مثلا (700) حقيبة و (1000) حقيبة في السنة، وأن المنشأة المعنية تبحث في التوليفات المختلفة من عنصري الإنتاج (العمل ورأس المال) التي يمكن من خلالها إنتاج الكميات المطلوبة أعلاه، ونفترض أن التوليفات المختلفة من العمل ورأس المال لإنتاج كميات معينة من الحقائب كانت كما في الجدول الأتي:

الجدول (19)

كيفية استخراج منحنى الناتج المتساوي

المجموعة	المنحنى I_1 الكمية المنتجة 600 طن		المنحنى I_2 الكمية المنتجة 1000 طن	
	العمل L	رأس المال K	العمل L	رأس المال K
A	1	8	3	10
B	2	5	4	7
C	3	3	5	5
D	4	2.3	6	4.2
E	5	1.8	7	3.5
F	6	1.6	8	3.2

وبالمستطاع تمثيل الجدول أعلاه بينيا بتوقيع النقاط الممثل لعنصري العمل ورأس المال على نفس الإحداثيات بعد ذلك يتم توصيل هذه النقاط بمنحنيات وكما في الشكل الأتي:

الشكل (38)

منحنيات الناتج المتساوي

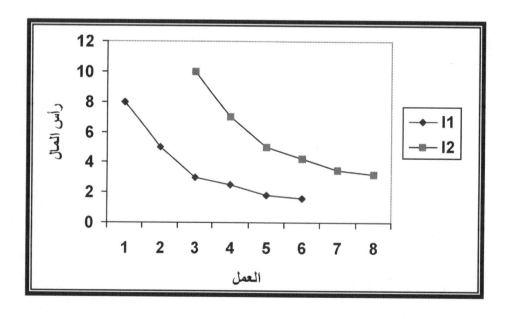

يلاحظ من الجدول والشكل أعلاه، أن المنشأة يمكنها إنتاج (600) حقيبة في السنة باستخدام وحدة واحدة من عنصرـ العمل و (8) وحدات من عنصرـ رأس المال (المجموعة A)، أو باستخدام وحدتين من عنصر العمل و (5) وحدات من عنصر رأس المال (المجموعة B)، أو أي مجموعة أخرى من عنصري العمل ورأس المال على المنحنى (I_1).

كما أن المنشأة يمكنها أيضا إنتاج (1000) حقيبة في السنة باستخدام (3)، من عنصر العمل و (10) وحدات من عنصر رأس المال (المجموعة A) أو باستخدام (4) وحدات من عنصر العمل و (7) وحدات من عنصر رأس المال (المجموعة B) أو أي مجموعة أخرى من عنصري العمل وراس المال على المنحنى (I_2).

ثانياً: خصائص منحنيات الناتج المتساوي

أن من أهم خصائص منحنيات الناتج المتساوي هي كما يأتي:

1- تنحدر من أعلى اليسار الى أسفل اليمين، أي أن ميلها سالب، وهذا يعني أن المنشأة إذا أرادت استخدام وحدة إضافية من عنصر العمل عليها أن تضحي بعدد من وحدات رأس المال حتى يتسنى لها إنتاج نفس كمية الإنتاج (أي الإبقاء على نفس منحنى الناتج المتساوي).

2- منحنيات الناتج المتساوي لا تتقاطع، وذلك لأنها لو تقاطعت لأشارت نقطة التقاطع الى قدرة المنشأة على إنتاج كميتين مختلفتين من الإنتاج بنفس المجموعة من العمل ورأس المال، وهذا غير ممكن إذا افترضنا أن المنشأة تستخدم أكثر طرق الإنتاج كفاءة في جميع الأحوال.

3- منحنيات الناتج المتساوي محدبة من نقطة الأصل، وذلك بسبب تناقص معدل الإحلال الحدي الفني (MRTS).

ثالثاً: معدل الإحلال الحدي الفني

يعرف معدل الإحلال الحدي الفني للعمل محل راس المال (MRTS$_{LK}$) بأنه كمية رأس المال الـذي يمكن أن تتنازل عنه المنشأة بزيادة كمية العمل المستخدمة بمقدار وحدة واحدة، بحيث تستمر المنشأة بإنتاج نفس كمية الإنتاج، أي البقاء على نفس منحنى الناتج المتساوي، كذلك فإن المعدل يساوي خارج قسمة التغير في عدد الوحدات من عنصر رأس المال (K) على التغير في عدد الوحدات من عنصر العمل (L) أي أن

معدل الإحلال الحدي
الفني للعمل محل رأس المال =

$$\frac{\text{التغير في الوحدات من عنصر رأس المال } K}{\text{التغير في الوحدات من عنصر العمل } L}$$

$$MRTS_{LK} = \frac{\Delta K}{\Delta L}$$

أو معدل الإحلال الحدي
الفني للعمل محل رأس المال =

$$\frac{\text{الإنتاجية الحدية لعنصر رأس المال}}{\text{الإنتاجية الحدية لعنصر العمل}}$$

$$MRTS_{LK} = \frac{MP_k}{MP_L}$$

ويمكن تطبيق المعادلة أعلاه على الجدول السابق لحساب معدل الإحـلال الحـدي الفنـي للعمـل محل رأس المال (MRTS$_{LK}$) وكما في الجدول الأتي:

جدول (20)

استخراج معدل الاحلال الحدي الفني للعمل محل رأس المال

المجموعة	المنحنى I_1 $Q_{1=600}$			المنحنى I_2 $Q_{2=1000}$		
	L	K	MRTS	L	K	MRTS
A	1	8	-	3	10	-
B	2	5	3	4	7	3
C	3	3	2	5	5	2
D	4	2.3	0.7	6	4.2	0.8
E	5	1.8	0.5	7	3.5	0.7

رابعاً: خط التكاليف

يبين خط التكاليف التوليفات المختلفة من عنصري الإنتاج العمل ورأس المال مثلا، التي تستطيع أن تشتريها المنشأة إذا تحددت أسعار عناصر الإنتاج والمبالغ المخصص أنفاقها على شراء واستخدام هذه العناصر، أي أن خط التكاليف يظهر إمكانيات المنشأة الحقيقة وقدرتها على شراء عناصر الإنتاج المختلفة واستخدامها، ويمثل ميل خط التكاليف نسبة أسعار عناصر الإنتاج المستخدمة.

فلو افترضنا مثلا أن منشأة ما خصصت مبلغا قدره (60) دينار لشراء عناصر الإنتاج، كان سعر الوحدة الواحدة من عنصر العمل يساوي (5) دنانير، وسعر الوحدة الواحدة من رأس المال يساوي (12) دينار وأن المنشأة المعينة أمامها الخيارات الآتية للشراء:

1- أما أن تشتري بجميع المبلغ والبالغ (60) دينار وحدات عمل فقط أي أنها تشتري:

$$\frac{\text{المبلغ المخصص}}{\text{سعر عنصر العمل}} = \frac{60}{5} = 12 \text{ وحدة من العمل}$$

2- او أن تشتري بجميع المبلغ والبالغ (60) دينار وحدات رأس المال فقط، أي تشتري:

$$\frac{\text{المبلغ المخصص}}{\text{سعر رأس المال}} = \frac{60}{12} = 5 \text{ وحدات من رأس المال}$$

3- أو أن تشتري بجميع المبلغ والبالغ (60) دينارا وحدات من عنصري الإنتاج (العمل ورأس المال) وكما في الشكل الأتي:

الشكل (39)

خط التكاليف

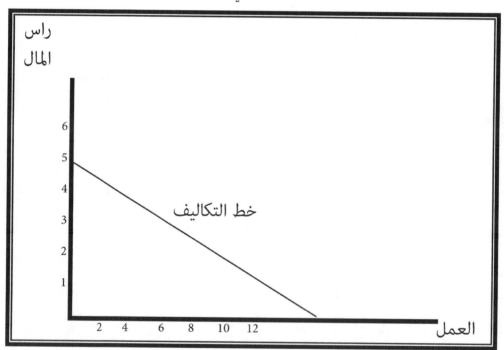

المبحث الرابع: توازن المنشأة باستخدام منحنيات الناتج المتساوي

يمكن تحديد نقطة توازن المنشأة إذا تم الجمع بين منحنيات الناتج المتساوي وبين خط التكاليف في رسم بياني واحد كما موضح في أدناه.

الشكل (40)

توازن المنشأة باستخدام منحنيات الناتج المتساوي

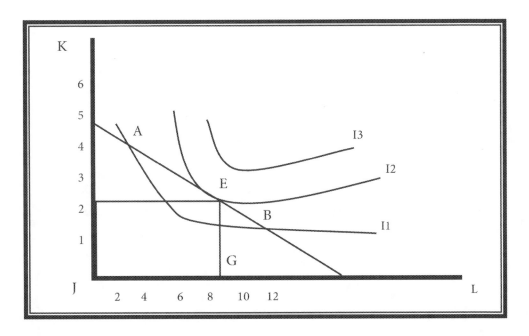

ويلاحظ من الشكل أعلاه أن المنشأة لا يمكنها أن تصل الى منحنى الناتج المتساوي (I_3) في ظل خط التكاليف الذي يوضح القدرة المالية للمنشأة، كما أن المنشأة لا تعظم إنتاجها إذا تم الإنتاج على طول المنحنى (I_1)، بينما المنحنى (I_2) فأنه يعد أعلى منحنيات الناتج المتساوي التي تستطيع المنشأة الوصول أليه بخط تكاليفها الحالي، وأن أفضل نقطة على هذا المنحنى تحقق للمنشأة هدف تعظيم الربح، هي نقطة تماس منحنى I_2 مع خط التكاليف أي نقطة (E) التي تمثل شراء (JH) من عنصر رأس المال و (JQ) من عنصر العمل، وعند هذه النقطة يكون منحنى ميل الناتج المتساوي (الذي يمثل معدل الإحلال الحدي الفني بين العنصرين) يساوي ميل خط التكاليف (الذي يمثل النسبة بين سعري العنصرين).

ويمكن التعبير عن توازن المنشأة في النقطة E بالمعادلة الآتية:

معدل الإحلال الحدي الفني للعمل محل رأس المال = ميل خط التكاليف لعنصري العمـل ورأس المال:

$$\frac{\text{الإنتاجية الحدية لعنصر رأس المال}}{\text{الإنتاجية الحدية لعنصر العمل}} = \frac{\text{سعر عنصر العمل}}{\text{سعر عنصر رأس المال}}$$

$$\frac{MP_K}{MP_L} = \frac{P_L}{P_K}$$

$$\frac{P_K}{P_L} = \frac{MP_L}{MP_K}$$

المبحث الخامس: عناصر الإنتاج

أولاً: العمل

العمل في المعنى الاقتصادي، هو الجهد العقلي أو العضلي الإرادي الـذي يبـذل في إنتـاج السـلع والخدمات، ومن هذا التعريف نلاحظ ما يأتي:

أ. أن العمل هو مجهود إنساني، لأن الإنسان فقط هو ذو الإرادة والبصيرة.

ب. أنه يستبعد كل مجهود إنساني حتى وأن كان مرهقا وشـاقا إذا لم يقصـد بـه أو يـؤدي الى إنتـاج السلع والخدمات، فتسلق جبل والقيام بسفرة عبر الصحراء لا يعد من قبيل العمل.

أما لماذا لا يعد تسلق الجبال، رغم كونه مضنيا، عمـلا بيـنما يعـد توزيـع الرسـالة رغـم بسـاطته عملا. السبب في ذلك يعود الى أن العمل هو ملزم وكلمة الالتزام هنا لا تتضـمن الالتـزام القـانوني، أنمـا ينبغي أن تفهم بالمعنى الاقتصادي، وهو التزام الإنسان بإشباع حاجاته والحصول على دخل سـواء أكـان عاملا

مستقلا أم عاملا أجيرا، هذا من ناحية ومن ناحية أخرى أن العمل هو مصدر إنتاج المجتمع.

*عرض العمل

يقصد بعرض العمل عدد الأيدي العاملة الممثلة بالجهد المعروض فعلا أو المستعد للعمل خلال فترة زمنية معينة، وهو مرادف لاصطلاح القوة العاملة، وهو يمثل ذلك الجزء من المجموع الكلي للسكان الذين تقع أعمارهم بين (15 – 65) سنة ويسمى بالسكان الفعال أو القوة البشرية بعد استبعاد العاجزين عن العمل، وكذلك الأشخاص الذين تقل أعمارهم عن 15 أو تزيد عن 65 سنة ولا يقومون بأي نشاط اقتصادي، ويسمى هذا الجزء بالسكان غير الفعال، ويتكون عرض العمل من الفئات الآتية:

أ. أصحاب العمل وهم الأفراد الذين يديرون نشاطا اقتصاديا معينا لحسابهم الخاص ويشغلون آخرين تحت إدارتهم.

ب. العاملون لحسابهم وهم العمال الذين يديرون نشاطا اقتصاديا معينا لحسابهم الخاص دون أن يقوموا بتأجير آخرين.

ج. الأجراء، وهم الأشخاص الذين يعملون في الأنشطة الاقتصادية العامة أو الخاصة ويحصلون لقاء عملهم على تعويض بشكل أجور.

د. العمال العائليون. وهم الأشخاص الذين يقومون بالعمل تحت إدارة أحد أفراد العائلة بمقابل أو بدون مقابل.

ثانياً: الأرض

الأرض بالمعنى الواسع ترمز الى جميع الموارد الطبيعية، كما وجدت عليها في الطبيعة، وهذه الموارد تتضمن ليس فقط سطح الأرض بل تشمل الأنهار والبحيرات والموارد المعدنية والنباتات الطبيعية كالغابات، أن الصعوبة الوحيدة في فهم المقصود بالأرض كعامل إنتاجي هي أن الأرض يجب ان تعد بانها اكثر

من مجرد منطقة مسطحة ومن وجهة نظر التصنيع يعد الموقع اهم خاصية للارض، بينما من وجهة نظر الزراعة تعد خاصية الخصوبة هي الاكثر اهمية رغم ان الموقع مهم للأرض الزراعية أيضا، لكن بدرجة أقل من حالة الأرض المستخدمة للأغراض الصناعية.

ثالثاً: رأس المال

عرفه كثير من الاقتصاديين بأنه السلع المنتجة والمستخدمة في إنتاج سلع أخرى، أو هو عبارة عن وسائل الإنتاج (الآلات) التي صنعها الإنسان لمساعدته في الإنتاج كالمكائن والبنايات والطرق والجسور والسكك الحديدية وما شابه ذلك، أن هذا التعريف يستثنى من رأس المال جميع الموارد الطبيعية، لأنها لم يتم صنعها من قبل الإنسان ويستثنى كذلك جميع السلع الاستهلاكية لأنها لا تستخدم في إنتاج سلع أخرى.

رابعاً: التنظيم

وهو يشير الى مهمة تجميع عناصر الإنتاج الأخرى، العمل والأرض ورأس المال واستخدامها في العملية الإنتاجية، واتخاذ قرار القيام بها وتحمل مخاطر تنفيذها، والمنظم هو ليس الشخص الذي تعهد أليه إدارة المشروع فحسب، إنما هو الرائد الذي يضع كل مواهبه ومهاراته في خدمة المشروع لتنميته عن طريق إنتاج السلع الجديدة او استخدام الطرق الفنية الجديدة في الإنتاج من اجل تحسينه.

مصادر الفصل السادس

1- د. كريم مهدي الحسناوي، مبادئ علم الاقتصاد، مطبعة اوفسيت حسام، بغداد، 1990.

2- د. محمد صالح القريشي، د. ناظم محمد الشمري، مبادئ علم الاقتصاد، دار الكتب للطباعة والنشر، الموصل 1993.

3- م. حسام داود وآخرون، مبادئ علم الاقتصاد الجزئي، دار السيرة للنشر والتوزيع والطباعة، عمان 2000.

4- د. كاظم جاسم العيساوي. د. محمود حسين الوادي، الاقتصاد الجزئي دار المستقبل للنشر والتوزيع، عمان، 1999.

5- د. يعقوب سليمان وآخرون، مبادئ الاقتصاد الجزئي، دار المسيرة للنشر والتوزيع والطباعة، عمان، 1999.

6- د. محمود حسن صوان، أساسيات الاقتصاد الجزئي، دار المناهج للنشر والتوزيع، عمان، 1999.

7- د. خزعل مهدي الجاسم، الاقتصادي الجزئي، مطبعة جامعة الموصل، بدون تاريخ.

8- جي هولتن ولسون، الاقتصاد الجزئي - المفاهيم والتطبيقات، ترجمة د. كامل سليمان العاني، دار المريخ للنشر، الرياض، السعودية، 1987.

9- جيمس جوارتني، وريتشارد ستروب، الاقتصاد الجزئي، الاختيار العام والخاص، ترجمة د. محمد عبد الصبور محمد علي، دار المريخ للنشر الرياض السعودية، 1987.

الفصل السابع

نظرية التكاليف

❧ المبحث الأول: مفهوم التكاليف وانواعها في المدى القصير

❧ المبحث الثاني: متوسطات التكاليف والتكلفة الحدية في الأجل القصير

❧ المبحث الثالث: متوسطات التكاليف والتكلفة الحدية في المدى الطويل

المبحث الأول: مفهوم التكاليف وأنواعها في المدى القصير

أولاً: مفهوم التكاليف

يقصد بالتكاليف جميع الأموال التي تتحملها المنشأة من أجل إنتاج سلعة أو تقديم خدمة، مثل نفقات الأجور والرواتب المدفوعة عن خدمات العمل، والنفقات المصروفة على المعدات الرأسمالية، وصيانتها وتصليحها، والنفقات المصروفة على المواد الأولية، والنقل والتأمين والإيجار والإعلان والفقرات الأخرى المختلفة، التي تعكس استخدام عوامل الإنتاج، ويتم التعبير عادة عن هذه التكاليف بصورة نقدية لأن من الصعوبة جمع التكاليف بشكل عيني لعدم تجانس خدمات عوامل الإنتاج.

ثانياً: التكاليف الظاهرية والتكاليف الضمنية

تعرف التكاليف الظاهرية، بأنها تلك المبالغ النقدية المدفوعة من قبل المنشأة والتي تم الاتفاق بموجبها للحصول على خدمات عوامل الإنتاج، بحيث أن المنشأة لا يمكن لها أن تحصل على هذه الخدمات دون دفع مقابل لها، مثال ذلك المبالغ النقدية المنفقة على المواد الأولية وأجور العمال والاندثار.

أما التكاليف الضمنية أو المستترة، فأنها تلك التكاليف التي لا تظهر في شكل مدفوعات ظاهرية، ولا تترتب على عقد اتفاق. وإنما هي تكاليف استخدام عوامل إنتاج، تعود ملكيتها الى المنشأة أو المنتج ذاته، مثال ذلك استخدام ما يملكه المنتج من رأس مال أو استخدامه لمجهوده الشخصي.

ومن المعلوم أن الاقتصادي يحسب التكاليف الضمنية كجزء من اجمالي التكاليف العامة للمنشأة، في حين أن المحاسب لا يهتم باحتساب التكاليف الضمنية ضمن تكاليف الإنتاج العامة للمنشأة، ويهتم باحتساب التكاليف الظاهرية فقط، وبالتالي فأن الأرباح الاقتصادية تساوي الفرق بين الإيرادات الكلية والتكاليف الكلية (الظاهرية والضمنية) أي أن:

الإرباح الاقتصادية = الإيرادات الكلية - التكاليف الكلية

أما الإرباح المحاسبية فأنها تساوي الفرق بين الإيرادات الكلية والتكاليف الظاهرية أي أن:

الإرباح المحاسبية = الإيرادات الكلية - التكاليف الظاهرية

وهذا يعني أن الإرباح الاقتصادية تكون أقل من الإرباح المحاسبية بسبب وجود التكاليف الضمنية ضمن الحساب.

ثالثاً: تكاليف الإنتاج في الآجل القصير

يمكن تقسيم التكاليف في الآجل القصير الى ثلاثة أقسام هي: التكاليف الثابتة والتكاليف المتغيرة والتكاليف الكلية وكما يأتي:

1- التكاليف الثابتة (Fc):

وهي النفقات التي تتحملها المنشأة نتيجة لاستخدامها لقدر معين من عوامل الإنتاج الثابتة، وهذه النفقات لا تتغير في مقدارها مهما تغيرت كمية الإنتاج، أي أنها تبقى ثابتة عند مستوى معين سواء استثمرت المنشأة جميع طاقتها الإنتاجية أم استثمرت جزء منها أم لم تستثمر أي شيء منها، ومن الأمثلة على التكاليف الثابتة، إيجارات المباني والأراضي ورواتب الموظفين الدائمين والضرائب وغيرها، ويعرض الجدول الآتي التكاليف الثابتة (Fc). والتي مقدارها (5000) دينار، وهي ثابتة عند هذا المقدار مهما تغيرت كمية الإنتاج (Q) لإحدى المنشآت، ويمكن توضيح العلاقة بين التكاليف الثابتة وحجم الإنتاج بالرسم كما في أدناه:

الشكل (41)

منحنى التكاليف الثابتة (Fc)

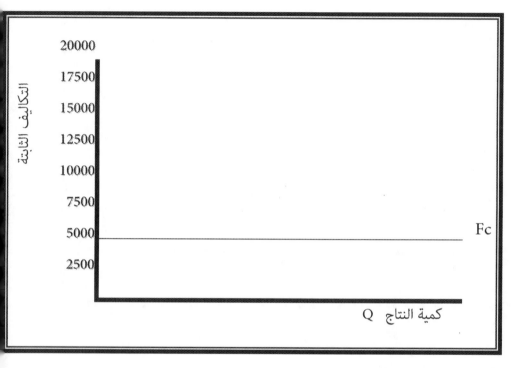

2- التكاليف المتغيرة (Vc):

وهي النفقات التي تتحملها المنشأة نتيجة لاستخدامها عوامل إنتاج متغيرة، وهي بذلك بتغير كمية الإنتاج، أي أنها تزيد بزيادة كمية الإنتاج وتقل بنقصان كمية الإنتاج، ولا تتحمل المنشأة أي مقدار من هذه التكاليف المتغيرة أثمان المواد الأولية وأجور العمل وغيرها عندما لا يكون هناك إنتاجا، ويعرض الجدول كذلك التكاليف المتغيرة (Vc)، وهي تساوي الصفر عندما تكون كمية الإنتاج تساوي الصفر، ثم ترتفع مع زيادة كمية الإنتاج، ويمكن توضيح العلاقة بين التكاليف المتغيرة (Vc) وحجم الإنتاج (Q) بالرسم وعلى النحو الأتي:

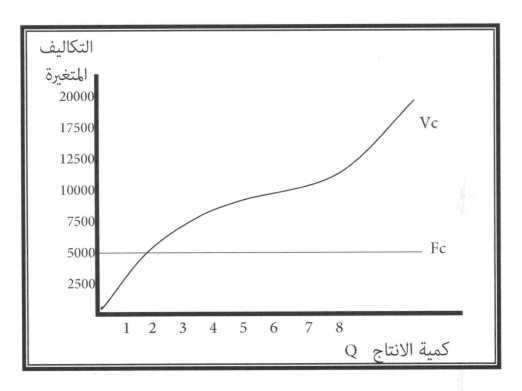

الشكل (42)

منحنى التكاليف المتغيرة (Vc)

3- التكاليف الكلية (TC):

وهي عبارة عن مجموع التكاليف الثابتة والتكاليف المتغيرة عند مستوى معين من الإنتاج أي أن:

$$TC = FC + VC$$

وبما أن التكاليف الكلية تساوي التكاليف الثابتة مضافا أليها التكاليف المتغيرة عند كل مستوى من الإنتاج، فإن منحنى التكاليف الكلية يأخذ نفس شكل منحنى التكاليف المتغيرة، ولكنه يكون أعلى منه بمقدار التكاليف الثابتة، أي بمقدار (5000) دينار، وكما في الشكل الأتي:

الجدول (21)

التكاليف المتغيرة والثابتة والكلية ومتوسطاتها والتكلفة الحدية

كمية الإنتاج	تكاليف			متوسط التكاليف			التكاليف الحدية MC
	الثابتة FC	المتغيرة VC	الكلية TC	الثابتة AFC	المتغيرة AVC	الكلية ATC	
0	5000	0	5000	-	-	-	-
1	5000	4000	9000	5000	4000	9000	4000
2	5000	7000	12000	2500	3500	6000	3000
3	5000	9000	14000	1666	3000	4666	2000
4	5000	100000	15000	1250	2500	3750	1000
5	5000	11500	16500	1000	2300	3300	1500
6	5000	14000	19000	833	2333	3166	2500
7	5000	17990	22990	714	2570	3284	3990
8	5000	22400	27400	625	2800	3425	4410

الشكل (43)

الوحدات المستهلكةالتكاليف الكلية والمتغيرة والثابتة

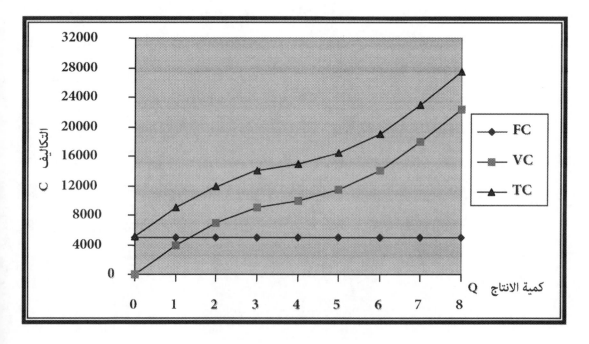

رابعاً: أهمية التمييز بين التكاليف الثابتة والتكاليف والمتغيرة في الآجل القصير:

تعود أهمية التفرقة بين نوعين من التكاليف في حالة انخفاض الطلب على منتجات منشأة ما ولجوئها الى انخفاض أسعارها، اذ كيف تتصرف هذه المنشأة في مثل هذه الظروف؟ هل تغلق أبوابها وتخسر زبائنها وعمالها وتنتظر حالة تحسن الطلب على منتجاتها؟ أم أنها تستمر بالإنتاج ولكن بكميات أقل من السابق لمقابلة الطلب المنخفض؟

أن اتخاذ القرار بشأن استمرار المنشأة بالإنتاج أو عدم الاستمرار به يعتمد على مقدار الإيراد الكلي، الذي تحصل عليه، فإذا كان هذا الإيراد كافيا لتغطية جميع التكاليف المتغيرة وجزء من التكاليف الثابتة، فإن المنشأة تستمر في الإنتاج، لأن استمرارها في الإنتاج يجعلها تتحمل خسائر أقل (جزء من التكاليف الثابتة) وتحافظ على زبائنها وعمالها، أما لو توقفت فأنها تتحمل خسائر أكبر (جميع التكاليف الثابتة) وتخسر زبائنها وعمالها الذين تعودوا التعامل معها، أما في حالة انخفاض الطلب إلى درجة أكبر، بحيث أن الإيراد الكلي أصبح يغطي التكاليف المتغيرة، فأن المنشأة في هذه الحالة مخيرة بين الاستمرار وعدم الاستمرار في الإنتاج، لأنها في كلتا الحالتين تتحمل المنشأة جميع التكاليف الثابتة، ولكنها سوف تفضل الاستمرار في الإنتاج، لأن ذلك يجعلها تحتفظ بمكانتها في السوق وتحافظ على زبائنها وعمالها، على العكس مما لو توقفت عن الإنتاج.

أما إذا كان الطلب قد انخفض بدرجة كبيرة، بحيث أن الإيراد الكلي أصبح لا يكفي لتغطية حتى التكاليف المتغيرة، فإن المنشأة في هذه الحالة يفضل لها أن تتوقف عن الإنتاج، لأن استمرارها في الإنتاج يجعلها تتحمل جميع التكاليف الثابتة وجزء من التكاليف المتغيرة، في حين أنها لو توقفت عن الإنتاج فأنها تتحمل فقط التكاليف الثابتة.

وتجب الملاحظة هنا ان هذا التحليل يصح فقط في الآجل القصير، أمـا لـو اسـتمر الانخفـاض في الطلب مدة طويلة، فإن المنشأة سيكون لديها الوقت الكافي لكي تخرج من الصناعة كلية، أو أن تخفض من طاقتها الإنتاجية وذلك لمواجهة الطلب المنخفض.

المبحث الثاني: متوسطات التكاليف والتكلفة الحدية في الآجل القصير

يقصد بمتوسط التكاليف (معدل التكاليف) مقدار ما يصيب كل وحدة منتجة من التكاليف التي تمت دراستها (التكاليف الثابتة والتكاليف المتغيرة والتكاليف الكلية) وبالتالي فإن المتوسطات يمكن تقسيمها الى ثلاثة أنواع وكما يأتي:

1- متوسط التكاليف الثابتة AFC:

هو عبارة عن التكاليف الثابتة مقسومة على كمية الإنتاج أي أن:

$$\text{متوسط التكاليف الثابتة} = \frac{\text{التكاليف الثابتة}}{\text{كمية الإنتاج}}$$

أو

$$AFC = \frac{FC}{Q}$$

وإذ أن التكاليف الثابتة لا تتغير مـع تغيـر الإنتاج، فإن متوسـط التكاليف الثابتة سـيتناقص باستمرار مع زيادة كمية الإنتاج، وأنه يقترب من المحور الأفقي لكنه لا يتقاطع معه، وذلك لأنه نـاتج عن قسمة التكاليف الثابتة وهي مقدار ثابت على كمية إنتاج متزايد، فلابد أن يكون خـارج القسـمة متناقصا، وهذا يعني أنه بزيادة الإنتاج ينخفض ما يصيب الوحدة المنتجـة مـن تكاليف ثابتـة، ويمكـن توضيح هذه العلاقة بين منحنى متوسط التكاليف الثابتة وحجم الإنتاج بيانيا بالاعتماد عـلى الجـدول السابق، وكما يأتي:

الشكل (44)

منحنى متوسط التكاليف الثابتة

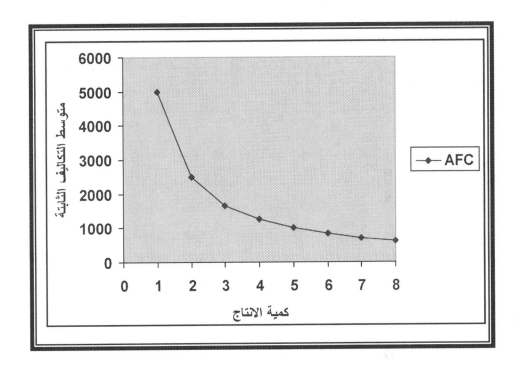

2- متوسط التكاليف المتغيرة (AVC):

هو عبارة عن التكاليف المتغيرة مقسومة على كمية الإنتاج أي أن:

متوسط التكاليف المتغيرة = التكاليف المتغيرة / كمية الإنتاج

أو

$$AVC = \frac{VC}{Q}$$

وإذ أن التكاليف المتغيرة غير ثابتة مع تغير حجم الإنتاج، فإن متوسط التكاليف المتغيرة ستتناقص مع زيادة الإنتاج في المرحلة الأولى للعملية الإنتاجية

ثم يصل الى متوسط التكاليف المتغيرة الى حده الأدنى عند مستوى إنتاج معين، ثم يبدأ في الزيادة مع استمرار زيادة الإنتاج، ويعبر عن ذلك منحنى متوسط التكاليف المتغيرة الذي يأخذ عادة شكل الحرف (U). أي أنه ينحدر من أعلى اليسار الى الأسفل والى اليمين ويصل الى أدنى حد ممكن ثم يتجه من الأسفل إلى الأعلى والى اليمين، ويمكن تفسير أخذ منحنى متوسط التكاليف المتغير هذا الشكل، هو أنه عندما كان متوسط التكاليف المتغيرة هو عبارة عن قسمة التكاليف المتغيرة على كمية الإنتاج، فإنه يتوقف على معدل التغير في كل من البسط والمقام، فإذا كان معدل زيادة البسط (التكاليف المتغيرة) أقل من معدل زيادة المقام (كمية الإنتاج) فإن متوسط التكاليف المتغير ينخفض (مرحلة تناقص متوسط التكاليف المتغيرة) والتي هي في الواقع مرحلة تزايد الغلة، أما إذا كان معدل تغير البسط (التكاليف المتغيرة) أكبر من معدل تغير المقام (كمية الإنتاج)، فان هذا يعني تزايد متوسط التكاليف المتغيرة (مرحلة تزايد متوسط التكاليف المتغيرة) وهذا هو ما يحصل في مرحلة تناقص الغلة، ويمكن توضيح ذلك من خلال الشكل الأتي:

الشكل (45)

منحنى متوسط التكاليف المتغيرة

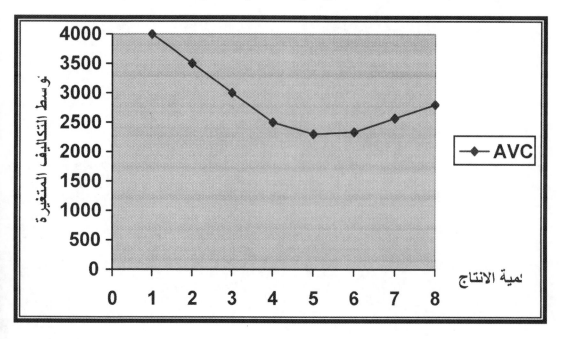

177

3- متوسط التكاليف الكلية (ATC):

هو عبارة عن التكاليف الكلية مقسومة على كمية الإنتاج أي أن:

$$\text{متوسط التكاليف الكلية} = \frac{\text{التكاليف الكلية}}{\text{كمية لإنتاج}}$$

أو

$$ATC = \frac{TC}{Q} = \frac{FC + VC}{Q}$$

أو

$$ATC = AFC + AVC$$

يأخذ متوسط التكاليف الكلية بالتناقص مع تزايد الإنتاج الى حد معين ثم يأخذ بالتزايد مع استمرار زيادة الإنتاج متخذا شكل الحرف (U) وتفسير سلوك هذا المنحنى بهذا الشكل يعود الى أنه لما كان متوسط التكاليف الكلية ما هو ألا عبارة عن مجموع متوسط التكاليف الثابتة ومتوسط التكاليف المتغيرة، فإن سلوكه يعتمد على سلوك كل من هذين المتوسطين، وعندما كان هذان المتوسطان في البداية متناقصين، فإن متوسط التكاليف الكلية يكون متناقصا بالضرورة، ويستمر كذلك ما دام كل من متوسط التكاليف الثابتة والمتغيرة متناقصين، وعندما يصل منحنى متوسط التكاليف المتغيرة الى أدنى مستوى له ويكون منحنى متوسط التكاليف الثابتة مستمر في تناقصه، فإن متوسط التكاليف الكلية يكون متناقصا، وبعد أن يأخذ متوسط التكاليف المتغيرة في التزايد فأن متوسط التكاليف الكلية يستمر في تناقصه، طالما أن معدل تزايد التكاليف المتغيرة أقل من معدل تناقص التكاليف الثابتة، ولكن عندما يصبح التزايد في معدل التكاليف المتغيرة أكبر من التناقص في معدل التكاليف الثابتة، فإن متوسط التكاليف الكلية يأخذ في التزايد، ويمكن توضيح ذلك من خلال الرسم البياني الآتي:

الشكل (46)

متوسط التكاليف الكلية والمتغيرة والثابتة والتكاليف الحدية

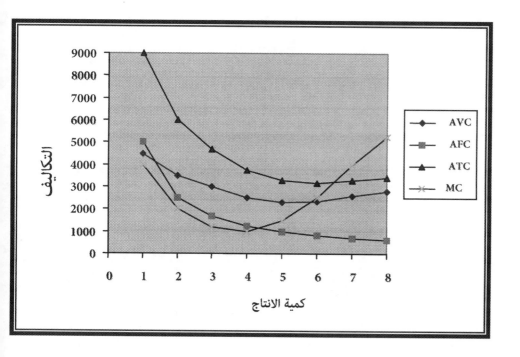

4- التكاليف الحدية (MC)

وهي عبارة عن مقدار التغير في التكاليف الكلية نتيجية للتغير في كمية الإنتاج من سلعة معينة بوحدة واحدة، وتقاس التكاليف الحدية بقسمة التغير في التكاليف الكلية على التغير في كمية الإنتاج، أي أن:

$$\text{التكاليف الحدية} = \frac{\text{التغير في التكاليف الكلية}}{\text{التغير في كمية الإنتاج}}$$

أو

$$MC = \frac{\Delta TC}{\Delta Q} = \frac{(TC2 - TC1)}{(Q2 - Q1)}$$

وبذلك يمكن تعريف التكاليف الحدية أيضا بأنها مقدار التغير في التكاليف المتغيرة نتيجة للتغير في كمية الإنتاج بمقدار وحدة واحدة.

ويلاحظ من الشكل أعلاه، أن منحنى التكاليف الحدية يأخذ في التناقص الى حد معين ثم يبداء في الزيادة مع زيادة كمية الإنتاج ومن الملاحظ أن منحنى التكاليف الحدية، يقطع منحنى متوسط التكاليف المتغيرة في أدنى نقطة له، وكذلك يقطع منحنى متوسط التكاليف الكلية في أدنى نقطة له أيضا.

أولاً: العلاقة بين منحنيات الناتج ومنحنيات التكاليف

يمكن أيجاد العلاقة بين منحنيات الناتج ومنحنيات التكاليف من خلال توضيح العلاقة بين منحنى الناتج المتوسط والناتج الحدي ومنحنى متوسط التكاليف والتكاليف الحدية فمن ملاحظة الشكل أدناه نجد أن منحنى الناتج الحدي يقطع منحنى الناتج المتوسط عند أعلى نقطة فيه، بينما يقطع منحنى التكاليف الحدية منحنى متوسط التكاليف عند أدنى نقطة، أن نقطة تقاطع منحنى الناتج الحدي والناتج المتوسط تحدد نهاية مرحلة تزايد الإنتاج (مرحلة تزايد الغلة) بينما نقطة تقاطع منحنى التكاليف الحدية ومتوسط التكاليف تحدد مرحلة تناقص التكاليف وهي تقابل مرحلة تزايد الغلة، والواقع أن مقدار الإنتاج الذي يتحدد بنهاية مرحلة تزايد الغلة ما هو ألا نفس مقدار الإنتاج الذي يتحدد بنهاية مرحلة تناقص التكاليف، بينما المرحلة الثنية تبدأ بعد النقطة التي تتساوى عندها التكاليف الحدية مع متوسط التكاليف وهذه المرحلة يمكن تسميتها بمرحلة تزايد التكاليف وهي تقابل مرحلة تناقص الغلة.

ومن الشكل يظهر أيضا أن التكاليف المتغيرة لا تتغير بمقدار ثابت أنما في المرحلة الأولى تتزايد بمعدل متناقص، أما في المرحلة الثانية، فإنها تزداد بمعدل متزايد، وأن تفسير ذلك يتطلب العودة إلى دالة الإنتاج التي تم التطرق إليها سابقا، ففي الأجل القصير يلاحظ أن هناك نوعين من عناصر الإنتاج، الثابتة والمتغيرة فعند إضافة وحدات متتالية من عنصر إنتاجي متغير الى عناصر إنتاج ثابتة يظهر أن الناتج الكلي في المرحلة الأولى

الشكل (47)

العلاقة بين منحنيات الناتج ومنحنيات التكاليف

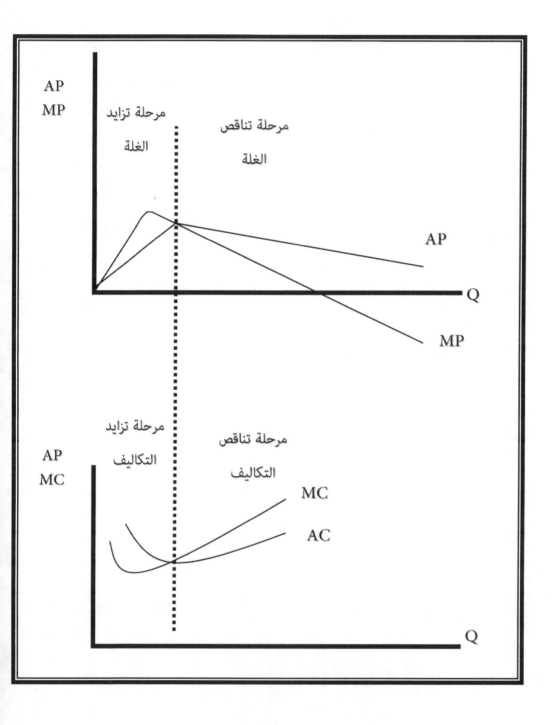

يأخذ بالتزايد بمعدل متزايد وفي المرحلة الثانية يأخذ بالتزايد بمعدل متناقص حتى يصل الى أقصى مستوى له، وأن السبب في ذلك يعود الى العلاقة بين العناصر الثابتة والعناصر المتغيرة، ففي المرحلة الأولى يكون مستوى استغلال عناصر الإنتاج الثابتة دون مستوى الاستغلال الأمثل لذا فإن معدل إنتاج الوحدات المستخدمة من العنصر المتغير يكون متزايدا كلما أقترب من مستوى الاستخدام الأمثل لعناصر الإنتاج الثابتة وهذا الوضع يعني أن معدل تكاليف إنتاج الوحدة الواحدة متناقص لذا فإن التكاليف المتغيرة تزايدت بمعدل متناقص، لكن استمرار الإنتاج بعد الوصول الى مستوى الاستخدام الأمثل للعناصر الثابتة تصبح معدل إنتاج الوحدات المستخدمة من العنصر ـ المتغير متناقصا وهذا يعني أن تكاليف الإنتاج المتغيرة تتزايد بمعدل متزايد.

مما تقدم يمكن القول أنه عندما كان الناتج الكلي يتزايد بمعدل متزايد، فإن التكاليف المتغيرة تتزايد بمعدل متناقص، أما إذا تزايد الناتج الكلي بمعدل متناقص، فإن التكاليف المتغيرة تتزايد بمعدل متزايد.

المبحث الثالث: متوسطات التكاليف والتكلفة الحدية في المدى الطويل

ان المشروع في المدى الطويل يكون قادراً على تغيير ما لديه من عناصر الإنتاج وخاصة الثابتة منها، بحيث تتلائم مع الظروف التي يعمل فيها. بهذا تصبح جميع عناصر الإنتاج خلال هذه الفترة متغيرة تقريباً، وعلى هذا الأساس يلاحظ ان منحنى التكاليف المتوسطة في المدى الطويل يأخذ نفس شكل منحنى التكاليف المتوسط في المدى القصير، ولكنه يكون اكثر انبساطاً، فالمشروع في المدى الطويل يستطيع أن ينظم عملياته الإنتاجية بذلك الشكل الذي يحقق له الوصول الى أفضل نسبة مزج بين العناصر المختلفة، وفي هذه الحالة تكون التكاليف المتوسطة هي أقل تكلفة ممكنة لإنتاج ناتج معين.

وعادة فإن الفترة الطويلة ما هي إلا سلسلة متعاقبة من الفترات القصيرة، وهذا يعني أن المشروع وفي لحظة معينة يقوم بالإنتاج في نطاق طاقة إنتاجية معينة، ولهذه الطاقة المحددة هناك منحنى تكاليف معين، وبمعنى آخر أن لكل

طاقة إنتاجية هناك منحنى تكاليف معين، وكلما زاد المشروع طاقته الإنتاجية، كلما انتقل الى منحنى تكاليف آخر.

ويلاحظ على كل منحنيات التكلفة هذه، أنها تسلك نفس المسلك الذي تسلكه منحنيات متوسط التكاليف في المدى القصير، أي أن منحنى متوسط التكاليف في المدى الطويل يأخذ شكل الحرف (U) أي أنه ينحدر من الأعلى الى الأسفل حتى يصل الإنتاج حجمه الأمثل ثم بعد ذلك يأخذ المنحنى بالاتجاه نحو الأعلى ويمكن توضيح ذلك من خلال الرسم البياني الآتي:

الشكل (48)

متوسط التكاليف في المدى الطويل

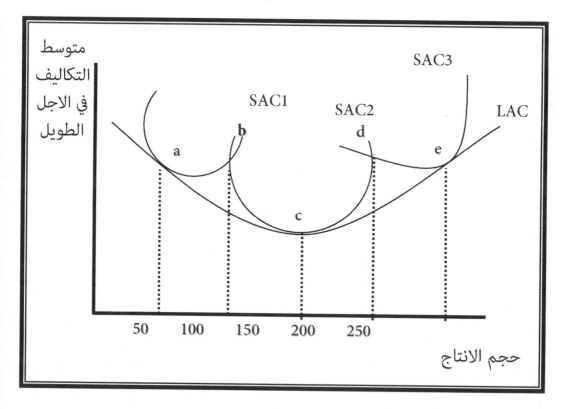

فمن خلال الرسم البياني أعلاه يتضح أن المشروع وعند حجم (sAc₁) يستطيع أن ينتج (50) وحدة وبأقل تكلفة ممكنة في ظل طاقته الإنتاجية القائمة، أما إذا رغب بزيادة الإنتاج مع ثبات حجمه الإنتاجي، فإن ذلك ممكن أن

يتم ولكن بموسط تكلفة مرتفع، كما هو الحال في النقطة (b) وذلك عندما يبلغ إنتاجية (100) وحدة.

ونظرا لتوفر الفرصة الكافية للمشروع (فترة طويلة) فإنه ممكن أن يضيف خط إنتاجي آخر من أجل زيادة الإنتاج وبذلك ينتقل المشروع الى منحنى متوسط التكاليف رقم (SAc_2) ويصبح إنتاجه (150) وحدة كما هو عليه في النقطة (c) ولكن بتكلفة اقل اما اذا رغب المشروع بزيادة إنتاجه في المدى القصير مع المحافظة على نفس الطاقة الإنتاجية السابقة (نفس الحجم السابق رقم sAc_2) فإن ذلك يعني ارتفاع متوسط التكاليف حتى يصبح عند النقطة (d) وعندما يبلغ الإنتاج (200) وحدة وبمرور الوقت لو قام المشروع بتوسيع حجم إنتاجه مرة أخرى، وقد انتقل المشروع برمته الى منحنى متوسط التكاليف رقم (sAc_3)، وعلى هذا الأساس يلاحظ أن منحنى متوسط التكاليف في المدى الطويل يأخذ هو الآخر شكل الحرف (U) ولكنه أكثر انبساطا، وهذا المنحنى يحوي داخله على منحنيات متوسط التكاليف في المدى القصير، كما يلاحظ أن منحنى متوسط التكاليف في المدى الطويل وكما يظهر الرسم البياني السابق يمس جميع منحنيات متوسط التكاليف قصيرة الآجل وفي أدنى نقطة منها.

ومن خلال ملاحظة الرسم البياني السابق يلاحظ أم حجم الإنتاج الأمثل لهذا المشروع وفي المدى الطويل يكون عند الإنتاج (150) وحدة. لذلك يمكن القول بأن الحجم الأمثل للإنتاج الذي يستطيع أن يصل أليه المشروع والذي يمكن تحقيقه بأفل التكاليف الممكنة، يتحقق في نقطة تماس منحنى متوسط التكاليف في المدى الطويل لمنحنى متوسط التكاليف في القصير.

أولا: التكاليف الحدية في المدى الطويل

يمكن تعريف التكاليف الحدية في الآجل الطويل بأنها التغير في التكاليف الكلية نتيجة لانتقال المشروع من حجم أو طاقة إنتاجية معينة الى حجم أو طاقة آخر.

وعادة فإن مفهوم التكاليف الحدية في الآجل الطويل لا يختلف عن مفهوم التكاليف الحدية في المدى القصير.

ويمكن توضيح التكاليف الحدية في الآجل الطويل بالجدول الآتي:

الجدول (22)

التكاليف الكلية والمتوسطة والحدية في الآجل الطويل

كمية الانتاج	التكاليف الكلية	متوسط التكاليف	التكاليف الحدية
50	1000	20	-
100	1600	16	12
150	2100	14	10
200	2550	12.75	9
250	2950	11.8	8

فإذا كان المشروع مصمم بطاقة إنتاجية (100) وحدة فأن التكاليف الكلية لهذا الحجم من الإنتاج هي (1600) دينار، أما إذا كان المشروع مصمم بطاقة إنتاجية (150) وحدة فأن التكاليف الكلية ستكون (2100) دينار وفي هذه الحالة يمكن استخراج التكاليف الحد بين هاتين الحالتين:

التكاليف الحدي = التغير في التكاليف الكلية / التغير في كمية الانتاج

أو

$$MC=\frac{\Delta TC}{\Delta Q}=\frac{(TC2-TC1)}{(Q2-Q1)}$$

مثلاً

$$=\frac{1600-1000}{(100-50)}=\frac{600}{50}=12$$

$$=\frac{2100-1600}{150-100}=\frac{500}{50}=10$$

مصادر الفصل السابع

1- د. حسين عمر، مبادئ المعرفة الاقتصادية، الطبعة الاولى، منشورات ذات السلاسل، الكويت، 1989.

2 - جيمس جورتني، وريتشارد ستروب، الاقتصاد الجزئي - الاختيار العام والخاص، ترجمة د. محمد عبد الصبور محمد علي، دار المريخ للنشر، الرياض، السعودية، 1987.

3 - د. كريم مهدي الحسناوي، مبادئ علم الاقتصاد، مطبعة اوفسيت حسام، بغداد، 1990.

4 - د. محمد رياض رشيد، د. عامر الفيتوري المقري، مبادئ علم الاقتصاد، منشورات ELGA فالتار مالطا، 1995.

5 - أ. حسام داود وآخرون، مبادئ الاقتصاد الجزئي، دار المسيرة للنشر والتوزيع والطباعة، عمان، 2000 .

6 - د. يعقوب سليمان وآخرون، مبادئ الاقتصاد الجزئي، دار المسيرة للنشر والتوزيع والطباعة، عمان، 1999 .

7 - د. محمد صالح، مقدمة علم الاقتصاد، مكتبة مدبولي، القاهرة، 1996 .

8 - حمدية زهران، محمود طوبار، محمد العدل، مبادئ علم الاقتصاد، مكتبة عين شمس، القاهرة، 1992 .

الفصل الثامن

الإيرادات

- المبحث الأول: مفهوم الإيرادات وأنواعها

- المبحث الثاني: منحنيات الإيرادات وأشكالها في الأسواق المختلفة

المبحث الأول: مفهوم الإيرادات وأنواعها

أولاً: مفهوم الإيرادات

أن إيرادات منشأة ما (إيرادات الإنتاج) تتحد بمنحنى الطلب الذي يواجهها ومنحى الطلب يختلف باختلاف حالة السوق (سوق منافسة أو سوق احتكار) التي سنتعرف عليها لاحقا أن شاء الله تعالى، لكن الذي يهم الآن بعد دراسة التكاليف، أن تعتمد على نفس المقاييس الخاصة بالتكاليف في قياس الإيرادات، إذ هناك ثلاثة أنواع من الإيرادات هي:

الإيراد الكلي، والإيراد المتوسط، والإيراد االحدي.

ثانياً: الإيراد الكلي (TR)

ويقصد به مجموع المبالغ التي تحصل عليها المنشأة من بيع منتجاتها في السوق أو تقديم خدماتها الى الغير، ويمكن التعبير عن الإيراد الكلي بالمعادلة الآتية:

الإيراد الكلي = كمية المبيعات × متوسط سعر بيع الوحدة الواحدة

$$TR = P.\,Q$$

ثالثاً: الإيراد المتوسط (AR)

هو عبارة معدل السعر أو إيراد الوحدة الواحدة، ويمكن الحصول على الإيراد المتوسط بقسمة الإيراد الكلي على كمية المبيعات وكما يأتي:

$$\text{الإيراد المتوسط} = \frac{\text{الإيراد الكلي}}{\text{كمية المبيعات}} \qquad AR = \frac{TR}{Q}$$

رابعاً: الإيراد الحدي (MR)

هو عبارة عن إيراد الوحدة الأخيرة أو الوحدة الإضافية، ويمكن الحصول على الإيراد الحدي بقسمة التغير في الإيراد الكلي على التغير في كمية المبيعات وكما يأتي:

$$\text{الإيراد الحدي} = \frac{\text{التغير في الإيراد الكلي}}{\text{التغير في كمية المبيعات}}$$

أو

$$MR = \frac{\Delta TR}{\Delta Q} = \frac{(TR2 - TR1)}{(Q2 - Q1)}$$

ولما كان أي نوع من الإيرادات أعلاه يختلف باختلاف طبيعة وشكل السوق الذي تتعامل معه المنشأة لبيع إنتاجها لذا أصبح ضروريا التعرف على سلوك منحنيات الإيراد في كل أشكال السوق، وسوف نقتصر على كل من سوق المنافسة التامة وسوق الاحتكار التام وسوق احتكار القلة لانها تمثل معظم الأسواق.

المبحث الثاني: خصائص سوق المنافسة الكاملة وطبيعة منحنيات إيراداتها المنافسة التامة

أولاً: الخصائص الأساسية لسوق المنافسة التامة

يتميز سوق المنافسة التامة ببعض الخصائص التي من أهمها ما يأتي:

أ. وجود عدد كبير من البائعين للسلعة، وبذلك فأن ما يعرضه البائع من السلعة لا يمثل ألا جزاء ضئيلا من العرض الكلي للسلعة، ولهذا السبب

فأن البائع ليس له أي دور في تحديد السعر، وإنما عليه أن يأخذ السعر السائد في السوق كما هو.

ب. حرية الدخول والخروج من والى الصناعة.

ج. السلعة تكون متجانسة.

د. السعر ثابت، وذلك نظرا للخصائص السابقة، وكمثال لسوق المنافسة التامة، هو سوق الخضار والحبوب، وعادة فأن سوق المنافسة التامة هو سوق نظري ليس له وجود في الحياة العملية وإنما يستخدم في مجال الدراسة النظرية ليس ألا.

ثانياً: منحنيات الإيراد وطبيعتها في سوق المنافسة التامة

يمكن توضيح منحنيات الإيراد في سوق المنافسة التامة من خلال الجدول والرسم البياني الآتيين:

جدول (23)

الإيراد الكلي والمتوسط والحدي في سوق المنافسة التامة

سعر البيع P	الكمية المباعة Q	الإيراد الكلي TR	الإيراد المتوسط AR	الإيراد الحدي MR
100	10	1000	100	-
100	11	1100	100	100
100	12	1200	100	100
100	13	1300	100	100
100	14	1400	100	100

الشكل (49)

منحني الإيراد المتوسط الحدي في سوق المنافسة التامة

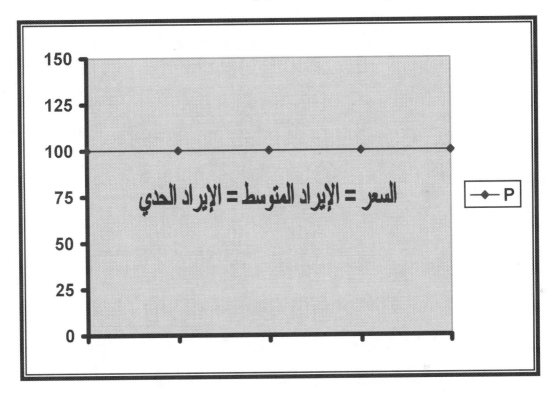

إذ يظهر من الجدول والشكل البياني السابقين، أنه في سوق المنافسة التامة يكون:

السعر = الإيراد المتوسط = الإيراد الحدي = الطلب

DD= MR = AR = P

وأن كل من هذه المنحنيات يكون على شكل خط مستقيم يوازي المحور الأفقي، ويعود السبب في ذلك إلى ثبات السعر في هذه السوق، وذلك نظرا لعدم إمكانية المنشأة من التحكم في تحديد السعر، وإنما عليه أن يأخذ السعر السائد في السوق.

ونظرا لثبات السعر، فأن ذلك يؤدي الى ثبات كل من الإيراد المتوسط والحدي مما يجعل من منحنياتها على شكل خطوط مستقيمة توازي المحور الأفقي.

فلو فرضنا أن السعر السائد في السوق كان (10) دينار، فأن ذلك يؤدي الى أن يجعل كل من الإيراد المتوسط والحدي يساوي (10) دنانير أيضا وعند كل مستوى من المبيعات كما أن ثبات السعر في سوق المنافسة التامة يجعل من منحنى الطلب لا نهائي المرونة، كما يكون موازيا للمحور الأفقي وهو نفسه منحنى الإيراد المتوسط.

المبحث الثالث: خصائص سوق الاحتكار التام وطبيعة منحنيات إيراداتها

أولاً: الخصائص الأساسية لسوق الاحتكار التام

يتميز سوق الاحتكار التام ببعض الخصائص التي تميزه عن الأسواق الأخرى والتي من أهمها ما يأتي:

أ. يوجد بائع واحد أو منتج واحد للسلعة.

ب. السلعة ليس لها بديل في السوق.

ج. لا توجد حرية للدخول الى الصناعة بفعل وجود إجراءات قانونية أو غير قانونية.

د. السعر غير ثابت، أي أنه يتغير بفعل وجود الخصائص أعلاه فهو يرتفع   كلما قلت الكمية المروضة من السلعة.

وهذا يعني أنه في سوق الاحتكار التام والذي يمثل حالة نظرية ليس لها وجود في الحياة العملية، يلاحظ خاصة في العقود الأخيرة، أنه حتى الدول الرأسمالية أخذت تفرض قيودا مشددة من أجل منع الاحتكار، نظرا لما يلحقه من

أضرار فادحة بالاقتصاد وبالمواطن، لكن مع ذلك فقد يظهر الاحتكار التـام في بعـض المجـالات وخاصة في مجال بعض الخدمات العامة (كخدمات توزيع الطاقة الكهربائية أو الهاتف أو الماء) وبعـض المرافق (كخدمات السكك الحديدية أو النقل الجوي).

كما تم ذكر أنه في سوق الاحتكار التام يوجد هناك بائع واحد للسلعة، وهو الذي يتحكم بالسعر من خلال تحكمه بالإنتاج وبالكمية المعروضة منها، اذ قد ينتج المنتج كمية كبيرة من السلعة والمفروض في هذه الحالة أن يزداد العرض مـن السلعة ومـا يترتب عـلى ذلـك مـن انخفـاض السـعر، لكـن هـذا الانخفاض لا يتماش مع هدف المحتكر الذي يتمثل بالحصول على أقصى ربح ممكن، لـذا يلاحـظ أنـه حتى لو أنتج المنتج المحتكر كمية كبيرة من السلعة من أجل تخفيض تكاليف الوحدة المنتجـة، فأنـه لا يعرض كل إنتاجه في السوق مرة واحدة، وإنما يعرضه بذلك الشكل الذي يجعل فيه الطلـب دائمـا أكـبر من العرض من أجل زيادة السعر والحصول على مزيد من الأرباح.

في بعض الأحيان قد يكون الاحتكار قانونيا، وذلك بإن تمنح الدولة أمتياز ما لشركة معينـة لإدارة مرفق معين (كشركة الهاتف أو الماء ...).

وقد يكون الاحتكار طبيعيا كقيام شركة ما بالاستثمار في مجال معين وهذا المجال يتطلب نفقـات استثمارية كبيرة، وليس هناك مستثمر أخر ينافسه في دخول ذلك المجال أو الصـناعة، حتـى لـو تـوفرت حرية الدخول، وفي أحيانا قد يظهر الاحتكار في بعض النشاطات نتيجة لارتفاع درجـة المخـاطرة، ممـا لا يشجع الآخرين للدخول في ذلك النشاط.

ثانياً: منحنيات الإيراد وطبيعتها في سوق الاحتكار التام

أن تميز هذا السوق بوجود منشأة واحدة أو بائع واحد للسلعة وتحكمه بعرض السلعة وبالتـالي في تحديد السعر المناسب له، فأن ذلك لابد وأن يترتب عليه الاعتبارات الآتية:

أ. أن المحتكر يواجه طلب ينحدر من أعلى اليسار الى أسفل اليمين، اذ ان المحتكر إذا أراد أن يرفع السعر فما عليه ألا أن يخفض الكمية المعروضة من السلعة، وإذا أراد أن يزيد مبيعاته فما عليه ألا أن يخفض السعر، كما لابد من أخذ بنظر الاعتبار أن الإيراد المتوسط في سوق الاحتكار التام هو نفس السعر.

ب. يتناقص الإيراد الحدي مع تناقص السعر ولكن بمعدل أسرع منه.

ج. أن منحنى الإيراد الحدي يكون أدنى من منحنى الإيراد المتوسط (السعر) وعادة فأنه ينصف المسافة المحصورة بين الإحداثي العمودي ومنحنى الإيراد المتوسط (السعر).

ويمكن توضيح العلاقة بين الإيراد المتوسط والحدي ومنحنياتها من خلال الجدول والرسم البياني الآتيين:

جدول (24)

الإيراد الكلي والمتوسط والحدي في سوق الاحتكار التام

سعر البيع P	الكمية المباعة Q	الإيراد الكلي TR	الإيراد المتوسط AR	الإيراد الحدي MR
100	30	300	100	-
90	40	3600	90	60
80	50	4000	80	40
70	60	4200	70	20
60	70	4200	60	0
50	80	4000	50	-20
40	90	3600	40	-40

ويمكن التعبير عن ذلك الجدول بالرسم البياني الآتي والذي يمثل سلوك كل من منحنى الإيراد المتوسط والإيراد الحدي:

الشكل (50)

الإيراد المتوسط والإيراد الحدي في سوق الاحتكار التام

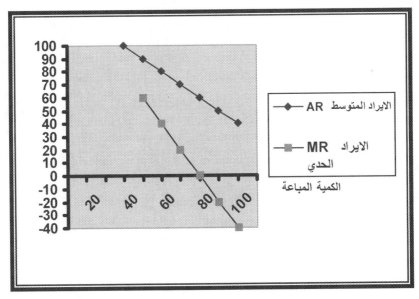

إذ يلاحظ من الرسم البياني أن كل من منحنى الإيراد المتوسط (السعر) ومنحنى الإيراد الحدي ذات ميل سالب، تنحدر من أعلى اليسار الى أسفل اليمين، وأن منحنى الإيراد الحدي يقع أسفل أو أدنى من منحنى الإيراد المتوسط عند كل مستوى من مستويات الإنتاج.

وأن منحنى الإيراد المتوسط يكون بمثابة تعبير عن منحنى الطلب في سوق الاحتكار، كما أنه نفس السعر، كما يلاحظ أن مرونة الطلب تختلف من نقطة الى أخرى على منحنى الطلب في سوق الاحتكار التام.

المبحث الرابع: منحنيات الإيراد وطبيعتها في سوق احتكار القلة

أن منحنيات كل من الإيراد المتوسط والإيراد الحدي تأخذ نفس الاتجاه العام الذي تأخذه منحنيات الإيراد في سوق الاحتكار التام. إذ يلاحظ أن منحنى الإيراد المتوسط (منحنى الطلب) في هذا السوق يكون منكسرا، بسبب ردود الفعل المعاكسة للمنتجين الآخرين، حيث إذا ما قام أحد المنتجين للسلعة بتخفيض

السعر، فأن ذلك يدفع البائعين أو المنتجين الآخرين أن يتبعوه ويخفضوا أسعارهم أيضا، أما إذا لجأ أحد المنتجين الى رفع سعر سلعته، فأن ذلك قد لا يدفع الآخرين أن يتبعوه.

كذلك يلاحظ أيضا أن منحنى الإيراد الحدي يكون منقطعاً (غير متصلاً) ويعود سبب ذلك الى انكسار منحنى الطلب. ويمكن توضيح ذلك بالرسم البياني الآتي.

اذ يلاحظ أنه في النقطة (a) التي ينكسر فيها منحنى الإيراد المتوسط، أن منحنى الإيراد الحدي ينخفض مرة أخرى ويصبح غير متصل عندما تكون كمية الإنتاج المعروضة هي (Q). ويتمثل عدم اتصال منحنى الإيراد الحدي بالمسافة (bc).

الشكل (51)

الإيراد المتوسط والحدي في سوق احتكار الغلة

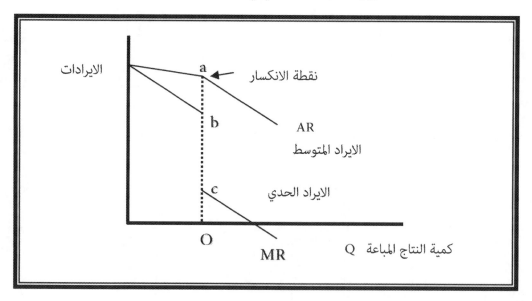

مصادر الفصل الثامن

1- د. محمد محمود النصر، د. عبد الله محمد شامية، مبادئ الاقتصاد الجزئي، الطبعة السادسة، دار الأمل، عمان، 2001.

2- د. كريم مهدي الحسناوي، مبادئ علم الاقتصاد، مطبعة اوفسيت حسام، بغداد، 1990.

3- د. منى الطحاوي، مبادئ الأساسية لعلم الاقتصاد، دار الثقافة العربية، القاهرة، 1998.

4- Eugen e-A. Diulio , Macoe conomics theary , schaum , outline series in Economics , Mc Grow – Hill Book company , 1974.

الفصل التاسع

هيكل الأسواق

- المبحث الأول: مفهوم السوق ووظائفه وانواعه

- المبحث الثاني: سوق المنافسة التامة

- المبحث الثالث: سوق الإحتكار التام

- المبحث الرابع: سوق المنافسة الاحتكارية

- المبحث الخامس: سوق احتكار القلة

المبحث الأول: مفهوم السوق ووظائفه وانواعه

أولاً: مفهوم السوق

يقصد بالسوق بأنه عبارة عن نموذج يتميز ببعض الصفات التي تؤدي إلى تحديد سعر السلعة أو الخدمة، وفيه يقوم البائعون والمشترون بإجراء عمليات التبادل الاقتصادي، أو هو عبارة عن المحل الذي يلتقي فيه البائعون والمشترون لبيع وشراء السلع والخدمات بأسعار معينة.

ثانياً: وظائف السوق

أن من أهم وظائف السوق ما يأتي:

أ. تحديد قيم السلع والخدمات، إذ أن السعر هو التعبير النقدي لقيمة السلعة أو الخدمة.

ب. تنظيم الإنتاج، إذ أن المنتج قد يسعى الى تحقيق أكبر إنتاج ممكن في ظل تكاليف معينة، أو إنتاج كمية معينة بأقل ما يمكن من التكاليف.

ج. توزيع الناتج من السلع والخدمات، إذ أن الأفراد من الناحية النظرية يستلمون دخولا طبقا لمقدار مساهماتهم في الإنتاج، أي أن الأفراد الأكثر إنتاجية هم الذين يحصلون على دخولا عالية ويكونون نتيجة لذلك أكثر مقدرة على شراء السلع والخدمات مقارنة بالأفراد الأقل إنتاجية.

د. يقوم السوق بالتقنين الذي هو جوهر التسعير لأنه يقيد الاستهلاك الجاري طبقا للإنتاج الموجود.

ثالثاً: أنواع الأسواق

يمكن تصنيف الأسواق الى أربعة أسواق على أساس تركيب (هيكل) الأسواق، أي على الاختلافات في عدد المشترين أو البائعين أو كليهما معا، وعلى الاختلاف في السلعة أو الخدمة.

- سوق المنافسة الكاملة
- سوق المنافسة الاحتكارية.
- سوق الاحتكار التام
- سوق احتكار القلة

المبحث الثاني: سوق المنافسة التامة

يعد هذا النموذج (السوق) قليل الانتشار في اقتصاديات العالم، باستثناء بعض الأسواق المتخصصة في بيع سلعة واحدة، ومثال على ذلك الحبوب. وذلك لصعوبة توفر الفروض التي يتطلبها هذا السوق (تم التطرق الى هذه الفروض أو الخصائص في الفصل السابق)، إذ يتطلب أن تكون السلعة متجانسة، وأن يكون هناك عدد كبير من البائعين والمشترين لهذه السلعة، وأن يكون هؤلاء البائعون والمشترون يمتلكون المعرفة الكاملة حول سعر السلعة والكميات المطلوبة منها، ومن السهل جدا على المنشأة الدخول أو الخروج من والى الصناعة.

أولاً: تحديد سعر السوق

أن الخصائص التي تتميز بها سوق المنافسة التامة تجعل المنشأة التي تعمل في ظلها لا تستطيع التأثير في السعر عن طريق تغيير حجم إنتاجها، ذلك أنها تستطيع أن تبيع كل ما تنتجه بسعر السوق السائد، ما دام إنتاجها لا يشكل ألا جزءا من العرض الكلي، لذلك لن تعمل المنشأة الى تخفيض سعر سلعتها عن سعر السوق لأن ذلك سيفقدها جزءا من إيراداتها دونما ضرورة، كما أنه لن ترفع من ذلك السعر الى حد يفوق سعر السوق، لأن ذلك يعني أنه لن تبيع شيئا من إنتاجها، وذلك بسبب تحول المستهلكين عنها نحو المنشآت الأخرى المنتجة لنفس السلعة، وهذا يعني أن المنشأة التي تعمل في ظل المنافسة التامة لن تكون لها سياسة تسعير مستقلة، لأن سعر منتوجها هو رقم معطى يحدده السوق عموما، وليست للمنشأة من سبيل للتحكم فيه، وعليه فإن السعر سيكون عبارة عن خط مستقيم موازي للمحور الأفقي وكما في الشكل الأتي:

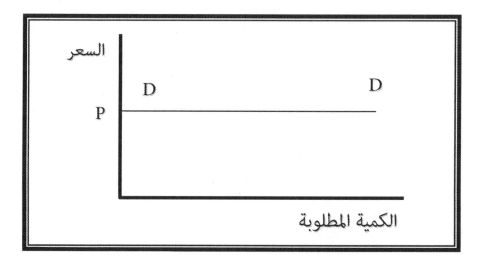

الشكل (52)

السعر في سوق المنافسة التامة

ثانياً: منحنى الطلب في كل من المنشأة والصناعة في سوق المنافسة التامة

قبل أن نتناول منحنى طلب المنشأة ومنحنى طلب الصناعة لا بـد مـن توضيح معنـى كـل مـن المنشأة والصناعة، فالمنشأة هي عبارة عن وحدة إنتاجية تستخدم عوامـل إنتاج معينة لإنتاج سلعة معينة او لتقديم خدمة معينة، أما الصناعة فهي عبارة عن مجموعة من المنشآت التي تستخدم عوامل إنتاج معينة لإنتاج سلعة متجانسة او تقديم خدمة متجانسة.

ان منحنى الطلب على سلعة معينة تقوم بإنتاجها منشأة ما في سوق المنافسة التامة يختلف عن منحنى الطلب للصناعة ككل على هذه السلعة، وبما ان إنتاج المنشأة هو متماثل (متجانس) مـع إنتاج باقي منشآت الصناعة، فيبدو وكأن منحنى طلب المنشأة سيكون هو نفس منحنى الطلب الذي يواجه الصناعة ككل، أي انه منحدر من أعلى اليسار إلى اسفل اليمـين، إلا ان الحقيقـة غـير ذلـك، إذ حسـب افتراضات المنافسة التامة، ان الكمية المطلوبة والمشتراة من كل منشأة لا تشكل سوى جزءاً صـغير جـداً من طلب الصناعة ككل (الطلب الكلي) لذا فان تغير

207

الحجم الإنتاجي لمنشأة ما لن يؤثر على السعر، وبالتالي فإنها ستبيع بسعر السوق المعطى، أي ان منحنى طلب المنشأة سيكون ممثلاً بخط أفقي، ونظراً لان المنشأة في ظل المنافسة التامة تتمكن من ان تبيع أي مقدار من السلعة بالسعر نفسه، فان هذا يعني إن أية وحدة مباعة سوف تضيف إلى الإيراد الكلي لهذه المنشأة المقدار نفسه الذي تضيفه الوحدة السابقة، لأنه لن تكون هناك ضرورة الى تخفيض السعر من اجل زيادة المبيعات، لذا ففي حالة المنافسة الكاملة يكون معدل الإيراد (السعر) متساوياً مع الإيراد الحدي، بعبارة أخرى إن منحنى مبيعات المنتج يمثل منحنى تام المرونة، وهو بذلك يختلف عن منحنى طلب الصناعة الذي ينحدر من أعلى اليسار الى أسفل اليمين مشيراً الى انه بزيادة المقادير المنتجة وبالتالي المعروضة تؤدي بسعر السوق الى الانخفاض، إلا انه قد يثار السؤال الآتي:

كيف ينتج من إضافات عدد كبير من المنحنيات الأفقية للمنشآت منحنى منحدر في حالة طلب الصناعة (الطلب الكلي)؟

إن الجواب هو انه من غير الصحيح جمع منحنيات المبيعات الفردية التي تواجه كل منشأة لان كل منها مبني على افتراض إن إنتاج باقي المنشآت في السوق يبقى ثابتاً، لذا فان أي توسع في إنتاج المنشأة الواحدة لن يؤدي الى تغيير ملحوظ في الكمية المنتجة، وبالتالي المعروضة في السوق، ولكن اذا كانت جميع المنشآت قد وسعت من إنتاجها في آن واحد، فان ذلك سيؤدي حتماً الى زيادة واضحة في عرض السوق، الذي سيقود الى انخفاض في سعر السوق، أما بالنسبة للمنشأة الواحدة، فان سعر السوق يكون محدداً بقوى خارجية عن إرادتها تماماً، والشكلين الآتيين يوضحان منحنى طلب المنشأة الصناعية.

الشكل (53)

منحنى طلب المنشأة ومنحنى طلب الصناعة في سوق المنافسة الكاملة

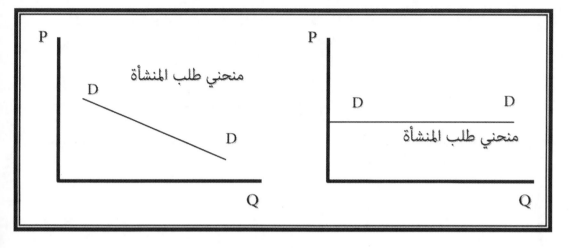

ثالثاً: توازن المنشأة في سوق المنافسة الكاملة

يوجد أسلوبان لتحقيق التوازن في المنشأة التي تعمل في ظل المنافسة الكاملة وهما كما يأتي:

1 - توازن المنشأة باستخدام أسلوب المجاميع:

ويسمى هذا الأسلوب بأسلوب الفرق بين الإيراد الكلي والتكاليف الكلية، وتحقق المنشأة حالة التوازن في ظل المنافسة الكاملة عندما تنتج ذلك المستوى من الإنتاج الذي يكون عنده الفرق بين الإيراد الكلي (TR) والتكاليف الكلية (TC) أكبر ما يمكن، أي عندما تحقق المنشأة أقصى الأرباح.

ويأخذ منحنى الإيراد الكلي في هذه السوق شكل خط مستقيم يبدأ من نقطة الأصل، ثم يتجه نحو الأعلى، والسبب في ذلك يعود الى ثبات السعر، وبالتالي فان الإضافة الى الإيراد الكلي نتيجة لزيادة المبيعات بوحدة واحدة تكون بمقدار ثابت ومساوية للسعر.

أما منحنى التكاليف الكلية فان مساره يتغير بين الارتفاع والانخفاض نتيجة لتغير التكاليف الكلية مع زيادة (تغير) الإنتاج.

ويمكن توضيح العلاقة بين منحنى الإيراد الكلي والتكاليف الكلية من خلال الشكل الآتي:

الشكل (54)

توازن المنشأة التي تعمل في سوق المنافسة الكاملة بأسلوب المجاميع

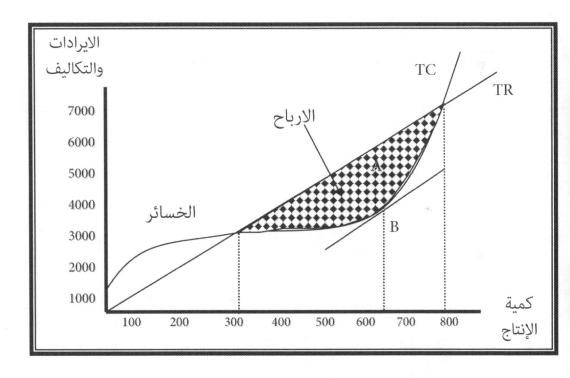

يظهر الشكل ان المنشأة تحقق أقصى الأرباح عندما تنتج كمية الإنتاج تساوي (650) وحدة، وبهذا المستوى من الإنتاج يصل التباعد بين منحنى التكاليف الكلية ومنحنى الإيراد الكلي أقصى ما يمكن، أما الأرباح الكلية فهي تتمثل بالمسافة المحصورة بين المنحنيين (AB)، وبهذا المستوى من الإنتاج يكون ميل منحنى الإيراد الكلي يساوي ميل منحنى التكاليف الكلية، ويمكن توضيح طبيعة العلاقة بين الإيراد الكلي والتكاليف الكلية من خلال الجدول التي:

الجدول (25)

الإيراد الكلي والتكاليف الكلية والأرباح في سوق المنافسة الكاملة

الكمية Q	السعر P	الإيراد الكلي TR	التكاليف الكلية TC	الأرباح
0	8	0	800	-800
100	8	800	2000	-1200
200	8	1600	2300	-700
300	8	2400	2400	0
400	8	3200	2524	676
500	8	4000	2775	1225
600	8	4800	3200	1600
650	8	5200	3510	1690
700	8	5600	4000	1600
800	8	6400	6400	0

2- توازن المنشأة باستخدام أسلوب الحديات:

يعد أسلوب الحديات أكثر ملائمة من أسلوب المجاميع لتحديد الوضع التوازني للمنشأة في ظل سوق المنافسة الكاملة، ولما كان الإيراد الحدي (MR) هو التغير في الإيراد الكلي نتيجة للتغير في الكمية المباعة بمقدار وحدة واحدة، وبالنظر لأن الإيراد الحدي (MR) يساوي السعر (P) في حالة المنافسة الكاملة، وأن التكلفة الحدية (MC) هي التغير في التكاليف الكلية نظير التغير في كمية الإنتاج بمقدار وحدة واحدة، فأن أرباح المنشأة سوف تعظم أجمالي ربحها في الآجل القصير، عند مستوى الإنتاج الذي يتساوى عنده الإيراد الحدي أو السعر مع التكلفة الحدية، وعندما تكون الأخيرة في صعود، وتكون المنشأة في حالة توازن قصير الآجل عند هذا المستوى الأفضل من الإنتاج، أي عندما يكون:

$$MR = MC$$

$$P = MC$$

ويوضح الشكل الآتي أسلوب الحديات بيانيا، إذ يلاحظ أنه عند إنتاج (650) وحدة يتقاطع منحنيا الإيراد الحدي والتكلفة الحدية، وأن نقطة تقاطعهما هي نقطة

تساويهما، وبالتالي فأن مستوى إنتاج (650) وحدة هو المستوى التوازني الذي فيه تحقق المنشأة أقصى الأرباح.

الشكل (55)

توازن المنشأة في سوق المنافسة الكاملة بأسلوب الحديات

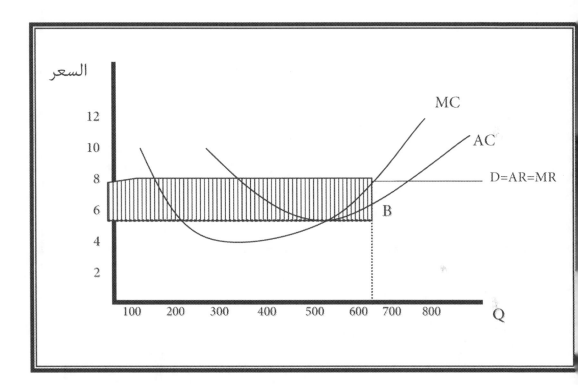

MC

وتكون التكلفة الحدية مساوية الى الإيراد الحدي (MC = MR = 8) وعندما تتجاوز المنشأة هذا المستوى أي إنتاج (650) وحدة، فأن التكلفة ستفوق الإيراد الحدي (MC > MR). أي أن المنشأة تحقق خسارة في كل وحدة إضافية، مما يترتب عليه تخفيض مستوى أرباحها المتحققة، لذا ليس من مصلحتها أن تتجاوز مستوى إنتاج (650) وحدة، وكذلك ليس من مصلحتها إنتاج أقل من المستوى التوازني (650) وحدة، لأنها لو أنتجت فأن ذلك يعني أن المنشأة بإمكانها أن تحقق أرباحا أكثر لو أنتجت وحدة إضافية طالما أن (MR >MC) وتستمر المنشأة في زيادة إنتاجها حتى الوصول الى مستوى إنتاج (650) وحدة الذي يكون عنده (MR = MC) وهو المستوى التوازني للمنشأة.

المبحث الثالث: سوق الاحتكار التام

تتميز سوق الاحتكار التام ببعض الخصائص أهمها كما ذكرنا: وجود منشأة واحدة في السوق تقوم بإنتاج سلعة ليست لها بدائل، ولا توجد هناك إمكانية لدخول منشآت أخرى الى هذه الصناعة، أي أن هذه المنشأة المحتكرة تمثل الصناعة بكاملها وتحقق المنشأة في هذه السوق توازنها بأحد الأسلوبين التاليين:

أولاً: توازن المنشأة باستخدام أسلوب المجاميع

يمكن تحديد الوضع التوازني للمنشأة في سوق الاحتكار التام وذلك بالاعتماد على أسلوب الأجماليات (المجاميع)، أي باستخدام منحنيات الإيراد الكلي والتكاليف الكلية، ويتحقق توازن المحتكر عندما يقوم بإنتاج الكمية (OQ_1) وحدة من سلعته، والتي يكون عندها الفرق بين الإيراد الكلي والتكاليف الكلية أكبر ما يمكن (المسافة AB) وعند هذا المستوى من الإنتاج يكون ميل منحنى الإيراد الكلي يساوي ميل منحنى التكاليف الكلية، إذ يكون المماس لمنحنى الإيراد الكلي موازيا لمماس منحنى التكاليف الكلية، وإذ أن ميل منحنى الإيراد الكلي، هو بمثابة تعبير عن الإيراد الحدي، وأن ميل منحنى التكاليف الكلية، هو تعبير عن التكاليف الحدية، وعلى هذا الأساس يمكن القول أن أرباح المحتكر تصل الى حدها الأقصى عند مستوى الإنتاج (OQ_1) والذي عنده يتساوى الإيراد الحدي مع التكاليف الحدية وكما في الشكل الأتي:

الشكل (56)

توازن المنشأة التي تعمل في سوق الأحتكار التام بأسلوب المجاميع

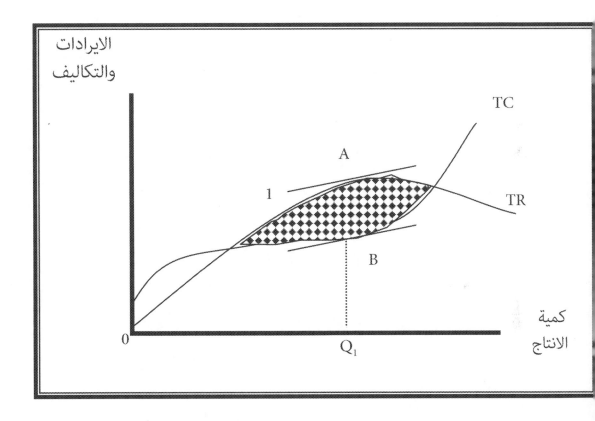

ثانياً: توازن المنشأة باستخدام أسلوب الحديات

أن الوضع التوازني للمنشأة التي تعمل في ظل سوق الاحتكار التام يتحقق عنـدما يكـون الإيـراد
الحدي يساوي التكاليف الحدية (MR = MC)، ويمكن توضيح ذلك من خلال الشكل الأتي، الذي يبين أن
المحتكر يحقق توازنه في نقطة (E) التي تمثل نقطة تقاطع منحنى التكاليف الحدية (MC) مـع منحنـى
الإيراد الحدي (MR)، والتي يتحدد عندها ذلك الإنتاج (OQ_1) الذي تحقق فيه المنشأة المحتكرة أقصى
الأرباح الممكنة، والذي يتمثل بالمساحة المظللة (a b c d) وهذه الكميـة تعـد الكميـة الأفضـل للمنشـأة
المحتكرة، إذ إذا ما أرادت زيادة مستوى إنتاجها عن ذلك

المستوى (OQ_1)، فأنهـا سـوف تحقـق خسـائر عـن كـل وحـدة إضافيـة عـن (OQ_1)، نظـرا لأن التكاليف الحدية لتلك الوحدة تكون أكبر من إيرادها الحدي، أي أن تلك الوحدة المضافة تضيف الى التكاليف أكبر من الإضافة الى الإيراد.

لذلك فأن أفضل كمية من الإنتاج يمكن أن تنتجها وتعرضها المنشأة المحتكرة تتمثل بالكمية (OQ_1)، التي تحقق فيها أقصى الأرباح الممكنة، والتي يكون عندها الإيراد الحدي = التكاليف الحدية.

الشكل (57)

توازن المنشأة في سوق الاحتكار التام بأسلوب الحديات

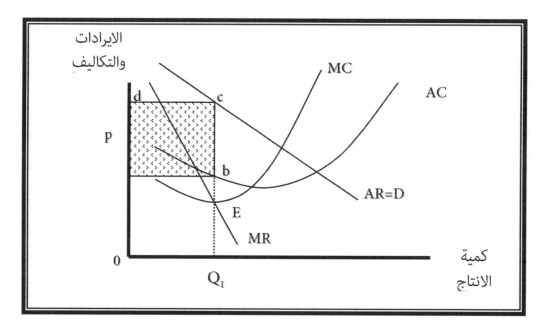

المبحث الرابع: سوق المنافسة الاحتكارية

يمكن القول أن سوق المنافسة الاحتكارية يمثل النموذج الأكثر شيوعا ومواجهة في الحياة العملية من النماذج السابقة للأسواق، سواء نموذج سوق المنافسة الكاملة،أو نموذج سوق الاحتكام التام، إذ يمثل هذا السوق حالة وسط بين السوقين السابقين، فهو يجمع بعض الخصائص مـن سوق المنافسة،

وخصائص أخرى من سوق الاحتكام التام ويكون أقرب الى سوق المنافسة الكاملة من سوق الاحتكار التام.

أولاً: خصائص سوق المنافسة الاحتكارية

يتميز هذا السوق عن الأسواق الأخرى ببعض الخصائص التي منها ما يأتي:

أ- وجود عدد كبير من البائعين والمشترين، مما يعني أن كل بائع أو منتج يمثل حصة صغيرة من السوق، كما أن المنشآت التي تنتج السلعة تكون عادة عددها أقل مما هو عليه في سوق المنافسة الكاملة، ومن الأمثلة على هذا السوق هو سوق الصوابين والأحذية والملابس والسكائر ومعاجين الأسنان ...... الخ

ب- السلع غير متجانسة ولكنها متقاربة مع بعضها، وبالتالي فهي تمثل بدائل قريبة ولكن غير تامة بعضها لبعض، إذ يحاول كل منتج أن يجعل هناك اختلافا بين سلعة وسلعتة الآخرين سواء كان هذا الاختلاف شكليا كأن يكون الاختلاف في اللون، التغليف، الديكور، الدعاية والإعلان، ومن خلال هذا الاختلاف الذي يكون على الأغلب ظاهريا، يحاول الدخول في تحديد سعر لسلعة يختلف عن سلعة الآخرين المماثلة لها، ونتيجة لعدم تجانس السلع التي ينتجها المنافسون الاحتكاريون، فأن الطلب على سلعة كل واحد منهم يكون مرنا، أي أنه يكون بشكل خط مستقيم ينحدر من الأعلى الى الأسفل والى اليمين كما هو عليه في سوق الاحتكار التام ولكنه أكثر انبساطا.

جـ- حرية الدخول والخروج من والى الصناعة أو السوق، وهذا يعني أنه لا توجد عوائق تمنع دخول المنتجين الآخرين السوق إذا رغبوا في ذلك. كما يمكن لكل واحد الخروج من السوق متى شاء.

د- يمكن للمنشأة في ظل المنافسة الاحتكارية أن تعدل مبيعاتها بإحدى الوسائل الآتية: 1- تغير السعر 2- تعديل مواصفات السلعة 3- تغير الانفاق على الاعلان والجهود البيعية الأخرى، تسمى الوسيلة الأولى بالمنافسة السعرية وتسمى الوسيلتين الآخريتين بالمنافسة غير السعرية.

ثانياً: توازن المنشأة في سوق المنافسة الاحتكارية

لقد تم ذكر أن منحنى الطلب (الإيراد المتوسط) على السلعة في سوق المنافسة الاحتكارية ينحدر من أعلى اليسار الى أسفل اليمين، ونظرا لأن سلعة المنتج تختلف بعض الشيء عن سلعة الآخرين، فإن منحنى الطلب يكون مرنا، كما يكون منحنى الإيراد الحدي أقل من السعر وعند كل مستوى من مستويات الإنتاج كما هو عليه في سوق الاحتكار التام.

وفي ضوء ذلك يمكن القول، أن سلوك المنتج في سوق المنافسة الاحتكارية وفي المدى القصير يشبه تماما سلوك المنتج في سوق الاحتكار التام سواء من حيث نقطة التوازن أو احتساب الأرباح والخسائر.

فالمنشأة في سوق المنافسة الاحتكارية والتي تهدف الى تعظيم أرباحها أو تقليص خسائرها، فإنها سوف تنتج عند ذلك الحد الذي يتساوى عنده الإيراد الحدي مع التكاليف الحدية $(MR = MC)$ ويمكن توضيح حالة التوازن في المنشأة التي تعمل في سوق المنافسة الاحتكارية بيانيا كما في الشكل الآتي:

الشكل (58)

توازن المنشأة في سوق المنافسة الاحتكارية

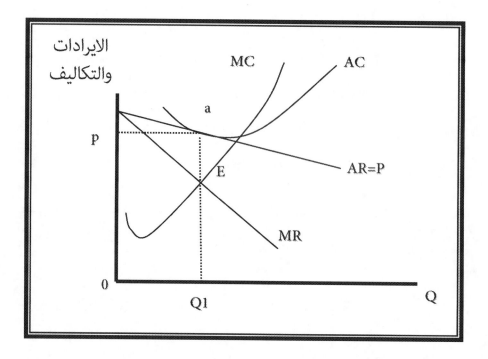

217

يظهر الشكل أن التوازن يتحقق في المنشأة عندما تنتج الكمية (OQ_1) والتي يكون عندها الإيراد الحدي يساوي التكاليف الحدية ($MR = MC$). ويبين الشكل أيضا أن المنشأة قادرة على تغطية تكاليفها الكلية، لأن الإيراد المتوسط (السعر) يساوي التكاليف المتوسط (Ac)، أي أن المنشأة في هذه الحالة لا تحقق أرباحا اقتصادية (عندما يكون $P > Ac$) ولا تتحمل خسائر (عندما يكون $P<Ac$) وإنما تحقق أرباحا اعتيادية (عندما $P = Ac$)

المبحث الخامس: سوق احتكار القلة

يقصد باحتكار القلة هو وجود عدد قليل من البائعين أو المنتجين في السوق، وليس المقصود هنـا بالعدد القليل في هذا المجال رقما معينا بل أن يكون المقصود أن عدد المنتجين مـن الصغر، بحيـث إذا قام أحد المنتجين داخل السوق بتغير سعره أو كمية إنتاجه، فإن هذه التغيرات قد تجد لها انعكاسا أو ردود فعل معينة لدى المنتجين الآخرين.

ويعد هذا النموذج من الأسواق من النماذج الشائعة في الحياة العملية في بعض الصناعات، مثل صناعة الأدوية وصناعات الاسمنت وصناعة الطابوق، كما وتمثل منظمة الأوبك ($OPEC$) المصدرة للنفط (شكلا من أشكال احتكار القلة).

وتتميز أسواق احتكار القلة عن الأسواق الأخرى، بأن هناك عدد قليل من المنشآت فيه تسـتحوذ على نسبة كبيرة من اجمالي المبيعات، كما يتميز هذا السوق بمشكلة عدم التأكد بالنسبة للطلب، نظـرا لأن الطلب في هذا السوق يتوقف على ردود فعل المنتجين الآخرين، وهذا يعني ان سلوك المنتج في هذا السوق يعتمد على توقعاته حول ردود فعل المنتجين الآخرين.

وغالبا ما تلجأ المنشآت التي تعمـل في ظل احتكار القلـة الى الاتفـاق فيما بينهـا حـول بعـض السياسات كسياسات تحديد السعر والإنتاج والمبيعات والأرباح من أجل تجنب الحرب التنافسـية التـي قد تنشأ فيما بينها والتي لا يستفيد منها أحد.

كما ويتميز هذا السوق بوجود العوائق التي تمنع دخول بعض المنتجين الآخرين لسوق السلعة، كعدم إمكانية دخول المنتجين الصغار الى السوق لعدم توفر الإمكانيات المالية والتقنية الكافية، أو سيطرة المنشآت القائمة على مصادر المواد الأولية، التي تحد من دخول الآخرين لهذه السوق.

أولاً: المنشأة في سوق احتكار القلة

يتصف هذا السوق بوجود منحنى طلب منكسر، نتيجة لعدم التأكد بالنسبة للطلب، إذ يلاحظ أن منحنى الطلب في هذا السوق ينحدر من أعلى اليسار الى أسفل اليمين ولكن ليس باتجاه واحد، وإنما قد يكون باتجاهين، يمثل كل واحد منهما احتمالا معينا أو ردود فعل معينة من جانب المنشآت الأخرى، إذ يلاحظ أن الكمية المباعة تزيد عند انخفاض السعر وتقل عند ارتفاعه، ومع هذا فإن المنشأة لا تستطيع أن تحدد الزيادة المتوقعة في مبيعاتها إذا عمدت الى تخفيض السعر. إذ يتوقف الأمر على ردود فعل المنشآت الأخرى، وعادة فإن الطلب المنكسر يظهر تحت ظروف معينة تتعلق بالصناعة والمنشآت التي تعمل فيها ومن هذه الظروف ما يأتي:

أ- إذا قامت إحدى المنشآت بخفض السعر، فإن المنشآت الأخرى تتبعها في ذلك أو أنها تخفض السعر بنسبة أكبر وذلك للحفاظ على حصتها من السوق.

ب- إذا أقدمت إحدى المنشآت برفع سعر منتوجها، فسوف لا تتبعها المنشآت الأخرى وفي هذه الحالة سيتحول زبائن هذه المنشأة التي رفعت سعرها الى المنشآت الأخرى المنافسة لها مما يؤدي الى تقلص حصة تلك المنشأة من السوق.

وفي ظل هذه الظروف فأن المنشأة سوف تواجه منحنى طلب منكسر- كما يمكن توضيحه في الشكل الأتي:

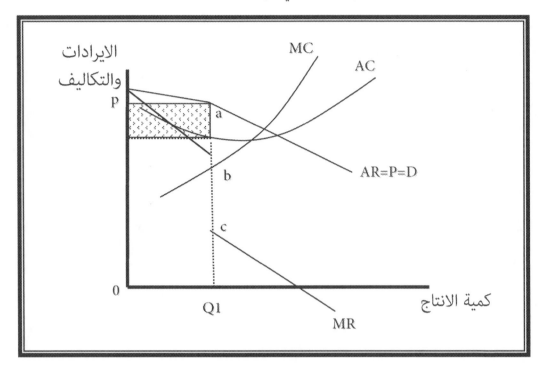

الشكل (59)

توازن المنشأة في سوق احتكار القلة

فإذا فرضنا أن هناك ثلاثة منشآت في السوق وكان السعر السائد في السوق هـو (p) وإذا أرادت إحدى المنشآت أن ترفع سعرها أعـلى مـن السـعر (p)، فلا شـك أن مبيعاتها سـتنخفض لا سـيما إذا لم تتبعها المنشآت الأخرى (عدم وجود اتفاق فيما بينها مثلا) فأن الطلب على مبيعاتها سيكون مرنا، حيث سيتحول الزبائن الى منتجات المنشآت الأخرى، ونظرا لانكسار منحنى الطلب (الإيراد المتوسط) عند النقطة a، فإن ذلك يؤدي الى حدوث فجوة رأسية (جزء غير متصل) في منحنى الإيراد الحدي (MR) بين النقطتين (bc) ويعود سبب الانكسار في منحنى الإيراد المتوسط (الطلب) عند النقطة a الى ردود فعل المنتجين الآخرين، أما سبب عدم الاتصال في منحنى الإيراد الحدي نتيجة لانكسار منحنى الطلب، إذ ان المنتج ذو الطلب المرن إذا رفع سعر سلعته، فان هذا يؤدي الى انخفاض الإيراد الكلي إذ سـتقل الكميـة المطلوبة بنسبة أكبر من

ارتفاع السعر، أما بقية المنتجين الآخرين فأنهم لا يتبعونه في ذلك، والطلب على سلعتهم يصبح أقل مرونة مما يؤدي الى زيادة إيرادهم، نظرا لعدم قيامهم برفع سعر سلعتهم، هذا مما يؤدي الى اجتذاب زبائن المنشأة التي رفعت سعرها.

وفي ضوء ما تقدم يمكن القول أن توازن المنتج في سوق احتكار القلة يتحقق عند نقطة تساوي الإيراد الحدي مع التكلفة الحدية، وذلك عندما يكون مستوى الإنتاج عند (OQ_1)، والسعر عند (P)، وفي هذه الحالة سوف يحقق المنتج ربحا اقتصاديا يتمثل بمساحة المستطيل المظلل في الرسم السابق.

مصادر الفصل التاسع

1- د. كاظم جاسم العيساوي، د. محمود حسين الوادي، الاقتصاد الجزئي، دار المستقبل للنشر والتوزيع، عمان، 1999.

2- أ- عبد الحليم كراجة وآخرون، مبادئ الاقتصاد الجزئي، دار الصفاء للنشر والتوزيع، عمان، 2001.

3- د. كريم مهدي الحسناوي، مبادئ علم الاقتصاد، مطبعة اوفسيت حسام، بغداد، 1990.

4- د. عبد المنعم السيد علي، مدخل في علم الاقتصاد، الجزء الأول، مطبعة جامعة الموصل، 1984.

5-جيمس جوارتني، وريتشارد ستروب، الاقتصاد الجزئي، الأختيار العام والخاص، ترجمة د. محمد عبد الصبور، دار المريخ للنشر، الرياض السعودية، 1987.

6- د. محمود حسن صوان، أساسيات الاقتصاد الجزئي، دار المناهج عمان، 1999.

7- Henderson , James, M., and Richard E. Quandt, Micro Eonomic theory, Mc Graw - Hill co., New york, 1989

الفصل العاشر

الدخل القومي ومكوناته

- المبحث الأول: مفاهيم الدخل القومي وطرق احتسابه

- المبحث الثاني: النظرية الكلاسيكية في الدخل والاستخدام والإنتاج

- المبحث الثالث: النظرية الحديثة في الدخل والاستخدام والانتاج

- المبحث الرابع: الاستهلاك والادخار والاستثمار

المبحث الأول: مفاهيم الدخل القومي وطرق احتسابه

أولاً: الدخل والثروة

إن الدخل والثروة على الرغم من انهما مفهومين مختلفين إلا انهما مرتبطين بعلاقة وثيقة بينهما، فالثروة تشير إلى مجموع الأشياء المادية ذات القيمة الاقتصادية في لحظة زمنية معينة، ووفقا لهذا التعريف لا تشمل الثروة الخدمات والأصول المالية مثل النقود والأوراق المالية مثل الأسهم والسندات، لأن هذه الأصول المالية تمثل حقوقا على الأصول الحقيقية، وهي تمثل دليلا على الملكية ليس إلا، فالثروة تمثل رصيدا من الأشياء المادية مثل المباني والآلات والمعدات والموارد الطبيعية ومخزون قطاع الأعمال وغيرها من السلع المادية، وعند قياس الثروة لا يجوز حساب الأشياء المادية والقيم النقدية لها المتمثلة في الأوراق المالية، لأن ذلك يمثل ازدواجا في الحساب ويعطي صورة مضللة لقيمة الثروة المادية للمجمع.

أما الدخل فيشير إلى تيار متدفق من السلع والخدمات والنقود يتم حسابه خلال فترة زمنية معينة قد تكون أسبوعا أو شهر أو سنة، أي انه عملية حركية مستمرة فمثلا عند علي عمارة قام بتأجيرها بمبلغا قدره (30000) دينار شهريا، وهذا يعني إن علي يحصل على دخل شهري (تدفق نقدي) قدره (30000) دينار. أما إذا أردنا تقدير ثروة علي فينبغي تقدير قيمة تلك العمارة التي يمتلكها في لحظة زمنية معينة، فإذا كانت قيمتها تقدر مثلا بعشرة ملايين دينار، فمعنى ذلك أن لدى علي في تلك اللحظة ثروة قدرها عشرة ملايين دينار وهي ثمن العمارة. هذا بافتراض أنه ليس لدى علي ممتلكات أو أرصدة أخرى.

أما فيما يتعلق بالعلاقة بين الدخل والثروة، فإن هناك علاقة قوية بين الدخل والثروة، فالدخل كما تبين أنه سيل أو تيار مستمر من السلع والخدمات يحدث خلال فترة زمنية معينة، ويمكن أن يخصص جزء من ذلك الدخل للاستهلاك لإشباع حاجات إنسانية من السلع والخدمات، والجزء المتبقي من الدخل يخصص للادخار، الذي يحول بدوره إلى الاستثمار والذي يمثل الإضافة الصافية إلى الثروة. وهذا يعني أنه كلما ازداد الدخل ازدادت الثروة.

ثانياً: التدفق الدوري للدخل والانتاج

إن العلاقات المتبادلة، التي تحدث بين الوحدات الاقتصادية المختلفة داخل اقتصاد البلد الواحد، تتصف بأنها علاقات متشابكة ومعقدة، وذلك بسبب وجود التفاعل بـين كـل مـن الوحدات الإنتاجيـة بعضها بالبعض الآخر، وبين المستهلكين مع بعضهم، وتحاول النظرية الاقتصادية الكلية أن تتخطى هـذه التعقيدات المختلفة من خلال التركيز على العناصر الهامة لهذه العلاقات المتبادلة بالشكل الذي يسـاعد على استخلاص مجموعة من المبادئ العامة.

وتعد العلاقة بين الإنتاج الكلي والدخل الكلي والطلب الكلي من العلاقـات الأساسية التـي يمكـن توضيحها بأخذ نظام اقتصادي بسيط يضم نوعين من المتعاملين هما: الوحدات الإنتاجية والأفراد وكما يأتي:

عندما يقدم الأفراد أصحاب عناصر الإنتاج خدماتهم (العمـل، الأرض، رأس المال، والتنظيم) إلى الوحدات الإنتاجية لاستخدامها في إنتاج السلع والخدمات، مقابل ذلك يحصل هؤلاء الأفراد على دخـولا نقدية (الأجور، الريع، الفوائد، والربح) من هذه الوحدات الإنتاجية نظير مساهمتهم في الإنتاج، ويقـوم هؤلاء الأفراد (أصحاب عناصر الإنتاج) بدورهم في إنفاق دخولهم على السلع الخدمات المنتجة في هـذه الوحـدات الإنتاجيـة، وهـذا يعنـي إن الأفـراد في الاقتصـاد الواحـد يلعبـون دورا مزدوجـا في العمليـة الإنتاجية، من ناحية كعناصر إنتاج تستلم دخولا من الوحدات الإنتاجية نظير مساهمتهم في الإنتاج، ومن ناحية أخرى كمستهلكين ينفقون دخولهم لشراء السلع والخدمات التي تنتجها هـذه الوحدات الإنتاجية. والشكل الآتي يوضح هذا التدفق الدوري للدخل والإنتاج.

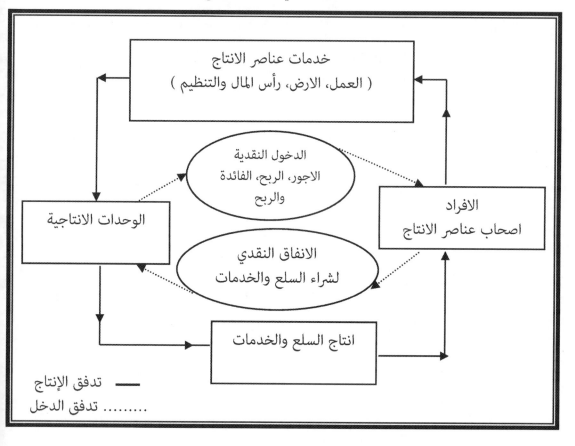

الشكل (60)

التدفق الدوري للدخل والإنتاج

خدمات عناصر الانتاج
(العمل، الارض، رأس المال والتنظيم)

الدخول النقدية
الاجور، الربح، الفائدة
والربح

الوحدات الانتاجية

الافراد
اصحاب عناصر الانتاج

الانفاق النقدي
لشراء السلع والخدمات

انتاج السلع والخدمات

تدفق الإنتاج ——
تدفق الدخل ....

ثالثاً: الناتج القومي الإجمالي

يعرف الناتج القومي الإجمالي بأنه مجموع الناتج الجاري من السلع والخدمات النهائية مقومة بأسعار السوق خلال فترة زمنية معينة عادة ما تكون سنة، ومن هذا التعريف يتبين إن الناتج القومي الإجمالي لا يتضمن سوى المنتجات الاقتصادية، التي يمكن تعريفها بأنها تحقق منفعة، ونادرا نسبيا، وقابلة للتداول، وهذه المنتجات الاقتصادية يتم تقييمها بالأسعار السائدة في السوق على اعتبار إن هذه الأسعار تعكس الأهمية النسبية للسلع المختلفة.

وتجب الإشارة هنا إلى أن هناك صعوبة في تحديد هذه المنتجات الاقتصادية، وذلك لأن بعض من هذه المنتجات تدخل السوق ولكن يتم تضمينها

ضمن الناتج القومي الإجمالي، مثل الإنتاج لغرض الاستهلاك الـذاتي، كـما يحدث في القطاع الزراعي، وإيجارات المباني السكنية التي يسكنها مالكوها، وعلى العكس من ذلك، فهناك بعض المنتجات التي يتم استبعادها من الناتج القومي الإجمالي مثل خدمات ربات البيوت والخدمات التي يؤديها الفرد لنفسه، ويتم استبعاد هـذه الخدمات مـن النـاتج القومي الاجمالي لصعوبة تقييم هـذه الخدمات والمنتجات.

رابعاً: الناتج القومي الصافي

يحدث مع تحقق الناتج القومي الإجمالي استهلاك (اندثار) العديد من الآلات والمعدات والمباني نتيجة لاستخدامها في العملية الإنتاجية لإنتاج السلع والخدمات، التي تكون الناتج القومي الإجمالي، لذلك ينبغي أن يخصص جزء من هذا الناتج القومي الإجمالي لصيانة وتحديث هـذه الآلات والمعدات والمباني التي انتهى عمرها الافتراضي، وعند خصم هذا التخصيص الذي يسمى استهلاك رأس المال مـن الناتج القومي الإجمالي نحصل على ما يسمى بالناتج القومي الصافي أي أن:

الناتج القومي الصافي = الناتج القومي الإجمالي - استهلاك رأس المال

خامساً: الناتج القومي الإجمالي بسعر السوق

وهو يمثل القيمة النقدية بالأسعار الجارية لكل السلع والخدمات النهائية التي يتم إنتاجها وتداولها في السوق من قبل بلد معين خلال فترة زمنية معينة عادة ما تكون سنة واحدة.

أي أن:

الناتج القومي الإجمالي بسعر السوق = مجموع السلع والخدمات النهائية X السعر السائد في السوق لتلك السلع والخدمات النهائية.

سادساً: الناتج القومي الاجمالي بسعر تكلفة العوامل

وهـو يمثل الـدخل الـذي يحصل عليـه أصحاب عناصر الإنتـاج نظير مساهمتهم في العمليـة الإنتاجية، أي أن:

الناتج القومي بسعر تكلفة عناصر الإنتاج = مجموع السلع والخدمات النهائية X كلفة استخدام عناصر الإنتاج التي ساهمت في إنتاج تلك السلع والخدمات النهائية.

سابعاً: الدخل القومي

يمكن أن يعرف الدخل القومي بأنه عبارة عن الصورة النقدية للناتج القومي الإجمالي، أو هـو عبارة عن مجموع الـدخول التي يحصل عليهـا أصحاب عناصر الإنتاج في الاقتصاد القومي نتيجـة لمساهمتهم في العملية الإنتاجية لإنتاج السلع والخدمات خلال فترة زمنية معينة عادة ما تكون سنة، أي أن:

الدخل القومي = مجموع دخول عناصر الإنتاج المساهمة في الإنتاج،

= الأجور + الريع + الفوائد + الأرباح.

ومن الجدير بالذكر ملاحظة أنه ليس كل ما يحصل عليه الأفراد من موارد يعد دخلا، بـل الـذي يكون محسوبا ضمن الدخل القومي هي تلك الدخول المكتسبة والناتجـة عـن المسـاهمة في العمليـات الإنتاجية، وما عدا ذلك لا يعد مـن الـدخل القومي، وإنما يعـد مـدفوعات تحويليـة، مثل الإعانات الاجتماعية، وإعانات البطالة والهبات والتبرعات.

ثامناً: طرق احتساب الدخل القومي

أولاً: طريقة الدخول الموزعة:

وتـتم هـذه الطريقـة بجمـع دخول أصحاب عناصر الإنتاج كافـة، سـواء أكانـت للأفراد أو للمشروعات الخاصة أو للحكومية، وتجب الإشارة هنا إلى أنه ينبغي أن لا يدخل في تقدير الدخل القومي سوى الدخول التي ساهمت في إنتاج السلع

والخدمات، أي يجب أن لا تحتسب المدفوعات التحويلية وذلك لتجنب الوقوع في خطأ الحساب المزدوج. وهذا يعني أنه بموجب هذه الطريقة يحسب دخل كل من أسهم في النشاط الإنتاجي عن طريق العمل وحصل على الأجور والرواتب النقدية والعينية، أو عن طريق تأجير ما يملكه من أرض وعقار وحصل على ربح، أو نتيجة لتقديمه لرأسماله وحصل على الفوائد، أو من خلال قيامه بتنظيم المشروعات الإنتاجية وحصل على أرباح، وتعتمد هذه الطريقة في حساب الدخل القومي على المعلومات المستقاة من ضرائب الدخل وبيانات الضمان الاجتماعي، لذلك يمكن التعبير عن هذه الطريقة بالمعادلة الآتية:

الدخل القومي = الأجور + الريع + الفوائد + الأرباح.

ثانيًا: طريقة الإنفاق:

تعتمد هذه الطريقة على حساب مجموع الإنفاق على السلع والخدمات الاستهلاكية والاستثمارية خلال السنة، فالدخل كما تبين أما أن يستهلك أو يدخر، وإن الادخار عند انتهاء العملية الإنتاجية يعد استثمارا، ولهذا الغرض يمكن تقسيم السلع والخدمات إلى مجموعتين رئيسيتين هما مجموعة السلع والخدمات الاستهلاكية، ومجموعة السلع والخدمات الاستثمارية، فالسلع الاستهلاكية تتميز عن السلع الأخرى بكونها تنتهي بمجرد استعمالها ومثال ذلك السلع الغذائية، والسلع الاستهلاكية أما أن تكون سلع استهلاكية خاصة بالعوائل، أو عامة موجهة لأغراض إشباع الحاجات العامة، مثال ذلك الإنفاق الحكومي على الصحة والتعليم، أما على السلع الاستثمارية (الرأسمالية) فهي تلك السلع التي لا تنتهي بمجرد استعمالها – وإنما تستخدم في إنتاج السلع والخدمات الأخرى، ومثال ذلك الآلات والمعدات.

كما أن الدخل المكتسب يخصص جزء منه للاستهلاك، والجزء المتبقي منه، والذي لم يخصص للاستثمار يعد من قبيل المخزون السلعي، الذي يعد في نهاية العملية استثمارا أيضا، لذلك فأن احتساب الدخل القومي وفق طريقة الإنفاق يكون كما يأتي:

الدخل القومي = الاستهلاك الخاص + الاستهلاك العام + الاستثمار الخاص والعام ± المخزون السلعي ± صافي الفرق بين الصادرات والأستيرادات .

ثالثاً: طريقة القيمة المضافة:

يتم احتساب الدخل القومي وفقا لهذه الطريقة من خلال تقدير القيمة المضافة المتحققة في لكل قطاع (نشاط اقتصادي) من قطاعات الاقتصاد القومي، ثم جمع القيم المضافة لهذه القطاعات الاقتصادية يتحقق احتساب الدخل القومي، ويتم الحصول على القيمة المضافة لكل قطاع (زراعة، صناعة، تعدين، ومقالع، كهرباء وماء، بناء وتشيد، نقل ومواصلات ...) من خلال طرح قيمة مستلزمات الإنتاج من قيمة الإنتاج المتحقق، وهكذا تحسب القيم المضافة في القطاعات الأخرى ثم تجمع لنحصل على الدخل القومي.

القيمة المضافة لكل قطاع = قيمة الإنتاج المتحقق - مستلزمات الإنتاج .

الدخل القومي = مجموع القيم المضافة لكل القطاعات الاقتصادية

تاسعاً: أهمية دراسة الدخل القومي:

تشغل دراسة الدخل القومي مكانة مهمة في الدراسات الاقتصادية المعاصرة لأسباب عديدة أهمها هي:

1- يعد الدخل القومي واحدا من المؤشرات الاقتصادية الهامة التي تعكس طبيعة النشاط الاقتصادي وتطوره في أي بلد.

2- أن احتساب الدخل القومي لعدة سنوات سابقة يساعد في التنبؤ عن بعض الظواهر الاقتصادية، كالتضخم والبطالة والنمو الاقتصادي ... الخ.

3- يعد الدخل القومي مؤشرا لتحديد مستوى معيشة إفراد المجتمع من احتساب نصيب الفرد الواحد من الدخل القومي.

4- يساهم الدخل القومي في بناء النماذج الاقتصادية واختبارها.

عاشراً: الدخل الشخصي:

يقصد بالدخل الشخصي مجموع العوائد التي يستلمها الإفراد بغض النظر عن كون هذه العوائد مكتسبة ام غير مكتسبة كالمدفوعات التحويلية بالإضافة الى الجزء غير المستلم من الدخل المكتسب كالارباح المحتجزة والضرائب على ارباح الشركات والاقتطاعات التقاعدية وغيرها.

وحتى نستطيع احتساب الدخل الشخصي من الدخل القومي، فأنه لابد من خصم الدخل الذي يكتسبه الإفراد ولكنهم لا يستلمونه وإضافة الدخل الذي يستلمونه دون أن يكتسبوه خلال الفترة الإنتاجية الجارية، وبعبارة أخرى فأن:

الدخل الشخصي = الدخل القومي – الدخول المكتسبة وغير المستلمة

+ الدخول المستلمة وغير المكتسبة

أو

الدخل الشخصي = الدخل القومي – (الأرباح غير الموزعة + الضرائب على الأرباح + الاقتطاعات التقاعدية) + المدفوعات التحويلية.

وعلى أي حال، فأن الدخل الشخصي لا يمثل الدخل الذي يمكن للإفراد أن يتصرفوا فيه وفقا لإرادتهم إما بالاستهلاك أو بالادخار، ويعود ذلك الى وجود الضرائب المباشرة على الدخل، والتي تمثل أحد الاستخدامات الخاصة بالدخل والتي يجب الوفاء بها، وبخصم هذه الضرائب المباشرة على الدخل من الدخل الشخصي، نحصل على الدخل المتاح (أو الدخل القابل للتصرف فيه) أي أن:

الدخل المتاح = الدخل الشخصي – الضرائب المباشرة على الدخل.

أولاً: طريقة الدخول الموزعة:

يقصد بالدخل القومي النقدي بأنه مجموع الدخول النقدية التي يحصل عليها أصحاب عناصر الإنتاج نظير مساهمتهم في العملية الإنتاجية. إما الدخل القومي

الحقيقي فيقصد به مقدار السلع والخدمات المنتجة التي يستطيع أصحاب عناصر الإنتاج الحصول عليها بدخولهم النقدية.

أن مقدرة أصحاب عناصر الإنتاج في الحصول على احتياجاتهم من السلع والخدمات، قد تزداد أو تقل مع ثبات الدخل النقدي، بمعنى أخر أن الدخل الحقيقي قد يرتفع أو ينخفض مع بقاء الدخل النقدي ثابتا، وهذه الحالة تحصل حينما تتغير أسعار السلع والخدمات التي تنفق عليها الدخول النقدية.

فمثلا إذا حصل وأن ارتفع الدخل القومي النقدي لبلد معين بنسبة (15%) في عام 2000 وفي العام نفسه كانت الأسعار قد ارتفعت بالنسبة ذاتها، فأن هذا يعني أن الدخل القومي الحقيقي بقي ثابتا، لأن الارتفاع الذي حصل في الدخل النقدي يعود ليس الى زيادة ما انتج من السلع والخدمات، بل الى ارتفاع الأسعار، أما لو بقيت الأسعار دون تغيير، فأن الزيادة في الدخل القومي النقدي تشير الى الزيادة الحقيقية فيه، أي زيادة الدخل القومي الحقيقي.

وفي ضوء ما تقدم فأن الدخل القومي النقدي قد يتغير بنسبة معينة، بينما يتغير الدخل القومي الحقيقي بنسبة اقل أو أكثر أو قد يبقى ثابتا، وذلك تبعا لحالة تغير المستوى العام للأسعار.

ويمكن تحويل الدخل القومي النقدي الى الدخل القومي الحقيقي من خلال المعادلة الآتية:

$$\textbf{الدخل القومي الحقيقي} = \frac{\text{الدخل القومي النقدي}}{\text{الرقم القياسي للأسعار}} \times 100$$

المثال الآتي الذي يتضمن بيانات إفتراضية للدخل القومي النقدي لبلد معين وعملية تحويلها الى الدخل القومي الحقيقي:

الجدول (26)

الدخل القومي النقدي والحقيقي لأحد البلدان

السنة	الدخل القومي النقدي مليون دينار	الرقم القياسي للأسعار	الدخل القومي الحقيقي مليون دينار
1998	750	100	750
1999	900	106.2	847.45
2000	104	111.4	93.35
2001	133	115.3	115.35
2002	156	118.5	131.64

المبحث الثاني: النظرية الكلاسيكية في الدخل والاستخدام والانتاج

أولاً: النظرية الكلاسيكية أطار عام

أن البدايات الأولى للنظرية الكلاسيكية كانت مع نهاية القرن الثامن عشر. واستمرت معظم الافكار التي جاءت بها تلك المدرسة مقبولة في الفكر الاقتصادي حتى ازمة الكساد العالمي عام 1931-1929، وظهور كتابات جون مايندكنز، ولا سيما كتابه (النظرية العامة للتشغيل والفائدة والنقود في 1936). وقد ركزت النظرية الكلاسيكية على جانب العرض، وتناولت الأسعار النسبية، والتشغيل ومستوى الأسعار، ومن رواد هذه المدرسة، أدم سميث، وديفد ريكاردو، وجون ستيورات ميل، وربوبرت مالش، ...

ثانياً: الفرضيات التي أعتمدت عليها النظرية الكلاسيكية

أن من أهم الفرضيات التي استندت عليها النظرية الكلاسيكية في مجال الدخل والاستخدام ما يأتي:

1. الاستخدام الكامل:

افترضت النظرية الكلاسيكية أن حالة الاستخدام الكامل هي الحالة الطبيعية في الاقتصاد، إذ أعتقد الكلاسيك أن جميع عناصر الإنتاج بما فيها العمل في حالة تشغيل كامل.

2. المنافسة الكاملة:

افترض الكلاسيك أن السوق يتسم بالمنافسة الكاملة بين المنشآت الإنتاجية.

3. محدودية تدخل الدولة في النشاط الاقتصادي:

نادى الكلاسيك الى عدم تدخل الدول في الحياة الاقتصادية واقتصار نشاطتها على الامن الداخلي والدفاع الخارجي والقضاء، إما النشاط الاقتصادي فيكون من نصيب القطاع الخاص، لأن الإفراد وفقا للتحليل الكلاسيكي أكثر كفاءة وحافز على الإنتاج مقارنة بالدولة كما أن الإفراد عندما يسعون الى تحقيق مصالحهم الخاصة يسعون في الوقت نفسه الى تحقيق المصلحة العامة.

4. مرونة الأسعار والإجور والفائدة:

افترض الكلاسيك بأن كل من الأسعار والإجور واسعار الفائدة تتصف بالمرونة، إذ أنه في حالة حدوث أختلاف في الاقتصاد (الابتعاد عن حالة الاستخدام الشامل) فأنه يمكن أعادت الاقتصاد الى مستوى الاستخدام الكامل من خلال تغير كل من الأسعار والأجور والفائدة، فمثلا إذا حدث اختلاف بين عرض العمل والطلب عليه، فيمكن أعادته من خلال تغير الأجور، وإذا ما حدث اختلاف بين الادخار والاستثمار فيمكن من أعادته من خلال تغير سعر الفائدة ... وهكذا.

5. الإدخار يساوي الاستثمار:

افترض الكلاسيك أن الادخار دائما وأبدا يساوي الاستثمار، أي أن كل ما يدخره الإفراد من أموال تتحول الى استثمار بدون فاصلة زمنية، وإذا ما حدث اختلال بين الادخار والاستثمار فأسعار الفائدة كفيلة باعادة التوازن بين الادخار والاستثمار .

6. قانون ساي:

اعتقد الكلاسيك بصحة قانون ساي، الذي ينص على ان العرض يخلق الطلب، والذي يعني ان كل ما ينتج من سلع وخدمات وتعرض في السوق سوف يتولد عليها طلب مساوي لها.

وعلى الرغم من استمرار النظرية الكلاسيكية في مجال الدخل والاستخدام اكثر من قرن من الزمان، إلا إنها لم تعد تلقى قبولا واسعا من قبل العديد من

الاقتصاديين، وذلك لعدم منطقية أو موضوعية الافتراضات التي استندت عليها، خاصة ما يتعلق بالقوى التلقائية التي آمن بها الكلاسيك، تلك القوى التي يمكن ان تفعل فعلها في إعادة التوازن للنشاط الاقتصادي، إذا ما حدث أي اختلال فيه.

المبحث الثالث: النظرية الحديثة في الدخل والاستخدام

أولاً: النظرية الحديثة في الدخل والاستخدام اطار عام

لم تصمد كثيرا النظرية الكلاسيكية بعد أزمة الكساد العالمي، تلك الأزمة التي أثبتت انهيار جميع الركائز الأساسية التي تستند عليها النظرية الكلاسيكية، عندها ظهرت الحاجة الى نظرية بديلة تعالج تلك المشكلة، وهذا مما دفع الاقتصادي كينز الى ان يأتي بآراء وأفكار جديدة مناقضة تماما لما جاءت به النظرية الكلاسيكية تلك الأفكار التي تضمنها كتابه تحت عنوان (النظرية العامة في الدخل والاستخدام والنقود) الذي نشره عام 1936.

ثانياً: الفرضيات التي اعتمدت عليها النظرية الكنزية

1- عدم الاستخدام الكامل هي الحالة السائدة في الاقتصادي:

أي ان كينز أقر وجود البطالة في الاقتصاد، و ان الدول تسعى جميعها الى تقليصها.

2- حالة المنافسة الكاملة صعبة الوجود في الحياة العملية، وذلك لصعوبة تحقيق شروطها.

3- ضرورة تدخل الدولة في النشاط الاقتصادي:

نادى كينز الى ضرورة تدخل الدولة في الحياة الاقتصادية، لاسيما في اوقات الأزمات الاقتصادية، وهذا ما يظهر واضحا في الوقت الحاضر في تدخل الدول المتقدمة في النشاط الاقتصادي لمعالجة المشاكل الاقتصادية واعادة هيكلة الاقتصاد.

4- عدم مرونة الاسعار والاجور والفائدة:

وذلك لان هناك عوامل او محددات اخرى تلعب دورا كبيرا في تحديد مستوى الطلب والعرض على كل من العمل ورأس المال وعناصر الانتاج الاخرى. فبالنسبة لعنصر العمل، اثبت كينز ان الاجور ليست هي المحدد الوحيد لاعادة التوازن بين عرض العمل والطلب عليه، بل هناك عوامل اخرى مثل قوانين وتشريعات العمل، وتدخل نقابات العمال، والاعراف والتقاليد الاجتماعية ... الخ.

5- ليس بالضرورة أن يساوي الادخار الاستثمار:

أكد كينز إن الادخار لا يساوي دائما وابدا الاستثمار، منطلقا من اعتقاده من ان الأفراد التي تقوم بالادخار ليس بالضرورة ان يكونون أنفسهم الذين يقوم بالاستثمار، كما اعتقد كينز انه قد لا تتحول الأموال المدخرة الى الاستثمار مباشرة، وإنما قد تكون هناك فاصلة زمنية بينهما. كما واعتقد كينز ان الادخار لا يعتمد على سعر الفائدة، وإنما يعتمد على مستوى الدخل، وهذا يعني ان سعر الفائدة لم يعد يمثل حلقة الوصل بين الادخار والاستثمار.

6- قانون ساي:

رفض كينز قانون ساي واكد على امكانية وجود البطالة وحالة عدم التوازن بين العرض الكلي والطلب الكلي، بسبب وجود قصور في الطلب الكلي، لذلك أكد على ما أسماه بالطلب الفعال.

ثالثاً: المستوى التوازني للدخل والاستخدام

ان تحديد المستوى التوازني للدخل والاستخدام في ظل النظرية الحديثة، يتطلب الجمع بين منحنى الطلب الكلي ومنحنى العرض الكلي في رسم بياني واحد. إذ ان كينز في نظريته العامة للدخل والاستخدام اوضح ان المستوى التوازني للدخل والاستخدام يتحقق عند نقطة تقاطع منحنى الطلب الكلي مع منحنى العرض الكلي، وهذا هو جوهر نظرية كينز في الدخل والاستخدام، وكما يوضح ذلك الشكل الآتي.

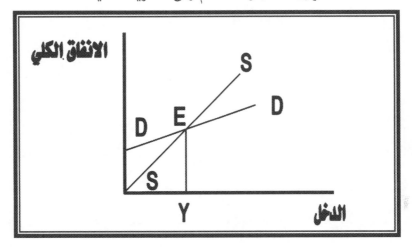

الشكل (61)

توازن الدخل والاستخدام وفق النظرية الحديثة

يلاحظ من الشكل السابق، ان منحنى الطلب الكلي (DD) يبين الإنفاق المتوقع عند كل مستوى من مستويات الإنتاج والدخل، أما منحنى العرض الكلي (SS) فانه يبين الإيرادات المتوقعة للمنتجين عند كل مستوى من مستويات الإنتاج والدخل.

لهذا فان نقطة تقاطع المنحنيين (DD) و (SS) تحددان فيما بينما المستوى التوازني للدخل والاستخدام، وان ذلك المستوى يتحقق عندما يكون الدخل بالمستوى (Y) وفي نقطة التقاطع (E) وهذه النقطة تمثل حالة التي يكون فيها الاقتصاد القومي في حالة توازن.

وبصورة عامة يتحقق التوازن في ظل النظرية الحديثة بطريقتين هما:

1- طريقة تساوي الطلب الكلي (DD) مع العرض الكلي (SS).

2- طريقة تساوي الادخار مع الاستثمار.

1 - توازن الدخل بطريقة تساوي الطلب الكلي مع العرض الكلي:

يتحدد المستوى التوازني للدخل عندما يتساوى العرض الكلي، الذي يمثل الناتج القومي من السلع والخدمات، مع الطلب الكلي، الذي يمثل طلب المجتمع على تلك السلع والخدمات، واذا ما تحقق التساوي بين ما ينتجه المجتمع من سلع

وخدمات، وبين طلبه على تلك السلع والخدمات، فان الاقتصاد ومتغيراته من دخل واستخدام تكون ايضا في حالة توازن، ومن بعد لا توجد هناك اية حوافز تدفع الوحدات الانتاجية الموجودة في الاقتصاد الى تغيير خططها الانتاجية المستقبلية.

الا انه تجب الملاحظة هنا، الى ان المستوى التوازني هذا يصعب تحقيقه في أي اقتصاد مهما بلغ تطوره، اذ ان جميع الدول بما فيها المتقدمة تسعى جاهدة الى الاقتراب من المستوى التوازني هذا، لان الجماعات التي تتخذ قرارات الإنتاج هي ليست نفس الجماعات التي تتخذ قرارات الإنفاق، هذا من ناحية، ومن ناحية أخرى، فان القرارات التي يتخذها المنتجون، والتي تعتمد على التوقع قد لا تتناسب مع الطلب الفعلي، هذا مما يترتب عليه تباين بين القرارات المتوقعة للمنتجين وبين الطلب الفعلي، وبالتالي فان عدم التساوي بين العرض الكلي والطلب الكلي هي الحالة السائدة في معظم الاقتصادات.

واذا افترضنا مثلا ان العرض الكلي اقل من الطلب الكلي، ففي هذه الحالة يكون هناك حافزا لدى الوحدات الإنتاجية لزيادة إنتاجها من اجل مقابلة الطلب المتزايد، او من خلال السحب من مخزونها السلعي السابق، وان هذا الفعل سيؤدي الى زيادة العرض الكلي الى ان يتساوى مع الطلب الكلي، ويتحقق التوازن في الدخل والاقتصاد ككل، ويمكن توضيح ذلك من خلال الشكل الآتي:

الشكل (62)

توازن الدخل والاستخدام بطريقة العرض الكلي والطلب الكلي

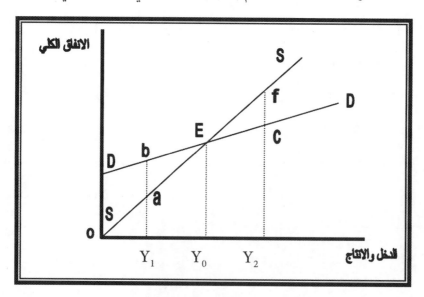

241

فاذا قررت الوحدات الانتاجية انتاج وعرض ما مقداره (Y_1a) واذا كان الطلب الكلي بمستوى (Y_1b)، فان هذا يعني ان العرض الكلي اقل من الطلب الكلي بمقدار (ab)، والذي سيدفع ويحفز الوحدات الانتاجية على زيادة انتاجها وعرضها من منتجاتها في السوق، الى الحد الذي يتعادل مع الطلب الفعلي، والذي سيؤدي الى تحقيق حالة التوازن في الاقتصاد، أي الوصول الى نقطة (E) التي يكون فيها العرض يساوي الطلب عندما يتم انتاج (Y_0) في الاقتصاد .

ان الحالة السابقة تمثل وضعا تضخميا في الاقتصاد القومي، اما لو تم اخذ وضعا معاكسا للحالة السابقة، حالة تتمثل بزيادة العرض الكلي على الطلب الكلي، أي اذا افترضنا ان العرض الكلي كان بالمستوى (Y_2f)، وان الطلب الكلي كان عند (Y_2c)، فان المستوى (cf) يمثل زيادة في العرض الكلي على الطلب الكلي، وان هذا الوضع سيدفع بالوحدات الإنتاجية الى تقليص إنتاجها وزيادة المخزون، كما تعني من جهة أخرى، بان الإنتاج المتحقق قد ولد دخلا، لكن هذا الدخل لم يتم إنفاقه بالكامل، مما ادى الى ان يكون هناك جزءا من الإنتاج المعروض في السوق لم توجد له قوة شرائية تشتريه، وهذه الحالة عادة تمثل وضعا غير توازني، كما تمثل وضعا كساديا يمر به الاقتصاد القومي، وسوف تستمر الوحدات الإنتاجية بتقليل إنتاجها المعروض الى ان يتساوى مع الطلب الكلي، وتتحقق حالة التوازن بالاقتصاد، عندما يتم إنتاج (Y_0) من المنتجات في الاقتصاد.

2- توازن الدخل بطريقة تساوي الادخار مع الاستثمار:

لقد تبين من الموضوع السابق، ان تحديد المستوى التوازني للدخل والاستخدام يمكن ان يتحقق عند تساوي العرض الكلي مع الطلب الكلي، كما يمكن ان يتحقق ايضا عند تساوي الادخار مع الاستثمار، اذ ان تساوي العرض الكلي مع الطلب الكلي وما يرافقهما من تحديد التوازن للدخل والاستخدام، وبالتالي تحديد التوازن في الاقتصاد ككل، لابد ان يرافق ذلك التساوي او التوازن بين الادخار والاستثمار، كما ان عدم التوازن او الاختلال بين العرض الكلي والطلب الكلي، لابد ان يؤدي ذلك الى اختلال وعدم توازن بين الادخار والاستثمار.

كما يلاحظ انه إذا ما حدث اختلال بين الادخار والاستثمار، فان ذلك قد يؤدي الى اختلال بين العرض الكلي والطلب الكلي، وهذه الحالة تمثل الحالة الأكثر شيوعا في النشاط الاقتصادي، نظرا لأن الجماعات التي تقوم بالادخار، هي ليست بالضرورة ان تكون نفس الجماعات التي تقوم بالاستثمار، إضافة إلى ذلك، فان الادخار قد لا يتحول الى استثمار مباشرة، وإنما قد تحدث فاصلة زمنية بين الأموال المدخرة وبين الوقت الذي يتم فيه استثمار تلك الأموال، هذا مما يؤدي الى اختلال بين الادخار والاستثمار، ذلك الاختلال الذي يعبر عن نفسه بأزمة اقتصادية قد تتمثل بأزمة تضخم أو ركود اقتصادي.

كذلك لابد من الإشارة هنا، إلى إن الادخار يمثل تسربا لجزء من الدخل الجاري، أما الاستثمار فيمثل إضافة الى الدخل الجاري، لذا فان تساوي التسربات (الادخار) مع الإضافات (الاستثمار) فان ذلك يعني ان الاقتصاد يكون في حالة توازن.

ويمكن توضيح ذلك من خلال الشكل الآتي:

الشكل (63)

توازن الدخل والاستخدام بطريقة تساوي الادخار مع الاستثمار

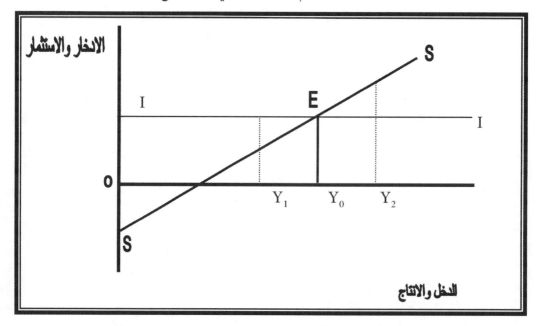

ويلاحظ من الشكل أعلاه، أنه عندما يكون يساوي صفرا، فأن هناك مستوى معين من الاستثمار مقداره (oI) يتم تمويله من ادخارات سالبة (قد تكون ادخارات سابقة) ومع زيادة الدخل (الإنتاج) تبدأ الادخارات السالبة بالتناقص حتى تصل الى الصفر (في نقطة تقاطع دالة الادخار (ss) مع المحور الأفقي) ومع استمرار الدخل بالزيادة تكون الادخارات موجبة ومتزايدة أيضا، حتى تصل الى نقطة (E) وهي نقطة تقاطع دالة الادخار (ss) مع دالة الاستثمار (II) وتساوي الادخار مع الاستثمار، وبذلك يتحدد المستوى التوازني للدخل، وهو المستوى (Yo) وأي مستوى أخر للدخل أقل أو أكثر من المستوى (Yo) لا يحقق حالة التوازن للدخل، فإذا كان الدخل مثلا عند المستوى (Y_1)، فأن هذا يعني أن الاستثمار أكبر من الادخار، وأن الزيادة في الاستثمار تؤدي الى الزيادة في الدخل ثم الادخار، الى أن نصل الى نقطة (E) التي يكون فيها الادخار يساوي الاستثمار تتحقق حالة التوازن.

وإذا كان الدخل يتجاوز المستوى (Yo) فان هذا يعني ان الاستثمار اقل من الادخار، وان الاستثمار الأقل، يؤدي الى انخفاض مستوى الدخل، ثم الى انخفاض مستوى الادخار، حتى النقطة التي يتساوى فيها مع الاستثمار، عند ذلك يتوازن الدخل.

المبحث الرابع: الاستهلاك والادخار والاستثمار (محددات الدخل القومي)

أولاً: الاستهلاك:

يعد الاستهلاك المحرك الأساسي للنشاط الاقتصادي، إذ أن زيادة الاستهلاك، تؤدي الى زيادة الطلب، وزيادة الطلب تؤدي الى زيادة المبيعات، ثم الى زيادة الأرباح، التي من شأنها تحريك العملية الإنتاجية كاملة مما ينعكس على مستوى التشغيل.

والاستهلاك يعرف بأنه ذلك الجزء المستقطع من الدخل المعد للتصرف به، والذي يخصص لغرض شراء السلع والخدمات التي تسد الحاجات الإنسانية للمجتمع.

وقد أكد كينز ان هناك علاقة وثيقة بين الاستهلاك والدخل وعبر من هذه العلاقة بالمعادلات الآتية

$$Y = C + I \qquad (1)$$

$$C = F(Y) \qquad (2)$$

اذ ان:

Y = الدخل

C = الاستهلاك

I = الادخار

تسمى المعادلة (2) بدالة الاستهلاك، وهي تشير الى ان الاستهلاك يعتمد على الدخل، وان العلاقة بينهما هي علاقة طرية، وقد أطلق كينز على هذه العلاقة بالميل للاستهلاك، والذي يمكن التعبير عنه بالمعادلة الاتية:

اذ ان:

PC = الميل للاستهلاك

كذلك أكد كينز ان الأفراد يميلون من حيث المبدأ وبصورة عامة الى زيادة إنفاقهم كلما زاد دخلهم، ولكن لا يتوقع ان كل الزيادة التي حصلت في الدخل تذهب لزيادة الاستهلاك بل لابد ان يذهب جزءا منها للادخار خاصة في المدى القصير، نظرا لان الاستهلاك في المدى الطويل قد يأخذ طابع العادة والتقاليد.

ومن خلال الرايين السابقين لكينز يمكن ان نحصل على ما يسمى بدالة الاستهلاك التي يمكن تعريفها بأنها العلاقة الطردية التي تربط مستوى الاستهلاك بمستوى الدخل مع ثبات العوامل الأخرى، أي تربط مستوى الاستهلاك بمستوى

الدخل مع ثبات العوامل الأخرى، أي ان التعبير في مستوى الاستهلاك يتحدد بالتغير في مستوى الدخل، والتي يمكن بالتعبير عنها بالمعادلة الآتية:

اذ ان:

MPC = الميل الحدي للاستهلاك.

ΔC = التغير في مستوى الاستهلاك.

ΔY = التغير في مستوى لدخل.

ويجب الملاحظة هنا، ان الميل الحدي للاستهلاك يكون دائما كمية موجبة واكبر من الصفر واصغر من الواحد الصحيح، مثال على ذلك انه اذا ارتفع الدخل القومي من 90 مليون دينار الى 130 مليون دينار، وأدى ذلك الى زيادة الاستهلاك من 70 مليون دينار الى 100 مليون دينار، فان الميل الحدي للاستهلاك يساوي:

$$MPC = \frac{\Delta C}{\Delta Y} = \frac{C_2 - C_1}{Y_2 - Y_1} \qquad (5)$$

$$= \frac{100-70}{130-90} = \frac{30}{40} \quad \%75$$

والنتيجة الأخيرة تشير الى ان كل زيادة في الدخل بمقدار دينار واحد تؤدي الى زيادة في الاستهلاك بمقدار ثلاثة أرباع الدينار.

ثانياً: الادخار

ينفق الافراد جزء من الدخل المتاح على شراء السلع والخدمات ويسمى استهلاكا، اما الجزء المتبقي منه والذي لا ينفق على الاستهلاك يسمى ادخارا، اذ ان:

الدخل = الاستهلاك + الادخار Y = C + S .... (6)

فالادخار هو ذلك الجزء المتبقي من الدخل المتاح وغير المخصص للاستهلاك، وانما مخصص لاغراض مستقبلية، والادخار اما ان يكون شخصيا او حكوميا او ادخار شركات.

لذلك يمكن القول، ان الادخار يعتمد على الدخل، أي بمعنى آخر ان الادخار هو دالة للدخل، تلك الدالة التي يمكن التعبير عنها بالصيغة الآتية :

$$S = f(Y) \quad \ldots\ldots\ldots (7)$$

أما الميل للادخار (PS)، فهو يمثل العلاقة بين الدخل والادخار والذي يمكن التعبير عنه بالصيغة الآتية :

$$PS = \frac{S}{Y} \quad \ldots\ldots\ldots\ldots (8)$$

اما الميل الحدي للادخار، فهو عبارة عن التغير في الادخار نتيجة التغير في الدخل، ويمكن التعبير عنه بالصيغة الآتية :

$$MPS = \frac{\Delta S}{\Delta Y} \quad \ldots\ldots\ldots\ldots (9)$$

ويجب الملاحظة هنا، ان مجموع الميلين الحديين للاستهلاك والادخار يجب ان يساوي الواحد الصحيح دائما وابدا، أي ان:

MPC + MPS = 1

MPC = 1 - MPS

MPS = 1 - MPC

فإذا كان الميل الحدي للاستهلاك يساوي (75 %) فان الميل الحدي للادخار يساوي:

MPS = 1 - 0.75 = 0.25

ثالثاً: الاستثمار

يشكل الإنفاق الاستثماري جزءا مهما من الدخل القومي (الإنفاق الكلي) وهو يعد بمثابة الشريان الذي يغذي الدخل القومي، وبالتالي يغذي الاقتصاد الوطني.

ويمكن تعريف الاستثمار، بمثابة الإضافة الصافية الى الطاقة الإنتاجية الحالية عن طريق المزيد من السلع الرأسمالية، ويشمل الإنشاءات الجديدة، والتكوين الرأسمالي الثابت (الآلات والمعدات والأبنية)، وكذلك التغير في المخزون (السلع تامة الصنع والنصف مصنعة والمواد الخام وقطع الغيار ....).

أما دالة الاستثمار، فان هناك نظريات متعددة حاولت إيجاد علاقة تربط التغيرات في مستوى الاستثمار، منها النظرية الكلاسيكية، التي أشارت الى ان الاستثمار يتغير بتغير سعر الفائدة فقط، بينما ربطت النظرية الكينزية بين الادخار والاستثمار والدخل القومي.

ومع ان هناك علاقة عكسية بين سعر الفائدة والاستثمار، إذ ترتبط المعدلات العالية لسعر الفائدة بمستويات منخفضة من الاستثمار والعكس صحيح، إلا إن عامل الدخل القومي، يعد أيضا محدودا للاستثمار، اذ ان زيادة الدخل القومي، سوف تؤدي الى زيادة الاستثمار، وتعتمد هذه الزيادة على الميل الحدي للاستثمار (MPI) .

$$MPI = \frac{\Delta I}{\Delta Y} \quad ....(10)$$

فمثلا يتغير الدخل القومي من (500) مليون دينار الى (700) مليون دينار، ويتغير الاستثمار على ضوئه من (60) مليون دينار الى (80) مليون دينار، فما هو الميل الحدي للاستثمار؟

$$MPI = \frac{\Delta I}{\Delta Y} = \frac{I_2 - I_1}{Y_2 - Y_1}$$

$$= \frac{80 - 60}{700 - 500} = \frac{20}{200} = 0.1$$

والنتيجة الأخيرة تشير الى ان الزيادة في الدخل القومي بمقدار (10) ملايين دينار تؤدي الى زيادة في الاستثمار بمقدار مليون واحد.

اما العوامل المحددة للاستثمار كما يلي:

أ. الكفاءة الحدية لرأس المال:

ويقصد بها العائد الذي تحققه الوحدة النقدية المستثمرة، والتي يمكن الاعتماد عليها في توجيه الاستثمارات في مجال معين دون المجالات او الاستخدامات الاخرى.

ب: سعر الفائدة:

والتي تمثل كلفة رأس المال المستثمر، ومن خلال المقارنة بين سعر الفائدة السائد في السوق، وبين الكفاءة الحدية لرأس المال، إذ انه إذا كانت الكفاءة الحدية لرأس المال لموارد مالية والمطلوب استثمارها في نشاط معين اكبر من سعر الفائدة السائد في السوق، كان الاستثمار جيدا في ذلك النشاط، أما إذا كان العكس، أي إذا كانت الكفاءة الحدية لرأس المال لموارد مالية والمطلوب استثمارها في نشاط معين اقل من سعر الفائدة السائد في السوق، كان الاستثمار غير مرغوب فيه، ذلك يجب البحث عن استثمار آخر لهذه الموارد المالية.

جـ التقدم التكنولوجي:

إذ انه كلما تطورت وتقدمت أساليب الإنتاج زادت فرص البيع وارتفعت الربحية، والتي تؤدي الى زيادة الاستثمارات في المشاريع.

ء. السياسة المالية للدولة:

وتشمل الضرائب والدعم والحوافز الاستثمارية، فكلما ارتفع الدعم وزادت الحوافز للمستثمرين وقلت الأعباء الضريبية في نشاط معين زادت الاستثمارات في ذلك النشاط، وبالعكس كلما زادت الأعباء الضريبية وقل الدعم والحوافز للمستثمرين في نشاط معين، قلت الاستثمارات في ذلك النشاط.

هـ. تكاليف الإنتاج:

إذ انه كلما قلت المبالغ المنفقة على عوامل الإنتاج المستخدمة لإنتاج سلعة معينة، زادت الأرباح، والاستثمار أيضا، والعكس صحيح.

و. نمو حجم الطلب:

إذ انه كلما ارتفع معدل نمو السكان وزاد الطلب على السلع، تشجع المستثمرين على التوسع في انتاج هذه السلع.

ي. التوقعات المستقبلية:

اذ كلما توقع المستثمرين إن الطلب على منتجاتهم سوف يزداد، تشجعوا على زيادة الاستثمار والإنتاج من هذه المنتجات، والعكس صحيح.

ز. الاستقرار والأمن:

اذ يعد الاستقرار السياسي والاقتصادي والأمن من أهم العوامل المشجعة على الاستثمار.

رابعاً: المضاعف والمعجل

1. مضاعف الاستثمار:

هو عبارة عن المعامل العددي الذي يبين مقدار الزيادة في الدخل القومي نتيجة للزيادة في الاستثمار، أي ان التغير في الاستثمار يؤدي الى

تغير مضاعف اكثر في الدخل، ويمكن التعبير عن المضاعف بالصيغة الآتية :

المضاعف = $\dfrac{\text{التغير في الدخل}}{\text{التغير في الاستثمار}}$

$$K = \frac{\Delta Y}{\Delta I}$$

ومن خلال الصيغة أعلاه، يتبين ان المضاعف يعتمـد عـلى الميـل الحـدي للاستهلاك او الميـل الحدي للادخار، لأنه مقلوبهما :

بما ان :

$$Y = C + I$$

$$\Delta Y = \Delta C + \Delta I$$

$$\frac{\Delta Y}{\Delta Y} = \frac{\Delta C}{\Delta Y} + \frac{\Delta I}{\Delta Y}$$

$$1 = \frac{\Delta C}{\Delta Y} + \frac{\Delta I}{\Delta Y}$$

اذ ان :

$$MPC = \frac{\Delta C}{\Delta Y}$$

$$\therefore 1 = MPC = \frac{\Delta I}{\Delta Y}$$

$$\frac{\Delta I}{\Delta Y} = 1 - MPC$$

وعند تعويض المعادلة الأخيرة في المضاعف نحصل على الآتي :

$$K = \frac{1}{1 - MPC}$$

وبما ان

$$MPC + MPS = 1$$

$$MPS = 1 - MPC$$

وعند تعويض المعادلة الأخيرة في مقام المعادلة أعلاه نحصل على الآتي :

$$K = \frac{1}{MPs}$$

المعادلة الاخيرة تشير الى ان المضاعف (k) هو مقلـوب الميـل الحـدي للادخـار (MPS)، فمـثلا اذا كان الميل الحدي للاستهلاك يساوي (50%) فان المضاعف يساوي:

$$K = \frac{1}{1-MPC} = \frac{1}{1-0.5} = \frac{1}{0.5} = 2$$

2- معجل الاستثمار:

هو عبارة عن المعامل العددي الذي يبين مقدار الزيادة في الاستثمار نتيجة للزيادة في الدخل، أي ان التغير في الدخل تؤدي الى تغير في الاستثمار، ويمكن التعبير عن المعجل بالصيغة الآتية:

$$A = \frac{\Delta I}{\Delta Y}$$

المعجل $= \dfrac{\text{التغير في الاستثمار}}{\text{التغير في الدخل}}$

وان الصيغة أعلاه تساوي أيضا ما يسمى بالميل الحدي للاستثمار (MPI)، أي ان :

$$MPI = \frac{\Delta I}{\Delta Y}$$

مصادر الفصل العاشر

1- هيثم الزعبي، حسن ابو الزيت، أسس ومبادئ الاقتصاد الكلي، دار الفكر للطباعة والنشر والتوزيع، الاردن، 2000 .

2- د. كاظم جاسم العيساوي، د. محمود حسين الوادي، الاقتصاد الكلي تحليل نظري وتطبيقي، دار المستقبل للنشر والتوزيع، الأردن، 2000 .

3- د. علي عطية عبد سلام، د. فتحي صالح بوسدرة، الاقتصاد الكلي، منشورات مركز بحوث العلوم الاقتصادية، الطبعة الثانية، ليبيا، 1998 .

4- د. محمد صالح القريشي، د. ناظم محمد الشمري، مبادئ علم الاقتصاد، دار الكتب للطباعة والنشر، جامعة الموصل، 1993 .

5- أ. طاهر حيدر مردان، مبادئ الاقتصاد، دار المستقبل للنشر والتوزيع، الاردن، 1997 .

6- د. يعقوب سليمان، وآخرون، مبادئ الاقتصاد الجزئي، دار المسيرة للنشر والتوزيع والطباعة، الاردن، 1999 .

الفصل الحادي عشر

التوزيع الوظيفي للدخل القومي

- المبحث الأول: الأجور عائد عنصر العمل

- المبحث الثاني: الريع عائد عنصر الأرض

- المبحث الثالث: سعر الفائدة عائد عنصر رأس المال

- المبحث الرابع: الربح عائد عنصر التنظيم

المبحث الأول: الأجور عائد عنصر العمل

أولا: مفهوم الأجور

الأجور هي ذلك الجزء من الدخل القومي المستلم من قبل أولئك الذين شاركوا بالعملية الإنتاجية، والأجر هو الثمن المدفوع لاستعمال قوة العمل، أو هو مقدار ما يدفعه صاحب المشروع للعامل مقابل الخدمات التي يؤديها له.

ثانيا: الأجور النقدية والأجور الحقيقية

الاجور النقدية، هي تلك الاجور المعبر عنها بالنقود، وهي مقدار ما يحصل عليه العامل من نقود لقاء قيامه بالعمل في زمن معين.

اما الاجور الحقيقية، فهي عبارة عن كمية السلع والخدمات التي يمكن الحصول عليها بالاجور النقدية، أو هي مقدار القوة الشرائية للاجور النقدية التي يكتسبها العامل، فاذا ارتفعت الاجور النقدية بنسبة اكبر من نسبة ارتفاع اسعار السلع والخدمات، فان الاجور الحقيقية تزداد، والعكس صحيح.

ثالثا: نظريات الأجور

هناك العديد من النظريات التي ناقشت موضوع الاجور منها: نظرية حد الكفاف، نظرية رصيد الاجور، نظرية الانتاجية الحدية، ونظرية الطلب والعرض.

1- نظرية حد الكفاف:

تعد هذه النظرية من أولى النظريات الكلاسيكية، وقد تبناها العديد من الاقتصاديين منهم، آدم سمث، وريكاردو، ومالثس.

وان اساس هذه النظرية يقوم على اعتبار العمل سلعة تباع وتشترى في السوق، فاذا كان الامر كذلك سيتحدد للعمل ثمن طبيعي تحدده كمية الضروريات اللازمة لحياة العامل (حد الكفاف)، أي ان اجر العامل يجب ان يكون مساويا

للمقدار الذي يسمح له بالعيش عند حد الكفاف، لا اكثر من ذلك الحد، ولا اقل منه، بمعنى ان يحصل العامل على اجر طبيعي يبقيه حيا ويستطيع العمل، اما لماذا لا يكون الاجر المعطى للعامل اقل من اجر حد الكفاف، لان ذلك الاجر وفق هذه النظرية سيؤدي الى تدهور احوال العامل الصحية والغذائية والاجتماعية، والتي ستؤدي بدورها الى سوء التغذية وتفشي الامراض، ثم الى زيادة الوفيات بين العمال، وبالتالي هبوط عدد السكان، الذي يقود الى تناقص عرض العمل، وهذا يؤدي الى ارتفاع الاجور، ومن ثم تضرر اصحاب رؤوس الاموال بسبب انخفاض ارباحهم، اما لماذا لا يكون الاجر المعطى للعامل اكبر من اجر حد الكفاف، لان ذلك سيؤدي الى تحسن احوال العامل الصحية والمعاشية والاجتماعية، ثم زيادة عدد السكان، وهذا يؤدي الى زيادة عرض العمل مقارنة بالطلب عليه، ومن ثم انخفاض الاجور دون مستوى حد الكفاف، والذي يعني تضرر العاملين.

2- نظرية رصيد الاجور:

تعد هذه النظرية من النظريات الكلاسيكية أيضا، وان مؤسس هذه النظرية هو جون ستيوارت ميل، وتنص هذه النظرية على ان متوسط اجر العامل يتحدد عن طريق العلاقة ما بين عدد العمال وبين ذلك الجزء من رأس المال المخصص لدفع الاجور أي ان:

$$\textbf{متوسط أجر العامل} = \frac{\text{رأس المال المخصص لدفع الأجور}}{\text{عدد العمال}}$$

ووفقا لهذه النظرية يبقى رصيد الاجور أو رأس المال المخصص للدفع ثابتا، بحيث اذا ارتفع عدد العمال، بسبب زيادة عدد السكان، تقل الاجور، والعكس صحيح.

وهذا يعني ان الطريق الوحيد لزيادة متوسط الأجل وفقا لهذه النظرية هو تقليل عدد العمال، أو تقليل معدل الزيادة في عدد السكان، وان أي محاولة من اتحادات العمال لرفع الاجور لفئة معينة من العمال، فهي تكون على حساب الفئات الاخرى من العمال.

ومن اهم الانتقادات التي وجهت لهذه النظرية انها لا تربط بين الاجر والانتاج أو بين الاجر وانتاجية العامل، كما انها عجزت عن تفسير ظاهرة اختلاف الاجور بين الصناعات المختلفة.

3- نظرية الإنتاجية الحدية للأجور:

تعد هذه النظرية من النظريات الحديثة، وتعمل في ظل وجود سوق منافسة كاملة لعنصرـ العمل، أي ان اجر العامل ثابت ومعروف لدى كل وحدة انتاجية، وتنص هذه النظرية على ان اجر العامل يتحدد عندما يتساوى مع الانتاجية الحدية له، ومع ان اصحاب المشاريع والوحدات الانتاجية يسعون دائما الى زيادة الارباح، فانهم سيستمرون في تشغيل العمال إلى الحد الذي تكون فيه انتاجيتهم الحدية تساوي اجورهم أو تكلفتهم الحدية، أي ان اجر العامل في ظل سوق المنافسة الكاملة يتحدد عندما تكون التكلفة الحدية للعامل تساوي اجر العامل.

ومن اهم الانتقادات التي وجهت لهذه النظرية هي انها تعمل في ظل سوق المنافسة الكاملة، التي يصعب تحقيقها على ارض الواقع، وذلك لصعوبة تحقيق شروطها.

4- نظرية الطلب والعرض على العمل:

تقوم فكرة هذه النظرية على ان اجر العامل يتحدد نتيجة لتفاعل قوى العرض والطلب في سوق العمل، ويقصد بالطلب على العمل هنا، الطلب المشتق، وليس الطلب الاولي المباشر، أي ان الطلب على العمل مشتق من الطلب على السلعة التي يساهم في انتاجها، فكلما ازداد طلب السلعة المعنية، ازداد الطلب على عنصر العمل، الذي يستخدم في انتاجها، وفي ضوء ذلك، فان

مرونة الطلب على العمل، تعتمد على مرونة الطلب على السلعة، فتكون مرونة الطلب على العمل غير مرنة اذا كانت مرونة الطلب على السلعة غير مرنة.

اما عرض العمل، فيمكن تعريفه، بانه عدد العمال في نوع معين من العمل، المستعدين للعمل في مستويات مختلفة للاجور، ويختلف عرض العمل للصناعة عن عرض العمل للاقتصاد القومي ككل، اذ تستطيع الصناعة زيادة عرض العمل، اما عن طريق جذب العمال من صناعات اخرى أو عن طريق رفع الاجور، أو عن طريق زيادة الخدمات المقدمة للعمال، اما عرض العمل بالنسبة للاقتصاد ككل، فيتوقف على عوامل متعددة، منها معدل النمو السكاني، ونسبة من هم في سن العمل الى عدد السكان، والظروف الصحية والتعليمية وغيرها.

المبحث الثاني: الريع عائد عنصر الارض

ان الريع بالمعنى الشائع، يعني ما يدفع من نقود لقاء استخدام الثروة أيا كان نوعها سواء كانت بشكل أرض أم عقار أم رأس مال، وهو بهذا المعنى مرادف لكلمة الإيجار، وهذا النوع من الريع يتم الاتفاق عليه من قبل مالك الثروة (المؤجر) والشخص الذي يدفع الريع (المستأجر) لذلك يطلق عليه الريع التعاقدي.

اما الريع بالمعنى الاقتصادي، فيقصد به المدفوعات التي تدفع لعوامل الانتاج التي يكون عرضها غير كامل المرونة، وتعد الارض المثل الرئيسي على ذلك، وهذا يعني ان الريع يطبق على أي عنصر من عناصر الانتاج مستخدم في غرض معين.

أولا: نظرية ريكاردو في الريع

عرف ريكاردو الريع، بأنه ذلك الجزء من ناتج الأرض الذي يدفع مالكها لقاء استخدام قواها الطبيعية الأصلية التي لا تفنى وقد بنى ريكاردو نظريته في الريع على الأسس الآتية:

أ. أن الريع هو عائد استخدام قوى الأرض الأصلية.

ب. يختلف الريع بالاختلاف كل من خصوبة الأرض وموقعها، فكلما ازدادت خصوبة الأرض واقتربت من مركز المدينة كلما ارتفع ريعها مقارنة بالأراضي الأقل خصوبة وأكثر ريعا من مركز المدينة.

ج. ترتبط النظرية بقانون الغلة المتناقصة.

المبحث الثالث: سعر الفائدة عائد عنصر رأس المال

الفائدة هي عائد رأس المال المقترض، أو هي ثمن استخدام رأس المال المقترض في العملية الإنتاجية، أو هي مكافأ رأس المال، ويعبر عن الفائدة بنسبة مئوية سنوية على المبلغ المقترض، فلو اقترضنا أن شخصا أقترض ألف دينار بفائدة قدرها ست بالمائة (6%) فعليه أن يدفع للمقرض المبلغ الأصلي مضافا إليه ستون دينارا نظير حرمان صاحب المبلغ من استعماله خلال مدة القرض.

والفائدة سعر يجب أن يدفعه المقترض عندما يحتاج الى أموال تزيد عما لديه ولا يمكنه الحصول عليها بشروط مناسبة من مصادر أخرى غير الاقتراض، وندرة الأموال القابلة للاقتراض هي السبب الذي يجعل للنقود سعرا ويتوقف معدل الفائدة على طلب الأموال القابلة للإقراض وعرضها.

أن عملية إقراض النقود بفائدة كانت معروفة منذ اقدم العصور وقد اختلفت النظرة الى الفائدة، من حيث عدالة دفعها أو عدم دفعها وذلك حسب اختلاف العصور وقد اعتبر فلاسفة الرومان واليونان أن أخذ الفائدة رذيلة، وبين الفيلسوف اليوناني ارسطو أن النقود عقيمة ولا تلد نقودا، وليس من الحكمة أن يدفع المدين نقودا الى الدائن بالإضافة الى مبلغ القرض، وقد تأثر فلاسفة القرون الوسطى بآراء أرسطو و اعتبروا الفائدة نوعا من الربا يجب منعه ومحاربته، وربما كانت طبيعة القروض هي التي أوحت بهذه الآراء لأنها كانت قروضا استهلاكية، وأن المقترضين كانوا من الفقراء.

كما حرم الإسلام الربا ونهى عنه وقد أكد آيات كريمة على ذلك كقوله سبحانه وتعالى: ﴿يٰأيها ٱلذين ءامنوا ٱتقوا الله وذروا ما بقى من ٱلربوٰا﴾ وقوله جل جلاله: ﴿وأحل الله ٱلبيع وحرم ٱلربوٰا﴾

ومع إدانة الفائدة وتحريمها من قبل الكتب السماوية ومؤلفات الفلاسفة والباحثين، لاعتبارات أخلاقية وإنسانية فقد ظهرت عدة نظريات تفسر الفائدة من وجهة نظر اقتصادية وتبرر وجودها.

أولا: نظرية إنتاجية رأس المال

تبرر هذه النظرية دفع الفائدة، بأنها ثمن استخدام الادخارات، أي أن الفائدة تجد مصدرها في إنتاجية رأس المال المقترض، وقد اهتمت هذه النظرية بدراسة لماذا يدفع المقترض الفائدة مستندة في ذلك الى أن رأس المال عنصر من عناصر الإنتاج، ومن طبيعته أن يولد قيمة أعلى من قيمته، وأن الطلب على رأس المال هو طلب مشتق من الطلب على السلع والخدمات، وأن المقترض يستخدم مبلغ القرض لشراء الآلات والمعدات ويدفع أجور العمال واثمان المواد الأولية لإنتاج السلع وتقديم الخدمات، وبالتالي فإن المنتج يستطيع بمساعدة القرض أن ينتج أكثر مقارنة في حالة عدم حصوله على القرض. فمثلا النجار يستطيع إنتاج اكثر باستخدام المكائن مما لو استخدم يده في الإنتاج.

وعلى الرغم من بساطة هذه النظرية ووضوحها ألا أنها تعرضت الى انتقادات أهمها:

أ- أن هذه النظرية بررت أخذ الفائدة على القروض الإنتاجية ألا أنها لم تبرر دفع الفائدة على القروض الاستهلاكية.

ب- أن هذه النظرية تؤكد على أن استخدام القرض في العملية الإنتاجية يؤدي الى زيادة كمية الإنتاج دون ان تهتم بقيمته، في حين ان زيادة كمية الإنتاج لا تعني بالضرورة زيادة قيمته، لان القيمة تعتمد على حالة السوق وتخضع لقانون العرض والطلب.

ثانيا: نظرية التفضيل الزمني

تبرر هذه النظرية الفائدة، بأنها ثمن الامتناع عن الاستهلاك، أي انها تنشأ بسبب المبادلة بين الأموال الحاضرة والأموال المستقبلة، فالشخص الذي يقرض مبلغا من النقود لفترة معينة، يتنازل بـذلك عن حقه في الحصول على السلع والخدمات، التي يمكنه الحصول عليها، بالمبلغ المقرض خلال مـدة القرض ويتحمل في سبيل ذلك تضحية، ولا ان يكون لهذه التضحية ثمنه مساو لها، وهـذا الـثمن هـو الفائدة، ولذلك خلصت هذه النظرية الى ان الفائدة هي ثمن الامتناع عن الاستهلاك.

واهم ما يؤخذ على هذه النظرية، أنها تعتبر المال الحاضر أفضل مـن المال المستقبلي، ولا يمكن القبول بهذا الرأي على حالة، لأن منفعة المال تختلف باختلاف الظروف، ففي بعض الحالات تكون منافع الأموال الحالية أهم من منافعها المستقبلية، وفي بعض آخر، تكون منافع الأموال المستقبلية أهـم بكثير من منافعها الحضارة.

ثالثا: نظرية تفضيل السيولة

تبرر هذه النظرية الفائدة، بأنها ثمن التخلي عن السيولة النقدية، لأن مـن الخصائص المهمـة للنقود هي السيولة، ويقصد بتفضيل السيولة أن بعض الأفراد يفضلون الاحتفاظ بثرواتهم بصورة نقدية أكثر من الاحتفاظ بها ببعض أشكال الاستثمار، وعلى الرغم من أن الاستثمار يدر عائدا ألا أنه في الوقت نفسه لا يتمتع بسيولة كبيرة، أي أنه يحتاج الى وقت وقد يتعرض الى خسارة عند تحويله الى نقود، أمـا لماذا يفضل بعض الأفراد الاحتفاظ بثرواتهم بصورة نقود ؟ وذلك لأن النقود هـي أسـلم شـكل لخـزن الثروة، ففي شراء الأسهم أو في شراء الأصول الرأسمالية أو القروض، توجد بعض المخاطر المحتملـة في المستقبل، كانخفاض أسعار السلع والخدمات، أو انخفاض أسعار الأسهم والسندات، أو خسارة المقترض وعدم قدرته على الوفاء بالقرض وغيرها من الأسباب، ألا أن هـذه الرغبـة ليسـت مطلقـة لـدى بعـض الأفراد، إذ يمكن التغلب عليها بدفع مكافأة عن سيولة النقود، وهذه المكافأة هي فائدة القرض.

المبحث الرابع: الربح عائد عنصر التنظيم

الربح هو دخل المنظم، أو هو المبلغ الذي يحصل عليه المنظم نظير مساهمته في مزج عناصر الإنتاج بالشكل الذي يؤدي الى إنتاج سلعة أو خدمة ذات منفعة اقتصادية.

أولا: الربح الاقتصادي والربح المحاسبي

الربح المحاسبي هو عبارة عن الفرق بين الإيراد الكلي للمنتج وتكاليفه الكلية، ويقصد بالتكاليف الكلية هنا التكاليف الظاهرية فقط، ويقصد بالتكاليف الظاهرية، تلك المبالغ المدفوعة من قبل المنتج مقابل الحصول على خدمات عناصر الإنتاج، بحيث أن المنتج لا يمكنه الحصول على هذه الخدمات دون دفع مقابل لها.

أما الربح الاقتصادي، فهو عبارة عن الفرق بين الإيراد الكلي للمنتج وتكاليفه الكلية، وتتكون التكاليف الكلية هنا من التكاليف الظاهرية والتكاليف الضمنية، ويقصد بالأخيرة، تلك التكاليف التي لا تظهر بشكل مدفوعات ظاهرية، ولا تترتب عليها عقد اتفاق، وإنما هي تكاليف استخدام عناصر الإنتاج التي تعود ملكيتها للمنتج نفسه، مثال على ذلك استخدام ما يملمه المنتج من رأس ماله أو جهوده الشخصية.

وهذا يعني أن الربح الاقتصادي هو أقل من الربح المحاسبي بسبب وجود التكاليف الضمنية.

ثانيا: نظريات الربح

1- نظرية الربح كمكافأة للابتكار:

ترى هذه النظرية، أن الأرباح تنشأ عن استغلال المنظم للابتكارات قبل غيره من منافسيه، ويحتاج المبتكر بالإضافة الى الفكرة المبتكرة الى قدرة على تطبيقها أيضا، فالاختراع وحده لا يكفي، وأنما نحتاج الى تحويل هذه الفكرة إلى

واقع عملي يؤدي أما الى إنتاج سلعة جديدة مطلوبة، أو إدخال تحسينات على السلعة الموجودة بالشكل الذي يؤدي الى تمسك المستهلك بها أكثر، أو العمل على تقليل تكاليف إنتاج السلعة، مما يؤدي الى زيادة الأرباح.

وتستطيع المنشأة التي حققت ابتكارا ناجحا، وأن تتمتع باحتكار مؤقت وأحيانا أرباحا كبيرة، ولكن ذلك قد لا يدوم لمدة طويلة، إذ يمكن للمنشآت المتنافسة الأخرى، أن تقلد المنشأة المبتكرة وتستفيد منها، ألا إذا كانت محمية ببراءة اختراع.

2- نظرية الربح كجزاء للمخاطرة:

ترى هذه النظرية، أن ما يتخذه المنظمون قرارات بزيادة إنتاج السلع أو تقليله، يتطلب منهم أن يقدروا النفقات اللازمة لذلك، وهذا الأمر ليس صعبا، لأنه يتعلق بالوقت الحاضر، وكذلك ينبغي عليهم أن يتنبئوا بظروف الطلب على تلك السلع في المستقبل، وهذا الآمر ليس بالسهل، إذ توجد هناك صعوبات كثيرة، بسبب التغير المستمر في سلوك الأفراد وتفضيلاته، إذ نادرا ما يبقى الطلب على سلعة معينة لمدة طويلة، كما أن الصعوبة في التنبؤ بظروف الطلب تزداد تعقيدا، كلما طالت الفترة التي تنقضي بين بدء عملية الإنتاج للسلع وبين عرضها للبيع في السوق، فمن المحتمل إذن أن يحقق المنظم ربحا كما أن من المحتمل أن يتعرض الى خسارة، ولهذا لا يستطيع أحد أن يحدد بدقة مقدار هذا الربح أو تلك الخسارة.

ولهذا يمكن أن يفسر السبب الذي من أجله يكسب المنظمون أرباحا بأنه جزاءا للمخاطرة، وذلك لآن المنظمين يعلقون أهمية كبيرة على حكمتهم بالتنبؤ بالمستقبل بشأن احتمال النجاح أو الفشل، فيما لو قاموا بتوسيع إنتاجهم أو تقليله أو برفع أثمان سلعهم أو خفضها.

3- نظرية الربح الناتج من الاحتكار:

أن نظرية الربح كمكافأة للابتكار ونظرية الربح كجزاء للمخاطرة، يمكن أن تحققان في ظل أسواق بعيدة عن الاحتكار، أما هذه النظرية فأنها تتحقق في ظل ظروف احتكارية، أي عندما يكون هناك منتج واحد لسلعة معينة في السوق، أو بائع واحد لها، فأن هذا المنتج يعد محتكرا لها، ويمكنه التحكم في سعرها، من خلال التحكم في عرض هذه السلعة، وقوة احتكار المنتج ثم البائع للسلعة يتوقف على حالة السوق وطبيعة السلعة.

فمع أن المحتكر يمكنه زيادة سعر السلعة، ألا أن هذه الإمكانية قد تكون محدودة لآن زيادة السعر يرافقها انخفاض في الكمية المطلوبة منها، خاصة إذا كانت السلعة مرنة، كذلك فأن هذه الإمكانية تكون محددة بنوعية السوق، فكلما اقتربنا من سوق المنافسة الكاملة كلما ضعفت القدرة على التحكم بالسعر، ثم تحقيق الأرباح الاحتكارية

مصادر الفصل الحادي عشر

1- د. عبد المنعم السيد علي، مدخل في علم الاقتصاد، الجزء الأول، مطبعة جامعة الموصل. 1984 .

2- د. عبد الملك العاني، مبادئ الاقتصاد، الطبعة الرابعة، مطبعة دار السلام، بغداد، 1972 .

3- د. حسين عمر، مبادئ المعرفة الاقتصادية، الطبعة الأولى، منشورات ذات السلاسل، 1989 .

4- د. محمد صالح القريشي، د. ناظم محمد الشمري، مبادئ علم الاقتصاد، دار الكتب للطباعة والنشر، جامعة الموصل، 1993 .

5- د. خالد واصف الوزني، د. أحمد حسين الرفاعي، مبادئ الاقتصاد الكلي، دار وائل للنشر، عمان، 2001 .

6- أ. هيثم الزعبي، أ. حسن ابو الزيت، أسس ومبادئ الاقتصاد الكلي، دار الفكر للطباعة والنشر والتوزيع، عمان، 2000 .

7- د. كاظم جاسم العيساوي، د. محمود حسين الوادي، مبادئ الاقتصاد، دار المستقبل للنشر والتوزيع، عمان، 2000 .

8- د. علي عطية عبد السلام، د. فتحي صالح بو سدرة، مبادئ الاقتصاد، منشورات مركز بحوث العلوم الاقتصادية، الطبعة الثانية، ليبيا، 1998 .

الفصل الثاني

عشر النقود والمصارف

- المبحث الأول: النقود مفهومها ووظائفها وخصائصها وأنواعها

- المبحث الثاني: النظم النقدية مفهومها وأنواعها

- المبحث الثالث: المصارف التجارية والمتخصصة والبنك المركزي

المبحث الأول: النقود مفهومها ووظائفها وخصائصها وأنواعها

أولا: تعريف النقود

تعرف النقود، بأنها أي شيء مقبول قبولا عاما ويكون الناس مستعدين الى قبوله في تبادل سلعهم وخدماتهم، أو هي أداة عامة للحساب الاقتصادي ووسيلة لدفع آثمان السلع والخدمات، فضلا عن كونها أحدى صور الاحتفاظ بالثروة بصورة سائلة.

ثانيا: وظائف النقود

يمكن أن تقسم وظائف النقود إلى وظائف أساسية ووظائف ثانوية:

أ - الوظائف الأساسية للنقود:

1- النقود وسيلة للتبادل

تعد هذه الوظيفة من الوظائف الأساسية للنقود، من خلال استخدامها أداة أو وسيطا لتحقيق عمليات التبادل لمختلف أنواع السلع والخدمات، وهذه الوظيفة التي تقوم بها النقود مستمدة من طبيعة النقود نفسها في كونها مقبولة قبولا عام من الأفراد في استخدامها اداة مناسبة لتسوية المبادلات والديون، لذلك يطبق عليها غالبا بأنها قوة شرائية، بمعنى أن حائزها يتمكن بموجبها أن يحصل (يشتري) على ما يساوي قيمتها من السلع والخدمات، ومن أي سوق يشاء، وفي أي وقت يريد، وكذلك بالشروط التي يراها مناسبة له، على اعتبار أن النقود تقبل من الآخرين قبولا تاما، ودون أي تحفظات عليها.

2 - النقود كمقياس للقيمة أو وحدة للحساب:

تتمثل هذه الوظيفة الأساسية الثانية في أن النقود هي شيء يمكن بوساطتها قياس أو تحديد أسعار السلع المختلفة أي أنها تعد تقيما لهذه السلع والخدمات. فإذا

افترضنا مثلا غياب النقود، لاتضح لنا أن هناك صعوبة كبيرة في تقويم السلع بالنسبة لبعضها، وقديما لم يكن الأمر بهذه الصعوبة نظرا لقلة السلع ومحدوديتها، التي كانت معروفة في ذلك الوقت.

أما في الوقت الحاضر، فقد تعددت السلع كثيرا، وأصبح من العسير تقويم السلع فيما بينها مع غياب النقود، وقبل أن يعرف الدرهم والدينار والريال ... الخ، ومن الوحدات النقدية المعاصرة، استخدام كل مجتمع إحدى السلع الهامة والرئيسية وحدة لتقويم باقي السلع الأخرى، فنجد مثلا أن مجتمعات الرعي استخدمت الجمال أو الأغنام وحدة للتقويم، ومجتمعات الصيد استخدمت السهام وفراء إحدى حيوانات الصيد، وهكذا نجد أن كل مجتمع من المجتمعات اتفقت على سلعة هامة ورئيسة بالنسبة له، واستخدامها وحدة للتقويم، وعندما اكتشفت المعادن المختلفة، خاصة الذهب والفضة استخدمت كنقود مع استمرار التطوير والتغير في النقود، إلىأن وصل الأمر إلى ما يعرف حاليا الوحدات النقدية المختلفة التي يخص كل منها دولة معينة، وأصبحت عملية تقويم السلع المختلفة تتم بتحديد عدد معين من الوحدات النقدية لكل سلعة.

ب - الوظائف الثانوية للنقود:

1- النقود مخزن للقيم وأداة للادخار:

أن وظيفة النقود بوصفها مخزنا أو مستودعا للقيمة وأداة للادخار مشتقة من وظيفتها الأولى والأساسية وسيطا للتبادل، إذ أن قيام النقود بفصل عمليتي البيع والشراء أثناء وساطتها في التبادل يعني في الوقت ذاته قيام النقود بخزن أقيام السلع والحصول عليها في فترات أو أوقات لاحقة.

وهذا يجعلها أيضا أداة للادخار، إذ أن مجرد تأجيل مبادلة النقود مقابل السلع والخدمات إلى وقت لاحق في المستقبل، يعني تأدية النقود لوظيفة الادخار فضلا عن اختزانها لقيم السلع والخدمات في الوقت ذاته.

ويمكن ملاحظة ذلك من الواقع العملي، إذ أن قيام الأفراد باستبقاء جزء من دخلهم بصورة نقدية ثم أنفاق هذا الجزء في وقت لاحق من بداية فترة استلامهم للدخل هو في حقيقة الأمر الاحتفاظ بقيم السلع والخدمات بواسطة النقود المحتفظ بها، وتحصيل هذه السلع باقيامها، عند الإنفاق النقدي عليها، وهذا يعني أن النقود تتيح لحاملها إمكانية تقرير أي السلع والكميات التي يمكنهم الحصول بواسطة ما بحوزته من نقود من جهة، وفي تحديد الوقت الذي يرغب في اختياره لإنفاق هذه النقود من جهة أخرى، وهنا تظهر أهمية الثبات النسبي في قيمة النقود لتجنب التدهور في القوة الشرائية للنقود، وهذا الثبات النسبي في قيمة النقود يجعلها أداة ملائمة أكثر من غيرها في القيام بوظيفة الادخار، إضافة إلى إنها تتمتع بسيولة تامة قياسا ببقية الأصول الأخرى الصالحة كأدوات للادخار.

2 - النقود وسيلة للدفع المؤجل:

يتمكن الأفراد والوحدات الاقتصادية استخدام النقود كوسيلة لتسديد ما بذمتهم من ديون، فكما هي أداة صالحة لتسوية المبادلات الآنية فأنها أداة صالحة لتسوية المبادلات الآجلة أيضا.

وهذه الوظيفة الثانوية للنقود تظهر أهميتها من خلال التوسع الكبير في عمليات التعاقد الفردي والرسمي الآجلة في حياتنا المعاصرة، إذ يمكن في بعض الأحيان شراء سلع معينة، ويكون تسديد ثمنها بالتقسيط الدوري، أو دفع ثمنها مرة واحدة في فترة لاحقة لفترة التعاقد، سواء أ كان ذلك للأفراد أو الوحدات الاقتصادية أو الحكومات، فإن التسديد الآجل لصفقات الشراء والبيع، يتم بواسطة النقود، والتي تعد خير وسيلة للدفع والتسديد المؤجل، لأنها ستكون مقبولة قبولا عاما لدى الأطراف المتعاملة بها، إضافة إلى أنها قادرة على تأدية وظائفها الأساسية والثانوية المشار أليها سابقا.

أن كفاءة النقود بوصفها أداة للدفع المؤجل يرتبط أيضا بثبات قيمتها أو قوتها الشرائية، لأن تغير قيمتها سواء بالارتفاع إو الانخفاض يترتب عليه تضرر واستفادة أطراف التسوية، فانخفاض قيمتها في أثناء وقت الدفع أو السداد بالقياس إلى قيمتها في وقت التعاقد يترتب عليه استفادة المسدد أو المقترض وتضرر المقرض، وعلى العكس تماما فان ارتفاع قيمتها او قوتها الشرائية في وقت الدفع والسداد بالقياس إلى وقت التعاقد السابق يترتب عليه استفادة المقرض وتضرر المقترض لهذا فأن الثبات النسبي في قيمة النقود يجعلها أكثر كفاءة في تأدية وظائفها المختلفة.

أن أهمية النقود الفعلية في مختلف الاقتصاديات لا تحدد في تأدية وظائفها الأساسية والثانوية، بل أن أهميتها تتسع لأكثر من ذلك لتشمل التأثير على مجمل النشاط الاقتصادي سواء أ كان على المستوى المحلي ام على المستوى الخارجي وهذا ما يجعلها ذات فعالية حركية.

ثالثا: خصائص النقود

ان من أهم خصائص النقود ما يأتي:

1. يجب أن تتمتع النقود بصفة القبول العام من قبل جميع إفراد المجتمع، باعتبارها وسيلة صالحة تماما وملزمة إلزاما كاملا كوسيط للتبادل.

2. يجب أن تكون النقود متماثلة وقابلة للتجزئة إلى وحدات صغيرة القيمة، تتناسب مع حاجة التعامل في عمليات البيع والشراء المختلفة.

3. يجب ان تتمتع النقود بثبات نسبي في قيمتها، أي لا تتغير قوتها الشرائية بين فترة وأخرى بكميات كبيرة.

4. يجب أن تصنع النقود من مواد غير مكلفة، وتعيش لفترة طويلة، اي تتحمل التلف الذي تتعرض إليه نتيجة لتداولها المستمر بين الأفراد.

5. يجب ان تكون خفيفة الوزن وصغيرة الحجم وذات قيمة عالية.

رابعا: أنواع النقود

يمكن تقسيم النقود إلى عدة أنواع وفقا لمراحل تطورها التاريخي وكما يأتي:

1- النقود السلعية:

النقود السلعية، هي وسائل مبادلة لها قيمة ذاتية، هي قيمة السلعة التي تتكون منها، والتي تحتفظ بها سواء استعملت كنقد ام لم تستعمل، تمييزا لها عن القيمة التي حصلت عليها، نتيجة قبولها العام كوسيلة لمبادلة السلع، والخدمات لها.

وتعد النقود السلعية أول أنواع النقود التي عرفتها المجتمعات البشرية، ومرت السلع التي استخدمت كنقود بمرحلتين:

المرحلة الأولى:

استخدمت فيها المجتمعات بعض السلع للقيام بوظائف النقود، مثال ذلك استخدم الإغريق الماشية كنقود، واعتمد الهنود الحمر التبغ كنقود، واستخدم المصريون القمح لهذا الغرض، واستخدمت الجزيرة العربية الإبل، والحبشة الملح كنقود ... وهكذا. ومن الملاحظ ان هذا النوع من النقود لا يصلح لجميع المبادلات، كما انه لا يتمتع بالدقة في تقدير قيم الأشياء فيكون التقدير جزافا.

أما المرحلة الثانية:

بعد اكتشاف الإنسان للمعادن، وتوسع العمليات التجارية، وتزايد الصعوبات العملية للنقود السلعية. دفعت الإنسان إلى استعمال المعادن كنقود، التي تتميز بأنها غير معرضة للتلف، وقابلة للتجزئة إلى وحدات صغيرة مما يسهل التعامل بها، إضافة إلى سهولت حملها ونقلها، ويمكن التعرف عليها بسهولة. وتحتل المعادن

النفيسة (الذهب والفضة) مكان الصدارة بين النقود المعدنية، لما تتمتع به من صفات أهمها:

1. انها تتميز بالندرة النسبية، الذي جعل قيمتها مرتفعة، بحيث يمكن مبادلة جزء صغير منها بكمية كبيرة من السلع الأخرى.

2. انها غير معرضة للتلف مما يساعد على استخدامها مخزنا للقيمة.

3. قابلية المعادن النفيسة للتجزئة دون ان يؤدي ذلك إلىنقص قيمتها.

4. ثبات القيمة نسبيا، وهذه ميزة جوهرية للنقود.

5. التماثل التام في جوهر المعادن النفيسة، وهذا ما يجعل في الإمكان قياس عيارها والتحكم فيها.

أن اختيار المعادن النفيسة للاستعمال النقدي قد رفع من قيمة هذه المعادن فقبل استعمال الذهب والفضة في الأغراض النقدية كانت قيمتها تتحدد بالمعروض منها والطلب عليها للأغراض الصناعية وأغراض الزينة وغيرها، ولكن اختيار هذه المعادن للاستعمال النقدي خلق طلبا جديدا عليها هو الطلب النقدي، وعليه فإضافة الطلب النقدي إلى الطلب السابق رفع من قيمة هذه المعادن، أي زادت قدرتها الشرائية بالنسبة لمختلف السلع والخدمات التي يحدث التبادل مقابلها.

2- النقود الائتمانية:

النقود الائتمانية، هي كل ما تعرفه النظم النقدية اليوم من أنواع النقود، فبعد اندلاع الحرب العالمية الأولى 1914 وحتى عام 1981 انحسر دور النقود المعدنية، واصبح التداول النقدي يعتمد على التعامل بالنقود الائتمانية، التي كان من أهم مكوناتها أو أنواعها النقود الورقية.

ان النقود الائتمانية تكتسب أهميتها الفعلية من خلال قبولها العام المبني على أساس قدرتها في توفير عنصر الثقة في تحويلها إلى السلعة المرتبطة بها، وعادة ما كانت هذه السلعة هي الذهب، مثل تحويل الدولار او الجنيه الاسترليني إلى ما يساويه او ما يعادل قيمته من الذهب في حينه، كما ان النقود الائتمانية تعد دينا لحاملها على ذمة الدولة أو البنوك التي أصدرتها، وفقا لصاحبها في الحصول على ما يساويها من السلع والخدمات.

وتتميز النقود الائتمانية عن النقود السلعية بان قيمتها الاسمية ترتفع عن قيمتها التجارية كسلعة، بل يمكن القول بانقطاع الصلة بين قيمتها القانونية وبين قيمتها السلعية، ولا اعتبار بعد ذلك لعلاقة إحدى القيمتين بالأخرى، او لطبيعة المادة التي صنعت منها هذه النقود لأنها أما ان تكون نقودا ورقية، وأما أن تكون نقودا معدنية رمزية كالمسكوكات الذهبية المصنوعة من الفضة المخلوطة أو النيكل أو البرونز وأما ان تكون مجرد قيد كتابي مسحوب على مصرف تجاري، أي الودائع الجارية لدى المصارف التجارية.

وتنقسم النقود الائتمانية إلى ثلاثة أنواع رئيسية هي:

أ- نقود المسكوكات المساعدة

عبارة عن مسكوكات معدنية، تمثل أجزاء صغيرة من وحدات النقود الأساسية تصدرها الدولة لتسهيل المبادلات البسيطة.

وتتميز هذه النقود بانقطاع الصلة بين قيمتها القانونية وقيمتها التجارية كسلعة شأنها شأن النقود الائتمانية الأخرى، ومع ذلك فان لها قيمة تجارية كسلعة تتجاوز بصورة واضحة ما لسائر الأنواع الأخرى من النقود الائتمانية من قيمة مماثلة لأنها تضرب من الفضة المخلوطة او البرنز او النيكل، ولكن القيمة التجارية لهذه المسكوكات اقل من قيمتها القانونية لذلك لا تعدو ان تكون مجرد رمز لقيمة نقدية معينة.

ب- النقود الورقية:

يعود استخدام النقود الورقية إلى عهد بعيد ،اذ استخدمها البابليون في تعاملهم في القرن السادس قبل الميلاد، وقد ورد ذكر هذا النوع من النقود في القرآن الكريم، إذ قال اللـه تعالى في محكم كتابه الكريم ((قال قائل منهم كم لبثتم قالوا لبثنا يوما أو بعض يوم قالوا ربكم أعلم بما لبثتم فابعثوا أحدكم بورقكم هذه إلى المدينة فلينظر أيها أزكى طعاما فليأتكم برزق منه ...)) [الآية 19 سورة الكهف].

وكانت النقود الورقية في بداية عهدها، عبارة عن وصل (سند قبض) يمثل إيداع قدر من النقود الذهبية أو الفضية لدى شخص يتصف بالامانة والمقدرة المالية، ثم اصبح ذلك الوصل أداة للتداول، وذلك بالتظهير، ثم اصبحت الوصولات تهيأ مقدما بفئات كاملة منظمة ومع الزمن، تبين لدى أولئك الذين يصدرون تلك الوصولات ان بإمكانهم إصدار وصولات اكثر مما لديهم من ذهب وفضة، لأنهم لاحظوا ان النقود المعدنية لديهم (الذهب والفضة) لا يتم سحبها بالكامل في وقت واحد، وان هذه الوصولات الجديدة كسابقها مقبولة لدى الآخرين، أي إنها تؤدي وظيفة النقود الأساسية وسيط للتبادل، بمعنى آخر ان هذه الوصولات أصبحت نقودا ورقية مقبولة قبولا عاما، وان كان حجمها لا يساوي حجم النقود المعدنية الذهبية والفضية، بل عادة ما كان حجمها يفوقها. وهذا الوضع دفع الدولة إلى التدخل لتنظيم عملية إصدار النقود الورقية، ونشأت بموجب ذلك، البنوك المركزية، التي أخذت على عاتقها مهمة الإصدار النقدي كجهة وحيدة ومحتكرة لعملية الإصدار النقدي الورقي الإلزامي، الذي نتعامل به حاليا، وصفة الإلزام في النقود الورقية على مستوى التعامل بها نابع من قوة القانون.

وان من أهم ما تتميز به النقود الورقية، إنها غير قابلة للتحويل إلى ذهب، لانها تمثل الشكل النهائي في التحويل، وان قيمتها الاسمية (النقدية) تفوق كثيرا قيمتها السوقية (السلعية) وان نفقات طبيعتها قليلة، وسهولة حملها وعدم تآكلها.

جـ- نقود الودائع:

وتسمى أحيانا بالنقود المصرفية، وتقوم المصارف التجارية بإصدارها، لذلك ارتبط تطور هذه النقود بتطور العمل المصرفي للمصارف التجارية، التي هي إحدى المؤسسات المالية الوسيطة، وظيفتها الأساسية قبول الودائع الجارية والتوفير ولأجل من الأفراد والمشروعات والإدارات العامة وإعادة استخدامها لحسابها الخاص، والمقصود بالودائع هنا بالودائع الجارية، وهي عبارة عن اتفاق بين المصرف والزبون، يودع بموجبه الزبون مبلغا من النقود لدى المصرف، على ان يكون له الحق في سحبه في أي وقت يشاء ودون إخطار سابق منه، بواسطة الصكوك التي تعد أدلة لتسوية المبادلات، لأنها تؤدي وظائف الأخيرة ولأنها ديون في ذمة المصارف لصالح المودعين.

وان أهم ما تتميز به نقود الودائع انها تشكل نسبة من إجمالي عرض النقد، او من إجمالي السيولة المحلية، كما وإنها تشكل نسبة من وسائل الدفع المتاحة في المجتمع، وتزداد هذه النسبة كثيرا في المجتمعات المتقدمة، وذلك بسبب انتشار العادات المصرفية فيها، وتطور مؤسساتها ونظمها المصرفية والنقدية، وعلى العكس من ذلك البلدان النامية، إذ تكون فيها النقود المصرفية (نقود الودائع) لا تشكل إلا نسبة قليلة من اجمالي عرض النقد المتاح فيها. وان النقود الورقية تشغل جزءا كبيرا من اجمالي عرض النقد المتاح فيها.

وفي ضوء التحليل السابق لأنواع النقود يمكن تمثيلها بالشكل الآتي:

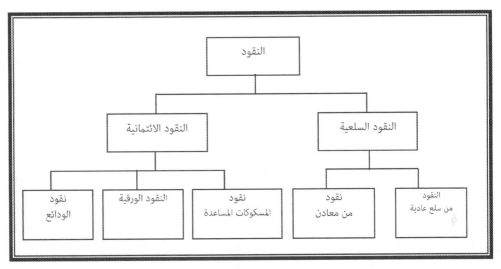

الشكل (64)

أنواع النقود

المبحث الثاني: النظم النقدية مفهومها وأنواعها

اولا: تعريف النظام النقدي

يمثل النظام النقدي مجموعة النقود المتداولة في بلد ما، ومجموعة القواعد والإجراءات التي تساعد على أداء النقود لوظائفها في النظام الاقتصادي، وتنفرد الدولة بما لها من سيادة على إقليمها بوضع أسس النظام النقدي بما يحقق الصالح العام، وأن النظم النقدية الحديثة تراوحت بين النظام المعدني والنظام الورقي:

ثانيا: نظام المعدنين: (قاعدة الذهب والفضة)

استخدم هذا النظام خلال الفترة 1792 - 1834 ، وأن النقود في ظلة متكونة من معدنين هما الذهب والفضة، وأن هذا النظام (القاعدة) يعمل في ظل شروط معينة هي:

1- أن الوحدة النقدية متكونة من نسبة معينة من الذهب ونسبة معينة من الفضة، وأن هذه النسبة محددة قانونا ومقدارها (15 :1)، أي أن وزن كمية معينة من الذهب في الوحدة النقدية يعادل (15) وزن كمية الفضة فيها.

2- حرية تحويل المعدنين الذهب والفضة إلنقود معدنية وفق الشرط الأول، وحرية تحويل هذه النقود المعدنية الذهبية والفضية إلى ذهب وفضة.

3- يتمتع الذهب والفضة بقوة إبراء قانونية غير محدودة، بمعنى أن المعدنين يتمتعان بصفة القبول العام، ويستخدمان معا في التداول.

4- ضرورة تعادل قيمة المعدنين الرسمية مع قيمتها كمعادن أو سلع معروضة في السوق، لأن أي اختلاف بينهما يخل بهذه القاعدة أو النظام.

وقد عانت هذه القاعدة صعوبات كثيرة أهمها: تباين النسبة القانونية لقيمة الذهب والفضة في الوحدة النقدية على مستوى العالم، وذلك بسبب غياب التعاون الدولي، وهبوط قيمة الفضة وارتفاع قيمة الذهب، وذلك بسبب زيادة إنتاج الفضة مقارنة بالذهب، وبما أن الأفراد والحكومات دائما تفضل المعدن الأكثر استقرارا والأعلى قيمة، لذلك أخذت تفضل الذهب على الفضة، مما أدى إلأنهيار هذه القاعدة وسيادة قاعدة جديدة وهي قاعدة المعدن الواحد.

ثالثا: نظام المعدن الواحد: (قاعدة الذهب)

لقد ساد هذا النظام منذ عام 1821، وحتى حدوث أزمة الكساد الكبيرة، التي حدثت في عام 1932 - 1929، وأن فحواه، هو أن النقود تعتمد على معدن واحد إما ذهبا أو فضة، وسوف يتم التركيز على قاعدة الذهب باعتبارها النموذج الرئيسي لنظام المعدن الواحد، وأن هذه القاعدة تكون على ثلاثة صور هي:

1 - قاعدة المسكوكات الذهبية:

ووفقا لهذه القاعدة تسك النقود من الذهب، وأن القيمة الاسمية لها تساوي قيمة ما تحتويه من الذهب، وقد عمل بهذه القاعدة العديد من الدول حتى الحرب العالمية الأولى، وتقوم هذه

- تعرف الوحدة النقدية مثل الدينار أو الدولار بوزن معين من الذهب الخالص، بعبارة أخرى أن يكون لوحدة النقد الأساسية محتوى معدني يعادل وزن معين من الذهب، فالدولار مثلا يساوي 23.22 حبة من الذهب، أي (1.5) غراما من الذهب.

- يجري تداول الوحدة النقدية التي تشكل النقد الأساس للقاعدة بهيئة مسكوكات ذهبية، ألا أن السير على هذه القاعدة، لا يمنع من وجود الأصناف الأخرى من النقود، إذ تحتوي دائرة التداول على أنواع أخرى من النقود المعدنية كالفضة والبرونز والورقية.

حرية سك الذهب إلى نقود ذهبية وبالعكس أي صهر هذه النقود إلى سبائك ذهبية.

- حرية استيراد الذهب وتصديره وذلك من اجل المحافظة على تعادل سعر الذهب في الأسواق الداخلية والخارجية.

2 - قاعدة السبائك الذهبية:

بعد اندلاع الحرب العالمية الأولى، أخذت الاضطرابات النقدية تنتشر في معظم دول العالم، إذ أصبحت الدول المتحاربة تكثر من الإصدار النقدي، دون الاعتبار إلى حجم المعروض من السلع والخدمات، مما أدى إلى تزايد معدلات الأسعار وارتفاع معدلات التضخم، وفي ذات الوقت، مالت كميات الذهب إلى التناقص الشديد بفعل أكتناز كميات كبيرة منه، أو تصديره أو استيلاء الدولة عليه، مما أدى إلى حدوث عدم تناسب بين حجم التداول النقدي، وحجم الاحتياط الذهبي

المستخدم كغطاء للأنواع الأخرى من النقود (الورقية والمعدنية) كل ذلك دفع إلى التخلي عن قاعدة السبائك الذهبية والأخذ بالنظام الورقي الإلزامي، أي الأوراق النقدية غير القابلة للتحويل مباشرة إلى ذهب.

ولكن بعد أن انتهت الحرب العالمية الأولى، أخذت بعض الدول تفكر بالعودة إلى قاعدة الذهب - ولكن ليس إلى قاعدة المسكوكات الذهبية، وإنما إلى قاعدة جديدة وهي قاعدة السبائك الذهبية ومن أهم شروطها:

- تعرف الوحدة النقدية بوزن معين من الذهب.
- منع سك المسكوكات الذهبية، وإيقاف تداولها داخليا.

- أحلال السبائك الذهبية محل المسكوكات الذهبية في التداول، ولكن بما أن السبائك الذهبية، كانت ذات وزن وسعر معينين، فأنها لم تستخدم عمليا في التداول النقدي الداخلي، لذلك كان يستعاض عن السبائك الذهبية بالنقود الائتمانية الورقية والمعدنية، وتستمد هذه الأخيرة قبولها في أيفاء الديون وتسهيل المعاملات من اعتقاد الأفراد بإمكانية مبادلتها بالذهب حين الطلب.

- قابلية تحويل جميع أنواع النقود الأخرى إلسبائك ذهبية بما يعادل قيمتها الاسمية لدى السلطات النقدية (البنك المركزي).

- وجود سوق حرة للذهب، ومع تعهد البنك المركزي بيع وشراء الذهب بالسعر المقرر رسميا، يولد نوعا من مساواة القيمة الاسمية للوحدة النقدية وقيمتها السوقية.

وقد أدى اعتماد الدول على قاعدة السبائك الذهبية، إلىأن أخذ الذهب يتركز لدى البنك المركزي، بصورة احتياط ذهبية رسمية، لاستخدامه في مواجهة حاجات التبادل الدولي، كالعجز في ميزانية المدفوعات، وتسوية الالتزامات الدولية، ومقابلة الطلب عليه من قبل الصناعة، ولم يعد للأفراد القدرة على احتجاز كميات كبيرة من الذهب للأغراض الاكتناز والتداول النقدي الداخلي، مما أدى إلى أن

الذهب أخذ يفقد بعض الوظائف النقدية، واقتصار دوره في تسوية المدفوعات الدولية، وتدعيم قيمة العملة، ولم يعد يستخدم كوسيلة لتسوية المبادلات الداخلية.

3 - قاعدة الصرف بالذهب:

تمثل هذه القاعدة الصيغة الأخيرة لنظام المعدن الواحد (قاعدة الذهب)، وتتميز قاعدة الصرف بالذهب، بإن العملة الوطنية لبلد ما، لا تتحد مباشرة على أساس الذهب، أي لا يمكن تحويلها مباشرة إلى ذهب، وإنما يمكن تحويلها بصورة غير مباشرة إليه، وذلك عن طريق ارتباط العملة الوطنية بعملة أخرى (قابلة للتحويل إلى ذهب، بمعنى أن الدولة يمكنها أتباع قاعدة الذهب بطريقة غير مباشرة، من خلال تحديد سعر صرف عملتها الوطنية تجاه العملات الأخرى القابلة للتحويل إلى ذهب بصورة مباشرة، وقد انتشر استخدام هذه القاعدة خلال السنوات التي تلت الحرب العالمية الأولى وحتى عام 1931، وأن أهم شروط هذه القاعدة هي كما يأتي:

- تعرف العملة الوطنية بقدر معين من عملة أخرى معرفة بمقدار معين من الذهب.

- وجود سوق حرة للذهب، وفيها يتاح للأفراد التعامل بالذهب بيعا وشراءا مع احتفاظهم بحق استيراد وتصدير الذهب أو اكتنازه.

- إيقاف حرية سك الذهب، ومعنى ذلك أن قاعدة الصرف بالذهب تحرم سك النقود الذهبية وتداولها في الداخل.

- أن الأوراق النقدية والأنواع الأخرى من النقود المتداولة لا يمكن تحويلها مباشرة إلى ذهب، وإنما يتم تحويلها إلى حوالات ذهبية، تأخذ شكل سندات مالية يجري رد قيمتها ذهبا في بلد أخر في صورة مسكوكات ذهبية إذا كان البلد الذي يضمن صرف الحوالات إلى ذهب يسير على قاعدة المسكوكات الذهبية، أو في صورة سبائك إذا كان يسير على قاعدة السبائك الذهبية، بما يعادل قيمتها الاسمية.

- يتكون احتياط العملة الرسمي للبلد الأخذ بقاعدة الصرف بالذهب من العملات الأجنبية، والودائع المصرفية لدى المؤسسات المصرفية العاملة في بلد يسير إما على قاعدة المسكوكات الذهبية أو السبائك الذهبية والاستثمارات في السندات الأجنبية.

وعلى الرغم مما تتميز به قاعدة الصرف بالذهب من مزايا، مثل توفر للبلد كلفة سك العملة، ونقل الذهب، وحفظه في اماكن خاصة واحتفاظ البلد باحتياطاته بشكل ودائع أجنبية واستثمارات قصيرة الآجل في الخارج يتيح له إمكانية الحصول على فوائد سنوية، ألا أنه يعاب عليها، أنها تمثل نوعا من أنواع التبعية.

رابعا: نظام النقود المصرفية الإلزامية

يعد نظام النقود الورقية الإلزامية من أحدث الأنظمة النقدية إذ طبق هذا النظام من قبل جميع دول العالم تقريبا، وأن من أهم الأسباب التي دفعت الدول إلى تطبيقه هي تعاقب الأزمات الاقتصادية والنقدية لا سيما بعد الحرب العالمية الثانية.

أن المحور الأساس الذي يستند عليه نظام النقود الورقية الإلزامية، هو أن النقود الورقية المتداولة في البلد، تتمتع بقوة إبراء قانونية مطلقة، وهذه القوة نابعة من القانون أو التشريعات التي تصدرها السلطات النقدية، لذلك تسمى النقود الورقية المتداولة بالنقود القانونية أو الإلزامية، لأن صفة الإلزام بالتعامل بها ناشئة من القانون الذي ينظم إصدارها، ولا يحق لحاملها المطالبة بتحويلها إلى ما يساويها او ما يعادلها من ذهب او أي معدن آخر، اذ تنقطع في ظل هذا النظام الصلة التي كانت قائمة في السابق فيما بين النقود المتداولة وقيمة الذهب أو أي سلعة أخرى.

ويكون البنك المركزي أو وزارة المالية هي الجهة الوحيدة المسؤولة عن إصدار العملة الوطنية، وبالكميات التي تراها مناسبة وفقا لمعايير تضعها الدولة، ممثلة بسلطاتها النقدية، والتي تنظم وتحدد عملية الإصدار النقدي، وبما يتفق والأهداف الاقتصادية التي تسعى إلى تحقيقها، وفي مقدمة هذه الأهداف تحقيق قدر

مقبول ومناسب من الاستقرار النقدي والنمو الاقتصادي، فعندما تلاحظ مثلا السلطات النقدية تزايد ارتفاع مستويات الأسعار، فإنها تلجأ إلى تقليص كمية النقود المصدرة، بغية تجنب الضغوط التضخمية، والعكس تماما في حالة الكساد الاقتصادي، اذ تعمد السلطات النقدية إلى التوسع في الإصدار النقدي بغية تنشيط الوضع الاقتصادي، وتوفير قدر من الانتعاش الاقتصادي.

وان السلطات النقدية في معظم الدول، تؤمن تماما بأهمية الترابط بين كمية النقود المتداولة من جهة وكمية الإنتاج من السلع والخدمات من جهة أخرى، اعتبار ان العملة الوطنية تمنح لحاملها حقا قانونيا للحصول على ما يعادلها من السلع والخدمات، لهذا فان كمية الإصدار النقدي الذي تقوم به السلطات النقدية، يتحدد بمقدار الإنتاج المادي المتحقق في فترة زمنية معينة، وعلى هذا الأساس، فان غطاء العملة الحقيقي او الفعلي في ظل نظام النقود الورقية الإلزامية يتمثل في كمية الإنتاج الفعلي للبلد ونوعيته، والشكل الآتي يوضح أنواع الأنظمة النقدية التي تم شرحها:

الشكل (65)

أنواع الأنظمة النقدية

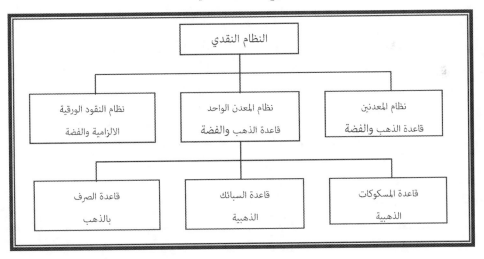

286

المبحث الثالث: المصارف التجارية والمتخصصة والبنك المركزي

اولا: مفهوم المصارف التجارية

تعد المصارف التجارية إحدى أهم المؤسسات الوسيطة وأقدمها، وظيفتها الأساسية قبول الودائع الجارية والتوفير ولأجل من الأفراد والمشروعات والإدارات العامة، وإعادة استخدامها لحسابها الخاص في منح القروض والاستثمار في الأوراق التجارية والمالية وفي شراء وبيع الموجودات الأخرى وغيرها من العمليات المصرفية.

ثانيا: خصائص المصارف التجارية

هناك عدة خصائص تتميز بها المصارف التجارية عن غيرها من المصارف الأخرى وهي كما يأتي:

1 - ان المصارف التجارية، كبقية المؤسسات المالية الأخرى، تقوم بتجميع مدخرات الزبائن في صورة ودائع، أيا كان نوع الوديعة، فان المودع، يعد دائنا، والمصرف مدينا، ومع ذلك فان المصارف التجارية تكاد تكون الوحيدة من بين المؤسسات المالية الوسيطة، التي تسمح لدائنيها، ان يحتفظوا بودائعهم بصورة ودائع جارية (تحت الطلب) التي تكون محلا للسحب بواسطة الصكوك، كما يمكن تحويل ملكيتها إلى طرف ثالث بواسطة استخدام الصكوك.

2 - تتميز المصارف التجارية بخاصية توليد ودائع جارية (تحت الطلب) جديدة، من خلال عمليات الإقراض والاستثمار في الأوراق المالية المختلفة، وهذه الودائع الجارية الجديدة (المشتقة) تعد نقودا، وتستمد صفة النقود، من كونها قابلة للسحب بصكوك من المصرف في أي وقت، وبدون إخطار مسبق، وبالتالي فان هذه الودائع، أي الجارية تعد جزءا مهما من عرض النقد، خاصة في الدول المتقدمة.

3 - تشكل الودائع الجارية لدى المصارف التجارية مصدرا رئيسا من مصادر أموالها، وتتصف هـذه الودائع بقابليتها السحب الفوري دون أشعار مسبق بينما في المؤسسات المالية الأخرى لا تشكل الودائع الجارية الجزء الأكبر من مصادر أموالها، ويترتب على ذلك، أن تصبح المصارف التجارية أكثر عرضة إلى المخاطرة في عملياتها من المؤسسات الأخرى، مما يفرض عليها التحفظ في أدائها، والحرص أكثر مـن غيرهـا على التوفيق بين متطلبات السيولة لموجوداتها (أي قدرتها على الإيفاء فورا بمختلف التزاماهـا) والربحيـة (أي تعظيم إيرادتها الصافية).

ثالثا: آلية توليد الودائع في المصارف التجارية

يمكن للمصارف التجارية، سواء كانـت عـلى مسـتوى المصرف الواحـد، أو عـلى مسـتوى المصـارف المجتمعة، توليد ودائع جديدة (نقود جديدة) بصورة ودائع جارية، وحتى تتم عملية توليد الودائع لابـد من تحقق الفرضيات الآتية:

1- يحتفظ المصرف التجاري بنسبة مئوية من كل وديعة تودع لديه في حساب له في البنك المركزي كاحتياطي قانوني كأن تكون (20 %).

2- أن الأفراد أو الوحدات الاقتصادية التي تحصل عـلى قرض مـن المصرف التجـاري، تحـتفظ بـه بالكامل في صورة ودائع جارية، أي أنها لا تحتفظ به أو بجزء منه في صورة ودائع توفير أو لأجل.

3- أن حجم الوديعة الأولية يمثل نقطة الانطلاق في آلية توليد الودائع.

4- أن المصرف التجاري لديه الرغبة والقدرة على تقديم القروض من احتياطاته الفائضة.

5- أن مبلغ القرض الممنوح للأفراد أو الوحدات الاقتصادية يسحب بالكامل من المصرف المقرض على شكل نقود، ثم يتم إيداعه في نفس المصرف أو في أحد المصارف التجارية الأخرى.

6- ينصب التحليل على المصارف التجارية المجتمعة أو على مستوى المصارف المنفردة.

1- توليد الودائع المشتقة على مستوى المصارف المجتمعة

أن عملية توليد الودائع المشتقة بواسطة المصارف المجتمعة تعني أن المقترض من مصرف تجاري معين، لا يقوم هو ذاته أو المستفيد منه بإيداع مبلغ القرض في المصرف المقرض لهذا المبلغ، وإنما يقوم بإيداعه في مصرف تجاري أخر على شكل وديعة جارية، ولتوضيح هذه الآلية، نفرض أن أحد الزبائن قام بإيداع مدخراته النقدية والبالغة (100) دينار لدى المصرف التجاري (A) ونفترض أيضا، أن هذا المصرف قد باشر أعماله استنادا إلى الوديعة الأولية التي انسابت إليه وعليه فان الميزانية العمومية لهذا المصرف ستكون على النحو الآتي:

الموجودات		المطلوبات	
النقد في الصندوق	100	الوديعة الأولية	100
المجموع	100	المجموع	100

ويلاحظ من هذه الميزانية أن استلام المصرف التجاري لمبلغ (100) دينار، قد أدى إلى زيادة احتاطياته النقدية الأولية (نقد في الصندوق) بمقدار الوديعة الأولية، ونظرا لأن المصارف التجارية لا تتبع سياسة الاحتياطيات الكلية، بل تنتهج سياسة الاحتياطيات الجزئية، لذا فأن المصرف التجاري سيحتفظ بجزء من قيمة الوديعة الأولية كاحتياطي قانوني لدى البنك المركزي ولنفترض أن على المصرف أن يحتفظ بنسبة (20 %) من الودائع (الوديعة الأولية). أي أنه سيحتجز

(20) دينار (80 = 20 - 100) وسيستخدم هذا الفائض في توليد ودائع جارية جديدة (مشتقة) عن طريق منح القروض والقيام بالاستثمارات المالية المربحة، وإذا ما نجح المصرف في إقراض هذا المبلغ لأحد الزبائن أو الوحدات الاقتصادية، فإن الميزانية العمومية للمصرف المذكور ستكون على الشكل الأتي:

الموجودات		المطلوبات	
الاحتياطي القانوني	20	**وديعة جارية أولية**	100
القروض	80		
المجموع	100	**المجموع**	100

وعند مقارنة هذه الميزانية مع الميزانية السابقة، فإنها تكشف عن قيام المصرف التجاري (A) بتقديم قرض إلى أحد الزبائن مقداره (80) دينار، أي أن المصرف قام بتوليد ودائع جديدة (مشتقة) على أثر منح هذا القرض، ولنفرض أن هذا الزبون قد دفع مبلغ القرض إلى شخص أخر تسديد بضاعة اشتراها منه، وأن هذا الشخص يتعامل مع المصرف التجاري (B) فأودع المبلغ فيه، ويظهر هذا المبلغ في ميزانية المصرف (B) في جانب المطلوبات كوديعة مشتقة أولى مقدارها (80) دينار، وعلى أثرها يقوم المنصرف (B) باستقطاع ما نسبته (% 20) أي (16 = 0.20 X 80) دينار، كاحتياطي قانوني تجاه هذه الوديعة المشتقة الأولى، ويستخدم الجزء المتبقي أي الاحتياطي الفائض (64) دينار (64 = 16 - 80) في القروض، وإذا تمكن المصرف من منح قرض مقداره (64) دينار الى أحد الزبائن فإن الميزانية العمومية له تكون بالشكل الآتي:

الموجودات		المطلوبات	
الاحتياطي القانوني	16	والديعة مشتقة الاولى	80
القروض	64		
المجموع	80	المجموع	80

وعند قيام الشخص المقترض لمبلغ (64) دينار من المصرف (B) بتسديد مدفوعاته لصالح شخص أخر، وأن هذا الشخص أودع المبلغ كاملا لدى المصرف التجاري (C)، فإن المبلغ الذي مقداره (64) دينار سيظهر في ميزانية المصرف (C) كوديعة مشتقة ثانية، وأنه سيقوم بحجز جزء مقداره (13 = 64 X 0.20) دينار كاحتياطي قانوني تجاه الوديعة المشتقة الثانية، إما المتبقي والذي مقداره (51 =64 X 13) دينار، سيستثمره أو يقرضه الى زبون أخر سعيا للحصول على الأرباح، وإذا ما تحقق ذلك للمصرف، فأن ميزاية تكون على النحو الآتي:

الموجودات		المطلوبات	
الاحتياطي القانوني	13	الوديعة المشتقة الثانية	64
القروض	51		
المجموع	64	المجموع	64

وهكذا تستمر عملية الإقراض و توليد الودائع المشتقة، ولكن هل تستمر الى ما لا نهاية؟ أم تتوقف عند حد معين؟

ان الجواب على ذلك، هو ان هذه العملية لايمكن لها ان تستمر الى ما لانهاية، وإنما لا بد ان تنتهي عند حد معين، وان هذا الحد هو اختفاء الاحتياطيات الاضافية في المصرف، أي تتوقف عملية توليد الودائع المشتقة عندما تصبح الاحتياطيات الفائضة (الأموال الموجهة للإقراض) مساوية للصفر:

مثال على ذلك: قامت إحدى المنشآت بإيداع مبلغ مقداره (100000) دينار في المصرف التجاري A ، وقد حدد البنك المركزي، نسبة الاحتياطي القانوني (20%)، المطلوب تصوير ميزانية على مستوى المصارف المجتمعة، وتحديد مقدار كل من الودائع المشتقة، والائتمان الممنوح، والودائع الكلية لحد الدورة الثالثة:

الموجودات		المطلوبات	
الاحتياطي القانوني	20000	الوديعة الأولية	100000
القروض	80000		
المجموع	100000	المجموع	100000

الاحتياطي القانوني = الوديعة الأولية × النسبة القانونية

20000 = 0.20 x 100000

القروض = الوديعة الأولية - الاحتياطي القانوني

80000 = 20000 - 100000

الموجودات		المطلوبات	
الاحتياطي القانوني	16000	الوديعة المشتقة الاولى	80000
القروض	64000		
المجموع	80000	المجموع	80000

الموجودات		المطلوبات	
الاحتياطي القانوني	12800	الوديعة المشتقة الثانية	64000
القروض	51200		
المجموع	64000	المجموع	64000

الموجودات		المطلوبات	
الاحتياطي القانوني	10240	الوديعة المشتقة الثالثة	51200
القروض	40960		
المجموع	51200	المجموع	51200

- الودائع المشتقة لحد الدورة الثالثة =

الوديعة المشتقة الاولى + الوديعة المشتقة الثانية + الوديعة المشتقة الثالثة

195200 = 51200 + 64000 +80000 =

- مقدار الائتمان لحد الدورة الثالثة =

مقدار الودائع المشتقة لحد الدورة الثالثة = 195200 دينار

- مقدار الودائع الكلية لحد الدورة الثالثة =

الوديعة الأولية + مقدار الودائع المشتقة لحد الدورة الثالثة =

295200 = 195200 + 100000

2- توليد الودائع المشتقة على مستوى المصرف المنفرد :

ان عملية توليد الودائع المشتقة بواسطة المصرف المنفرد (المستقل)، تعني ان المقترض من مصرف تجاري معين، يقوم هو ذاته او المستفيد منه بإيداع مبلغ القرض في المصرف المقرض لهذا المبلغ، أي ان القرض الممنوح من مصرف معين يعود بالكامل الى ذات المصرف بصورة وديعة مشتقة .

ويمكن توضيح عملية تكوين الودائع المشتقة بواسطة المصرف المنفرد من خلال المثال الآتي:

قام أحد الأشخاص بإيداع وديعة أولية لدى أحد المصارف مقدارها (3500) دينار، وان نسبة الاحتياطي القانوني التي حددها البنك المركزي تجاه المصارف التجارية هي (% 25)، المطلوب تصوير ميزانية عمودية على مستوى المصرف المنفرد، وحساب الآتي لحد الدورة الثانية:

أ- قيمة الودائع المشتقة ب- قيمة الائتمان الممنوح

جـ- قيمة الودائع الكلية

الحل:

الميزانية العمومية لمصرف تجاري

الموجودات		المطلوبات	
الاحتياطي القانوني	875	الوديعة الأولية	3500
القروض	2625		
المجموع	3500	المجموع	3500
الاحتياطي القانوني	656.25	الوديعة المشتقة الأولى	2625
القروض	1968.75		
المجموع	2625	المجموع	2625
الاحتياطي القانوني	492.19	الوديعة المشتقة الثانية	1968.75
القروض	1476.56		
المجموع		المجموع	1968.75

- قيمة الودائع المشتقة لحد الدورة الثانية =

الوديعة المشتقة الاولى + الوديعة المشتقة الثانية

$= 2625 + 1968.75 = 4593.75$ دينار

- قيمة الائتمان لحد الدورة الثانية =

قيمة الودائع المشتقة لحد الدورة الثانية

$= 4593.75$ دينار

- الودائع الكلية لحد الدورة الثانية =

الوديعة الأولية + الودائع المشتقة لحد الدورة الثانية =

$3500 + 4593.75 = 8093.75$ دينار

أما فيما يتعلق بحجم الودائع المشتقة بصورة عامة، وحجم الائتمان بصورة عامة، وحجم الودائع الكلية بصورة عامة، سواء أكان على مستوى المصارف المجتمعة أم على مستوى المصرف المنفرد، فيتم حسابها وفق الآتي:

حجم الودائع المشتقة بصورة عامة =

$$\left(\frac{\text{الوديعة الأولية}}{\text{نسبة الاحتياطي القانوني}} \right) - \text{الوديعة الاولية}$$

$$= \frac{3500}{0.25} - 3500 = 10500$$ دينار

295

حجم الائتمان الممنوح بصورة عامة = حجم الودائع المشتقة بصورة عامة

= 10500 دينار

حجم الودائع الكلية بصورة عامة = الوديعة الأولية + حجم الودائع المشتقة

= 3500 + 10500 = 14000 دينار

رابعا: المصارف المتخصصة

تعرف المصارف المتخصصة بأنها، تلك المصارف التي تخصص في تمويل قطاعات اقتصادية معينة، ومن أهم أنواع المصارف المتخصصة، المصارف الصناعية، والمصارف الزراعية، والمصارف العقارية، وان من اهم ما تتميز به المصارف المتخصصة ما يأتي:

1- انها تعد مؤسسات مالية غير ودائعية، أي ان المصارف المتخصصة لا تعتمد في مواردها المالية على ايداعات الافراد، كما هو الحال بالنسبة للمصارف التجارية، وإنما تعتمد على رأس مالها وما تصدره من سندات.

2- ارتباط نشاطها برأس مالها، أي ان المصارف المتخصصة لا تستطيع التوسع في أنشطتها المختلفة، إلا في حدود مواردها المالية، فهي ليست كالمصارف التجارية يمكنها استثمار أموال الزبائن.

3- معظم القروض التي تمنحها تكون بآجال طويلة نسبيا، اذ يقوم اغلب المصارف المتخصصة، بتوظيف مواردها في قروض طويلة الأجل، وذلك عكس ما هو متبع في المصارف التجارية التي تحكمها في هذا الصدد آجال الأموال التي أودعها الزبائن.

4- التخصص في تمويل نشاط اقتصادي معين، فالمصارف المتخصصة، وكما هو واضح من تسميتها، تتخصص في تمويل أنشطة معينة، إذ نجد المصارف الصناعية، تتولى مهمة تمويل القطاع الصناعي، والمصارف الزراعية،

تخصص في تمويل القطاع الزراعي، والمصارف العقارية، تخصص في تمويل قطاع البناء والإسكان والمرافق او المساهمة فيها.

خامسا: البنك المركزي

يعرف البنك المركزي، بأنه مؤسسة نقدية حكومية، تهيمن على النظام النقدي والمصرفي في البلد، ويقع على عاتقها مسؤولية إصدار العملة، ومراقبة الجهاز المصرفي، وتوجيه الائتمان لزيادة النمو الاقتصادي، وللمحافظة على الاستقرار النقدي، عن طريق توفير الكميات النقدية المناسبة داخل الاقتصاد وربطها بحاجات النشاط الاقتصادي.

وأن من أهم ما تتميز به من خصائص ما يأتي:

1- تعد البنوك المركزية مؤسسات نقدية ذات ملكية عامة فالدولة هي التي تتولى إدارتها والإشراف عليها من خلال القوانين التي تقرها، والتي تحدد بموجبها أغراضه وواجباتها، وما دامت هذه البنوك تعد إحدى أجهزة الحكومة فأن قراراتها يجب ان تكون متنافسة مع السياسة الاقتصادية العامة للبلد.

2- يعد البنك المركزي، ممثلا للسلطة النقدية، التي تدير النظام النقدي، وتشرف على سير العمل المصرفي، والنشاط الائتماني والتحكم في عرض النقد المالي بما يحقق المحافظة على القيمة الداخلية والخارجية للعملة الوطنية، وتعزيز الإنتاج والاستخدام، كما أن البنك المركزي يمتلك من الأدوات التي تمكنه من فرض سيطرته على المصارف التجارية، ويجعلها تستجيب للسياسة النقدية التي ترغب في تنفيذها.

3- تمثل البنوك المركزية مؤسسات لا تعمل من أجل تعظيم الربح وإنما وجدت بهدف تحقيق الصالح العام للدولة.

4- تركز البنوك المركزية جل أعمالها مع مؤسسات الحكومة، والخزينة العامة، والمؤسسات المصرفية الأخرى، ونادرا ما تتعامل مع الأفراد، كما هو الحال بالنسبة للبنك الوطني البلجيكي وبنك إيطاليا.

5- يمثل البنك المركزي المؤسسة الوحيدة في البلاد التي تحتكر إصدار العملة.

6- يوجد في كل بلد بنك مركزي واحد، باستثناء الولايات المتحدة الأمريكية، إذ يوجد فيها (12) مؤسسة للإصدار النقدي خاضعة لسلطة نقدية مركزية ممثلة بمجلس الاحتياطي الفدرالي، الذي يحدد السياسة النقدية للبلد، والتي تلتزم بتنفيذها جميع بنوك الإصدار.

مصادر الفصل الثاني عشر

1- د. بشير عباس العلاق، ادارة المصارف، مدخل وظيفي، الأردن، 1998

2- د. رضا صاحب أبو محمد، إدارة المصارف، مدخل تحليلي كمي معاصر، دار الفكر للطباعة والنشر والتوزيع، عمان، 2002.

3- د. طارق طه، إدارة البنوك، كنج مريوط، الاسكندرية، 1999.

4- د. سليمان احمد اللوزي، د. مهدي حسن زوليف، مدحت إبراهيم الطراونة، إدارة البنوك، دار الفكر للطباعة والنشر والتوزيع، 1997.

5- د. كريم مهدي الحسناوي، مبادئ علم الاقتصاد، مطبعة اوفسيت حسام، بغداد، 1994.

6- د. عبد الملك العاني، مبادئ الاقتصاد، الطبعة الرابعة، مطبعة دار السلام، بغداد، 1972.

7- د. عقيل جاسم عبد الله، النقود والبنوك، دار ومكتبة الحامد للنشر والتوزيع، الاردن، 1999.

8- د. عوض فاضل، النقود والبنوك، دار الحكمة للطباعة والنشر، بغداد، 1990.

9- أ. ضياء مجيد، البنوك الاسلامية، مؤسسة شباب الجامعة، الاسكندرية، 1997.

10- د. ناظم محمد نوري الشمري، النقود والمصارف، مدير دار الكتب للطباعة والنشر، جامعة الموصل، 1989.

11- د. وداد يونس يحيى، النظرية النقدية، دار الكتب للطباعة والنشر، جامعة الموصل، 2001.

12- klein, J., Money and the Economy , Horcourt Brace Joveanovich , inc. 5 th., Ed., New York ،

1982.

13- Kamerschen , Money And Banking , The university of Georgia Athens. South - western

publishing co., 1992

14- Luchett , D., money Banking , 3rd Ed., Mc-grow hill Book company, New York , 1984.

الفصل الثالث عشر
التجارة الخارجية وميزان
المدفوعات والنمو الاقتصادي

- المبحث الأول: التجارة الخارجية وخصائصها ونظرياتها

- المبحث الثالث: ميزان المدفوعات وهيكله

- المبحث الخامس: النمو الاقتصادي والتنمية الاقتصادية

المبحث الأول: التجارة الخارجية وخصائصها نظرياتها

أولاً: مفهوم التجارة الخارجية

تعرف التجارة الخارجية، بأنها عملية انتقال السلع والخدمات وعناصر الإنتاج خارج الحدود السياسية لدولة معينة، أو هي عبارة عن الصفقات الاقتصادية التي تجري عبر الحدود الوطنية لبلد معين.

ثانياً: أسباب قيام التجارة الخارجية

لا يمكن تصور هناك بلد واحد في العالم مهما تنوعت وتعددت موارده الاقتصادية، أن يعتمد على نفسه اعتمادا كليا في إنتاج كل ما يحتاج أليه من سلع وخدمات، أي أن يستغني عن المنتجات التي يمكن الحصول عليها من الدول الأخرى، من سلع غذائية ومنسوجات بمختلف أنواعها، والمكائن والمعدات والأجهزة ومختلف الأدوية والمواد الأولية الأخرى اللازمة لإنتاج السلع والخدمات الأخرى، ألا أن يقوم ذلك البلد بالإنتاج على حساب ارتفاع تكاليف الإنتاج أو انخفاض في نوعيتها، ويتبين من ذلك حقيقة أهمية التجارة الخارجية بالنسبة لجميع الدول.

لقد أدى التخصص الدولي، أو تركيز كل بلد على إنتاج السلع التي يتميز بإنتاجها على البلدان الأخرى، الى زيادة الإنتاج في جميع البلدان وتصدير الفائض عن الحاجات المحلية الى البلدان الأخرى لقاء الحصول على السلع الأخرى التي هي بحاجة أليها.

ومن الملاحظ أن مبدأ التخصص لم يقتصر على إنتاج السلع والخدمات التي تتلائم وطبيعة الموارد الاقتصادية في كل بلد، بل تعدى ذلك الى ظاهرة تخصص الأفراد في البلد الواحد في فروع المعرفة المختلفة التي تحقق لكل فرد أقصى المنافع الممكنة.

ويعود تخصص الدول في إنتاج سلع معينة الى حقيقة , أن الموارد الاقتصادية الطبيعية والبشرية موزعة توزيعا متباينا في جميع الدول , فبعض الدول تتمتع بأراضي زراعية خصبة أو بفائض في رأس المال أو بكثافة في العمل الماهر مقارنة مع دول أخرى، بحيث تتمكن من الاستفادة من هذه المزايا وتتخصص في إنتاج سلع معينة، ويمكن بهذه الطريقة زيادة الإنتاج من مختلف السلع والخدمات وتبادلها بين الدول , في حين نقل كمية الإنتاج وتتحدد السلع في حالة غياب التجارة الخارجية ومحاولة كل بلد الاكتفاء ذاتيا.

ثالثاً: خصائص التجارة الخارجية مقارنة بالتجارة الداخلية

أن من أهم الصفات التي تتميز بها التجارة الخارجية مقارنة بالتجارة الداخلية هي ما يأتي:

1- مدى قدرة عناصر الإنتاج على الانتقال بين بلد وآخر

تعد عناصر الإنتاج (العمل ورأس المال) أكثر حرية في الانتقال ضمن البلد الواحد، بينما تكون حريتها في الانتقال محدودة الى حد ما بين البلدان، فالعمل مثلا ينتقل في داخل البلد الواحد بسهولة من المناطق ذات الأجر المنخفض الى المناطق ذات الأجر المرتفع، لكن قيود الهجرة الخارجية تمنع العمل من الانتقال بحرية بين البلدان مع ان هناك اختلافا في الإنتاجية الحدية للعمل، ومعدلات الأجور بينها، وبالنسبة لرأس المال فانه لا ينتقل بسهولة من بلد لآخر رغم وجود اختلاف في سعر الفائدة، لان أصحاب رؤوس الأموال يفضلون الاستثمار في بلدانهم لخوفهم من الاضطرابات السياسية والاقتصادية وكذلك لسهولة الإشراف على أموالهم في بلدانهم.

2- اختلاف العملات النقدية وسياستها بين البلدان

تختلف التجارة الخارجية عن التجارة الداخلية، بسبب اختلاف عملات الدول وتباين نظمها النقدية، إذ في عملية التبادل بين دولتين تظهر مشكلة سعر الصرف بين عملتيهما، والأكثر أهمية من اختلاف العملات، هو وجود تباين في النظم

النقدية والمصرفية، فكل منهما يمارس سياسات مختلفة بالنسبة لمستويات الأسعار ومقدار الائتمان.

3- اختلاف السلطات السياسية في البلدان المختلفة

في البلد الواحد، يخضع المواطنون الى نظام قانوني واحد، يبين مدى تدخل السلطات العامة في الحياة الاقتصادية كتحديد الحد الأدنى للأجور وتنظيم نقابات العمال، وتحديد ساعات العمل، أو تقيد حرية أصحاب الأعمال وفرض الضرائب على الإنتاج ... الخ، ومن الطبيعي أن كافة المواطنين في هذا البلد يخضعون لهذا النظام، ألا أن هذا النظام قد يختلف من بلد الى آخر، وبالتالي يتفاوت مدى تدخل السلطات العامة في الحياة الاقتصادية، فقد يخضع الفرد أو رأس المال لضريبة عالية في بلد معين، في حين أنه يكون معفى في بلد أخر، كما تتفاوت القوانين العمالية والتشريعات الاجتماعية والرسوم الكمركية تفاوتا كبيرا بين البلدان المختلفة.

4- اختلاف العادات والتقاليد واللغة بين البلدان

أن للروابط الاجتماعية والعادات والتقاليد واللغة أثر كبير على تقيد التجارة الخارجية مقارنة بالتجارة الداخلية.

رابعاً: نظرية التجارة الخارجية

يمكن أن نوضح نظرية التجارة الخارجية من خلال التطرق الى ثلاث نظريات عبر تسلسلها التاريخي:

1- نظرية الميزة المطلقة:

أكد الاقتصادي آدم سميث في كتابه ثروة الأمم، أن مبدأ التخصص وتقسيم العمل يؤديان الى زيادة الإنتاجية ثم إلى زيادة الناتج القومي للبلد، فعندما تتخصص الدولة في إنتاج السلع التي تمكنها ظروفها الطبيعية والاقتصادية من إنتاجها بأقل تكلفة سيكسبها ميزة مطلقة في إنتاج تلك السلع، وتعرف نظرية أدم

سميث هذه باسم نظرية أو مبدأ الميزة المطلقة، والتي تنص على أن الدولة تتخصص في إنتاج وتصدير السلع التي تنتجها بتكاليف حقيقية أقل مما هي عليه في الدول الأخرى، أي التي لها ميزة مطلقة في إنتاجها، وتستورد في المقابل تلك السلع التي لا تتمتع بميزة مطلقة في إنتاجها (تنتجها الدولة الأخرى بتكاليف حقيقية أقل مقارنة بالدولة المستوردة).

ولتحقيق نظرية الميزة المطلقة لابد من توفر الفرضيات الآتية:

1- أن التبادل الدولي يتم بين بلدين أثنين فقط.

2- أن التبادل الدولي بين البلدين يقتصر على سلعتين فقط.

3- أن انتقال السلع بين البلدين لا يخضع الى رسوم كمركية ولا تكاليف نقل ولا مصاريف تأمين ولا غير ذلك من التكاليف.

4- أن التبادل الدولي يتم على شكل مقايضة (أي لا تستخدم النقود في التبادل).

ولتوضيح هذه النظرية نستعين بالجدول الافتراض الأتي

جدول (27)

نظرية الميزة المطلقة

الدولة	حجم الإنتاج في كل دولة	
	التمور	المنتوجات
العراق	110	20
سوريا	60	150

يشير الجدول أعلاه الى أن هناك دولتين هما العراق وسوريا تنتجان سلعتين هما التمور والمنسوجات، وأن العراق يستخدم جميع عناصر الإنتاج لديه لإنتاج

(110) وحدة من التمور و(20) وحدة من المنسوجات، وسوريا تستخدم جميع عناصر الإنتاج لديها لإنتاج (60) وحدة من التمور و(150) وحدة من المنسوجات، ووفق نظرية الميزة المطلقة، فأن العراق يتمتع بميزة مطلقة في إنتاج التمور، وأن سوريا تتمتع بميزة مطلقة في إنتاج المنسوجات، وبالتالي فأن من مصلحة العراق التخصص في إنتاج سلعة التمور، ومن مصلحة سوريا التخصص في إنتاج سلعة المنسوجات، وفي هذه الحالة يصبح الإنتاج الكلي من التمور هو (110) وحدة، ومن المنسوجات هو (150) وحدة، وبذلك تزداد مستويات الرفاهية في البلدين.

2- نظرية الميزة النسبية:

عندما لا تتمتع إحدى الدولتين بميزة مطلقة في إنتاجها للسلعتين، فإن وفقا لنظرية الميزة المطلقة، لن يكون هناك مبررا للتبادل التجاري بينهما، ولكن هذا غير صحيح، إذا أنه يمكن للدولتين أن تحققا ربحا من التبادل التجاري بينهما، حتى ولو أن أحدهما لا تتمتع بميزة مطلقة في إنتاجها للسلعتين، أي أنها لا تستطيع إنتاجهما بتكاليف حقيقة أقل، هذا ما توضحه نظرية الميزة النسبية التي جاء بها الاقتصادي ديفيد ريكاردو، وأن فكرة هذه النظرية تتلخص في أن كل دولة تتخصص في إنتاج السلع التي يمكن إنتاجها بتكاليف منخفضة نسبيا (أي نسبة الى تكاليف إنتاجها في الدولة الأخرى) وليس بصورة مطلقة، ومن ثم فان التجارة الخارجية تقوم بسبب اختلاف التكاليف النسبية بين الدول ولتوضيح نظرية الميزة النسبية اكثر، نفترض المثال الوارد في الجدول الآتي:

جدول (28)

نظرية الميزة النسبية

الدولة	حجم الإنتاج في كل دولة	
	التمور	المنسوجات
العراق	110	40
سوريا	70	30

يلاحظ من خلال الجدول أعلاه، إن العراق لديه ميزة مطلقة في إنتاج كل من التمور والمنسوجات، إلا إن الميزة النسبية لهما تختلف.

وحتى نتمكن من توضيح نظرية الميزة النسبية لابد من الاستعانة بمنحنى إمكانات الإنتاج، إذ يمكن تمثيل البيانات الواردة في الجدول (   ) لرسم خط إمكانات الإنتاج وليس منحناه (بسبب ثبات تكاليف الانتاج) بالنسبة للعراق (P_1P_1)، وخط إمكانات الإنتاج بالنسبة لسوريا (P_2P_2) وكما في الشكل الآتي:

الشكل (66)

خط إمكانات الإنتاج للعراق وسوريا

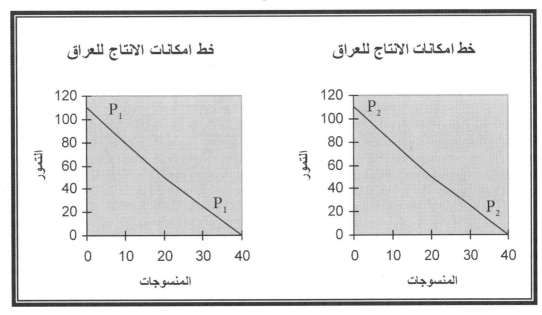

وإذا حاول العراق زيادة إنتاجه من التمور بمقدار وحدة واحدة، فانه سيتخلى عن إنتاج ما مقداره (40/110 = 0.36) وحدة من المنسوجات، وإذا أراد زيادة إنتاجه من المنسوجات بمقدار وحدة واحدة، فانه سيضحي عن إنتاج ما مقداره (110/40 = 2.75) وحدة من التمور، أما بالنسبة لسوريا، فإنها إذا أرادت زيادة إنتاجها من التمور بمقدار وحدة واحدة، فانه يتطلب منها التنازل عن مقدار (30/70 = 0.42) وحدة من المنسوجات، وإذا أرادت زيادة إنتاجها من المنسوجات بمقدار وحدة واحدة، فانه يتحتم عليها التخلي عن ما مقداره

(2.33 = 70/30) وحدة من التمور، وبالتالي يمكن القول، ان العراق ينتج التمور بتكاليف إنتاج اقل نسبيا من سوريا، إذ ان تكاليف إنتاجها في العراق هي (0.36) وحدة من المنسوجات، بينما تكاليف إنتاجها في سوريا هي (0.42) وحدة من المنسوجات، في حين إن سوريا تنتج المنسوجات بتكاليف إنتاج اقل نسبيا من العراق، إذ ان تكاليف إنتاجها في سوريا هي (2.33) وحدة من التمور، بينما في العراق هي (2.75) وحدة من التمور، وعليه فان نظرية الميزة النسبية تنص على ان العراق سوف يتخصص في إنتاج وتصدير سلعة التمور، في حين ان سوريا سوف تتخصص في إنتاج وتصدير سلعة المنسوجات.

3- النظرية الحديثة في التجارة الخارجية (نظرية هكشر - أوهلين)

ان نظرية الميزة المطلقة، وكذلك نظرية الميزة النسبية، على الرغم من انهما بينتا، ان تمتع الدولة بميزة في انتاج سلعة معينة، سوف يجعلها تتخصص في إنتاجها ومبادلتها مع الدول الأخرى، ولكنهما لم يوضحا الأسباب التي تجعل هذه الدولة تحظى بميزة مطلقة او نسبية في إنتاج سلعة معينة، مما جعلها غير كافيتين لتوضيح نظرية التجارة الخارجية وهذا الأمر مهد لظهور نظرية حديثة جاء بها كل من هكشر-اوهلين.

تشير هذه النظرية الى ان الدول تختلف من حيث توافر الموارد الإنتاجية فيها، فنجد دولا تتميز بالأراضي الزراعية الخصبة، ودول تتميز بتوفر المواد الخام في باطن أراضيها كالنفط والفحم وغيرها، وأخرى تشتهر بتوفر مستويات تقنية عالية وغيرها توصف بكثرة عنصر العمل فيها ... الخ، ومن بعد فالدول تتخصص في إنتاج تلك السلع التي تستخدم المورد الإنتاجي الموجود فيها بوفرة، فالهند مثلا يجب ان تركز على إنتاج السلع التي يتطلب إنتاجها الكثير من العمل، الذي هو متوفر نسبيا فيها، والقليل من التقنية (رأس المال)، الذي هو نادر لديها نسبيا، وان اليابان ستتخصص في إنتاج السلع التي يتطلب إنتاجها الكثير من التقنية (رأس المال) والقليل من العمل نسبيا، أي ان الهند ستتخصص في إنتاج وتصدير السلع كثيفة العمل نسبيا، وتستورد السلع التي يتطلب إنتاجها كثافة في عنصر- رأس المال، التي يمكن ان تتخصص في إنتاجها وتصديرها اليابان مثلا.

المبحث الثاني: السياسة التجارية وأدواتها

أولاً: تعريف السياسة التجارية

تعـرف السياسـة التجاريـة بأنهـا مجموعـة الإجـراءات والتـدابير التـي تتخـذها الدولـة لتشـجيع الصادرات والحد من الاستيرادات، ويتركز الاهتمام بالسياسة التجارية في موضوع الحماية والحاجة إليها، أي ان الدولة تسعى الى تطبيق من أدوات السياسة التجارية بما يحقـق الحمايـة والانتعـاش لاقتصادها الوطني، ومن أهم أدوات أو إجراءات السياسة التجارية ما يأتي:

1: التعريفة الكمركية:

ويقصد بها، بأنها الرسم او الضريبة التي تفرضها الدولة على الاستيرادات أو الصادرات، ويمكن ان تكون التعريفة بمثابة ضريبة محددة بالنسبة لكل وحدة من السلعة، او ان تستند على قيمـة السـلعة، وهناك عدة أسباب تدعو الدولة الى فرض الرسـوم الكمركيـة، وتـأتي في مقدمـة هـذه الاسبـاب حمايـة الصناعات الوطنية من المنافسة الأجنبية، أو تزويد الدولة بالموارد المالية، وتنظيم او الحد مـن اسـتهلاك بعض السلع من قبل المجتمع.

2: نظام الحصص:

ويقصد به، وضع حد قانوني بالنسبة لعدد الوحدات التي يمكن استيرادها من سلعة معينة، خلال فترة معينة، او تحديد حد أعلى من العملات الأجنبية لاستيراد كميات معينة من بعض السلع، وتتشـدد الدولة (خاصة في بعض الدول النامية التي تعاني من نقص في العملات الأجنبية) في تطبيق هذه الحدود بالنسبة لاستيراد السلع غير الضرورية او الكماليـة، وذلـك لغـرض تخصيـص نسـبة اكبـر مـن العمـلات الأجنبية المتوفرة لاستيراد السلع أل إنتاجية، وبعض السلع الاستهلاكية الضرورية.

هذا بالإضافة الى ما تقدم، فان بعض الدول تستخدم أدوات وأساليب أخرى للحد من الاستيراد او منعه، ومن أبرزها، هي إجراءات التحويل الخارجي، وإجازات الاستيراد، والقيود المتعلقة بالنواحي الصحية والشحن والتأمين ... الخ.

المبحث الثالث: ميزان المدفوعات وهيكله

أولاً: تعريف ميزان المدفوعات

يعرف ميزان المدفوعات لأي بلد بأنه عبارة عن خلاصة لجميع المعاملات الاقتصادية. التي تجري بين المقيمين في بلد معين والمقيمين في بلد آخر خلال فترة زمنية أمدها سنة واحدة، ويتضمن هذا التعريف ثلاثة عناصر رئيسية هي: أولا المعاملات الاقتصادية للبلد مع الأجانب، وتشمل تجارة السلع والخدمات، وحركة رأس المال، والتحويلات من جانب واحد، سواء أكانت نقدية أو على شكل سلع مادية، أما العنصر الثاني، فيتألف من المقيمين ويشمل ذلك الأشخاص، والشركات والوكالات الحكومية والخاصة فيما يتضمن العنصر الثالث من هذا التعريف قياس المعاملات الاقتصادية المذكورة خلال فترة زمنية أمدها سنة واحدة.

ويقوم ميزان المدفوعات على أساس نظام القيد المزدوج، فكل عملية اقتصادية تتم مع العالم الخارجي تسجل مرتين مرة في الجانب الدائن ومرة أخرى في الجانب المدين من ميزان المدفوعات.

ثانياً: هيكل ميزان المدفوعات

يتكون ميزان المدفوعات من أربعة موازين رئيسية كما يأتي:

1 - ميزان التجارة المنظورة

ويشير إلى صادرات واستيرادات السلع المادية المنظورة التي تعبر الحدود الكمركية للبلد، تحت مرأى من السلطات كالرز والقمح والملابس ..الخ.

2 - ميزان التجارة غير المنظورة

ويتضمن الصادرات والاستيرادات التجارية وغير التجارية التي لا يمكن رؤيتها من قبل الأجهزة الكمركية باعتبارها لا تمر بجهاز الكمارك، ويشمل هذا الميزان على الخدمات الآتية، خدمات النقل، نفقات السفر، خدمات التأمين والمصارف، والدخل من الاستثمارات الوطنية في الخارج، والنفقات الحكومية.

3 – ميزان التحويلات من جانب واحد

يحتوي هذا الميزان على كافة التحويلات من جانب واحد، سواء أكانت نقدية أو عينية، والتي تحدث بين الدول والأفراد دون أن يترتب عليها مدفوعات مقابلة من قبل الطرف الآخر، وقد تكون هذه التحويلات حكومية أو خاصة، ومن الأمثلة على ذلك الهبات والتعويضات والمساعدات النقدية أو العينية التي تقدمها الحكومة أو الأفراد إلى الشركات الخاصة ...

4 – ميزان حساب رأس المال

ويتضمن هذا الميزان كافة التدفقات لرؤوس الأموال بين الدول، بهدف الاستثمار لآجال طويلة أو قصيرة، وتنشأ عن هذه الحركة زيادة أو نقصا في مطلوبات وموجودات البلد خلال الفترة التي يعد فيها ميزان المدفوعات، وبهذا يكشف ميزان حساب رأس المال التغيرات في الموجودات الأجنبية المملوكة للمقيمين في بلد معين، والتغيرات في المطلوبات الأجنبية التي بذمتهم لحساب الأجانب المقيمين في الدول الأخرى. وتتخذ هذه التحركات أشكالا مختلفة، فقد يعمد المقيمون إلى إنشاء مشاريع صناعية وزراعية في الدول الأجنبية، أو بيع وشراء الأوراق المالية أو القيام بالإيداع في المصارف الأجنبية.

المبحث الرابع: سعر الصرف وكيفية تحديده

أولا: تعريف سعر الصرف

يعرف سعر الصرف بأنه عبارة عن عدد الوحدات من العملة الوطنية التي يستلزم دفعها للحصول على وحدة واحدة من العملة الأجنبية، أو هو عدد الوحدات من العملة الأجنبية التي ينبغي دفعها للحصول على وحدة واحدة من

العملة الوطنية. أي إن سعر الصرف هو نسبة قيمة العملة الوطنية إلى قيم العملات الأجنبية الأخرى.

ثانيا: كيفية تحديد سعر الصرف

هناك عدة أنظمة لتحديد سعر الصرف منها ما يأتي:

1 - نظام سعر الصرف الحر (العائم):

يتحدد سعر الصرف لأي عملة بعملة أخرى وفقا لهذا النظام من خلال تقاطع منحنى الطلب على العملة ومنحنى عرضها في سوق الصرف الأجنبي، وان نقطة التقاطع بين المنحنيين تحدد سعر صرف العملة الوطنية تجاه العملة الأجنبية، وكما في الشكل الآتي:

الشكل (67)
نظام سعر الصرف الحر

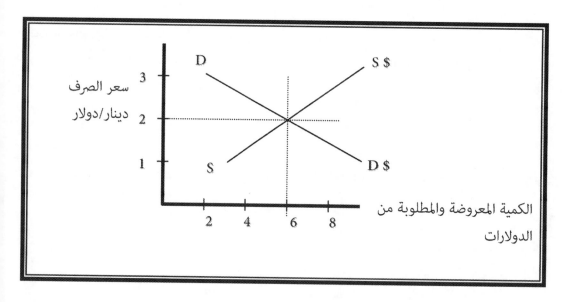

إذ يلاحظ من الشكل أعلاه الكميات المعروضة من الدولارات (منحنى العرض) والكميات المطلوبة من الدولارات (منحنى الطلب) عند

مستويات الأسعار المختلفة للدينار، وان السعر التوازني يتحدد عند المستوى (دولار 6 = 2 دينار)، أي ان كل دينار واحد يعادل ثلاثة دولارات.

2- نظام سعر الصرف الثابت في ظل قاعدة الذهب:

تشير قاعدة الذهب، التي عمل بها حتى عام 1914 وبشكل محدد للفترة 1925-1931 إلى إن كل دولة تحدد محتوى ذهبي لعملتها، وتكون مستعدة لبيع وشراء، أية كمية من الذهب بهذا السعر، وطالما كان المحتوى الذهبي لكل عملة ثابتا، فان سعر الصرف بين العملات سيبقى ثابتا، وعلى سبيل المثال إذا كانت الروبية الهندية تساوي (1.00) حبة من الذهب الخالص، وان الدولار الأمريكي (4.86) حبة من الذهب الخالص، فان سعر صرف الدولار مقابل الروبية يساوي:

$$
\text{سعر الصرف} = \frac{\text{المحتوى الذهبي للدولار}}{\text{المحتوى الذهبي للروبية}} = \frac{4.86}{1.00} = 4.86
$$

3- نظام سعر الصرف الثابت في ظل اتفاقية بريتون وودز:

عقد في عام 1944 مؤتمر دولي في مدينة بريتون وودز، لمعالجة الاضطرابات في الأوضاع النقدية والمالية والتجارية والعجز في ميزان المدفوعات لمعظم دول العالم والأوربية بشكل خاص، وقد انتهى المؤتمر بإنشاء مؤسستين هما صندوق النقد الدولي والبنك الدولي للإنشاء والتعمير وتحديد سعر صرف ثابت، وارتكز سعر الصرف في ظل هذا النظام على أساس تحديد سعر ثابت بين الدولار والذهب وبما يساوي (35) دولار لكل اونسة من الذهب (الأونس = 31.103 غم) وعلى الدول الأخرى ان تثبت أسعار عملاتها بالنسبة للدولار القابل للتحويل الى ذهب وفقا للسعر المحدد، مع السماح بزيادة او نقصان بنسبة (1 %) من السعر المعلن.

المبحث الخامس: النمو الاقتصادي والتنمية الاقتصادية

أولاً: مفهوم النمو الاقتصادي

النمو الاقتصادي هو عبارة عن معدل زيادة الإنتاج أو الدخل الحقيقي في دولة ما خلال فترة زمنية معينة، ويعكس النمو الاقتصادي التغيرات الكمية في الطاقة الإنتاجية، ومدى استغلال هذه الطاقة، فكلما ارتفعت نسبة استغلال الطاقة الإنتاجية المتاحة في جميع القطاعات الاقتصادية، كلما ازدادت معدلات النمو في الدخل القومي، والعكس صحيح كلما قلت نسبة استغلال الطاقة الإنتاجية، كلما انخفضت معدلات النمو في الدخل القومي.

ولأجل تحديد نسبة النمو الاقتصادي لأي بلد لابد من الاعتماد على بعض المؤشرات الكمية، ويمكن الاستدلال عن النمو الاقتصادي بطريقتين هما:

أ- تحديد معدلات نمو الناتج القومي الحقيقي، او الناتج القومي الصافي.

ب- او تحديد معدلات نمو متوسط الدخل الفردي الحقيقي.

ثانياً: مفهوم التنمية الاقتصادية

يعد مفهوم التنمية الاقتصادية أوسع شمولا من مفهوم النمو الاقتصادي، إذ لا تقتصر التنمية الاقتصادية على المؤشرات الكمية للتقدم الاقتصادي كزيادة معدل الدخل الفردي، ومضاعفة الدخل القومي، وزيادة حجم الصادرات ... الخ، كما هي الحالة بالنسبة لمفهوم النمو الاقتصادي، وإنما تشمل أيضا المؤشرات النوعية التي تعد من المستلزمات الأساسية في عملية التنمية الاقتصادية، كالتغيرات الإيجابية في العادات والتقاليد الاجتماعية، والرغبة الجدية في العمل المستمر، وإحداث التغيرات التنظيمية اللازمة في الأجهزة الإدارية في القطر، بصورة تنسجم مع متطلبات التنمية السريعة، وغير ذلك من العوامل الأخرى التي تساهم في التعجيل في عملية التنمية الاقتصادية.

ثالثاً: مفهوم التخلف الاقتصادي وخصائصه

ان خصائص التخلف هي عبارة عن اتجاهات عامة اكثر من كونها حقائق ثابتة بين الأقطار المتخلفة، إذ ان هناك بعض الاستثناءات، ولكن يمكن إجمال خصائص التخلف بما يأتي:

أ- قلة رأس المال.

ب- انخفاض الإنتاجية في جميع القطاعات الإنتاجية وخاصة في القطاع الزراعي.

ج- انخفاض الدخل الفردي، والادخار والاستثمار.

د- الاعتماد على سلعة واحدة او عدد محدود جدا من السلع لاغراض التصدير.

ه- صغر حجم السوق (انخفاض القوة الشرائية).

و- ارتفاع نسبة العاملين في الزراعة وانتشار البطالة المقنعة فيها.

ز- ارتفاع معدلات نمو السكان وارتفاع نسبة الأمية.

ولعل من ابرز مظاهر التخلف الاقتصادي هو اعتماد اقتصادات الأقطار المتخلفة على الزراعة التي تغلب عليها ظاهرة الإنتاج البدائي لعدم الاستفادة من التقدم التكنولوجي، ومن بعد عدم تعود معظم الفلاحين على استعمال الآلات والمكائن والبذور المحسنة والأسمدة، كما تعد الموارد الاقتصادية (الطبيعية والبشرية) غير مستغلة استغلالا اقتصاديا، هذا بالإضافة الى عدم وجود مسوحات دقيقة عن كميات المعادن والثروات الاقتصادية المتوفرة فيها.

ويمكن جمع خصائص التخلف الاقتصادي المشار إليها أعلاه بما يعرف بظاهرة الحلقة المفرغة للفقر.

وهي ان استمرار حالة التخلف الاقتصادي تؤدي الى انخفاض الإنتاجية في جميع القطاعات الاقتصادية وخاصة في القطاع الزراعي، ويؤدي انخفاض الإنتاجية الى انخفاض الدخل الفردي الذي يؤدي الى انخفاض القوة الشرائية

والادخار والاستثمار ومن ثم انخفاض الانتاجية، ويمكن توضيح ذلك بالشكل الآتي:

شكل (68)

يوضح الحلقة المفرغة للفقر

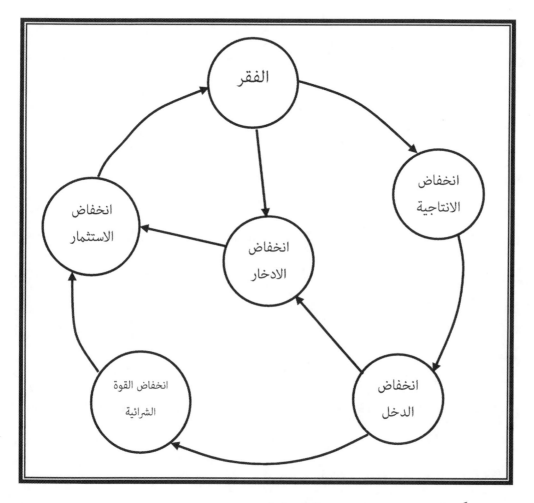

رابعاً: نظريات النمو الاقتصادي الكلاسيكية

يعد الاقتصاديون التقليديون آدم سمث ومالثوس وريكاردو وكارل ماركس من الـذين كتبـوا عـن النمو الاقتصادي، وكانت كتاباتهم تلك في نهاية القرن الثامن عشر وبداية القرن التاسع عشر، فيعـد آدم سمث، إن تدخل الحكومة في الحيـاة الاقتصـادية يجـب أن يكـون محـدودا، وإن الادخـارات تـؤدي إلى زيادة رأس المال

تلقائيا، وهذا الافتراض يعود إلى إنه، أعتقد وجود العمالة الكاملة، ولقد حاول آدم سمث أن يقرر العناصر المسؤولة عن التقدم الاقتصادي، وما السياسة الملائمة التي يمكن أن تتبع من أجل خلق الظروف الملائمة للنمو الاقتصادي السريع. واعتقد ماركس ان الطريق الوحيد لأي منتوج أن يكتسب قيمة هي كمية العمل المبذول في انتاج ذلك المنتوج، وعد ماركس الأرباح فائض القيمة وهي الفرق بين قيمة السلعة المنتجة وأجور حد الكفاف المدفوع للعامل لإنتاج تلك السلعة.

ومن المسائل المركزية في نظرية النمو الرأسمالي لكارل ماركس مسألة التناقض الحتمي لمعدل الأرباح على رأس المال في أثناء حصول عملية النمو الاقتصادي، فهذه الأرباح تنتج من قبل العمل عن طريق الفائض عن متطلبات حاجات حد الكفاف للعمل، إن التناقض في الأرباح والمنافسة بين الرأسماليين الصغار الذين ينضمون أخيرا إلى العمال، كما إن الأزمات والكساد تصبح أكثر قساوة، كلما تقدم النمو الاقتصادي وربما تناقضت أجور العمال فعليا كلما ضغطها الرأسماليون في محاولة للمحافظة على معدل الأرباح من الانخفاض، وكما توقع ماركس فإن النتيجة انهيار النظام الرأسمالي.

خامساً: نظرية النمو الاقتصادي الحديثة

خلال الفترة التي تلت الحرب العالمية الثانية، بدأ الاهتمام بالنمو الاقتصادي يأخذ صورة جدية أكثر، ويعود ذلك إلى عاملين، الأول هو إن الاهتمام الجديد بالنمو الاقتصادي، كان ناتجا من الثورة الكينزية في نظرية الدخل، والعامل الثاني، إن الاقتصاديين أصبحوا أكثر وعيا لمشكلة الفقر على المستوى الدولي خارج أوربا وأمريكا الشمالية، وعلى أثر ذلك ظهرت عدة نظريات تتعلق بمتطلبات النمو المطرد، وأصبحت تللك النظريات بشكل أساسي النظام الكينزي فقد كانت عامة ومتشابهة ومفيدة للتعامل مع مشكلات الضغط التضخمي خلال الحرب العالمية الثانية، ولقد كان نموذج هارد - دومار هو نتيجة لعدد من تلك النظريات فالنموذج الكينزي يركز على القصور في الطلب أكثر من التركيز على الفجوات في العرض والطلب ويؤشر أيضا احتمال حصول التوازن الاقتصادي في نقطة أقل من نقطة التوظف الكامل في مجتمع صناعي.

مصادر الفصل الثالث عشر

1- د. خالد واصف الوزني، د. أحمد حسين الرفاعي، مبادئ الاقتصاد الكلي، الطبعة الرابعة، دار وائل للنشر، الأردن، 2001.

2- د. سالم توفيق النجفي، مقدمة في علم الاقتصاد، دار الكتب للطباعة والنشر، الموصل، 1933.

3- د. كريم مهدي الحسناوي، مطبعة أوفسيت - حسام، بغداد، 1990.

4- د. عبد الملك العاني، مبادئ الاقتصاد، الطبعة الرابعة، مطبعة دار السلام، بغداد، 1972.

5- د. عبد المنعم السيد علي، د. هيل عجمي الجنابي، العلاقات النقدية الدولية، دار الكتب للطباعة والنشر، جامعة الموصل، 1992.

6- د. عبد المنعم السيد علي، مدخل في علم الاقتصاد، الجزء الثاني، مديرية مطبعة الجامعة، الموصل، 1984.

7- د. عبد الوهاب الأمين، د. زكريا عبد الحميد باشا، مبادئ الاقتصاد الكلي، دار المعرفة، الكويت، 1983.

8- د. محمد صالح القريشي، أ. فواز جار الله الدليمي، مقدمة في الاقتصاد الدولي، مطابع التعليم العالي، جامعة الموصل، 1990.

9- د. محمد محمود النصر، د. عبد الله محمد شامية، مبادئ الاقتصاد، الطبعة السادسة، دار الامل، الأردن، 2001.

10- د. وداد يونس يحيى، النظرية النقدية، دار الكتب للطباعة والنشر، جامعة الموصل، 2001.

T0158026

Printed in the United States
By Bookmasters